1 FENZHONG
WENDAO GUANJIAN
SHANYONG TIWEN DE
SHIYONG JIQIAO

1分钟问到关键

善用提问的实用技巧

杨景云◎编著

中国纺织出版社

内 容 提 要

任何高效率的沟通，都需要能触及根本和关键的提问和对方坦率真诚的回答。然而如何能够快速问到关键之处，快速与客户建立良好沟通和信任感，确是一个需要学习的交际技巧。

本书将教会读者通过富有技巧性的提问来提高沟通效率，让你可以一分钟问到关键之处。巧妙提问往往比长篇大论表露真心更容易触动对方。希望通过此书，每个读者都能够学会聪明地提问，让人生因会提问而更精彩。

图书在版编目（CIP）数据

1分钟问到关键：善用提问的实用技巧 / 杨景云编著 . -- 北京：中国纺织出版社，2017.7（2024.3 重印）
ISBN 978-7-5180-3519-9

Ⅰ . ① 1… Ⅱ . ①杨… Ⅲ . ①心理交往 – 语言艺术
Ⅳ . ① C912.1

中国版本图书馆 CIP 数据核字（2017）第 081350 号

责任编辑：闫　星　　　　责任印制：储志伟

中国纺织出版社出版发行
地址：北京市朝阳区百子湾东里 A407 号楼　邮政编码：100124
销售电话：010—64168110　传真：010—64168231
http://www.c-textilep. com
E-mail: faxing@c-textilep. com
德富泰（唐山）印务有限公司印刷　各地新华书店经销
2017 年 7 月第 1 版　2024 年 3 月第 4 次印刷
开本：710 × 1000　1/16　印张：16.5
字数：206 千字　定价：49.80 元

前　言

世界潜能大师安东尼·罗宾曾说："成功者与不成功者最主要的判别是什么呢？一言以蔽之，那就是成功者善于提出好的问题，从而得到好的答案。"人际交往所有的沟通都是由提问开始，终结于答案。提问，在整个人际沟通中，发挥着不可替代的作用。或许，应该说当人们开始学会用语言交流，就诞生了提问。日常生活中最常见的莫过于"你吃饭了吗？""今天天气怎么样？"这些简单的提问可以成为一段良好沟通的开场白，通过提问，可以获得对方良好的回应。

日常交际中，人们将更多的注意力放在"口才技巧"这个点上，很少有人会真正地在意"提问"这个问题，毕竟，在沟通过程中，提问不过是环节而已。但是，人们往往忽视了大部分的沟通是从提问开始的，那么按照心理学的首因效应，提问恰恰是最关键的。好的提问，可以为下一段沟通铺垫和谐的音符，促使整个沟通顺利地进行下去；反之，一个不恰当的提问，有可能会导致对方心生不满，甚至破坏整个沟通过程。

善于提问，往往会为沟通锦上添花。俗话说："说得好不如问得好。"恰到好处的提问，能够贴合对方心理，从而赢得对方的好感。所以，提问的技巧也是非常重要的。比如，在什么时候提问、如何提问、提问的禁忌、提问时应该使用什么语言等，这些细微的部分都是值得仔细考究的。深谙提问的技巧，所取得的效果在于提出的问题，能够如一把钥匙一样打开对方的心扉，顺势导出一段顺畅的沟通。

生活中，但凡需要说话的地方，都需要提问。职场需要提问，不管是领导还是下属，不论是同事还是客户，永远需要一个恰当的提问，这样才能让自己在职场左右逢源，轻松应对；家庭需要提问，不管是父母还是爱人，有时候一句问候能成为抚慰对方心灵的一剂良药；各行各业需要提问，比如老师，只有好的问题才能激发学生的大脑，从而引导其朝着正确的思考方向。所以，善于提问，真的很重要。

本书主要分为上、下两篇，以提问技巧、提问场景两大部分展开，语言生动形象，例子贴近生活，或许就是你我在生活中所遭遇的场景。如果你正在为提升口才做储备，那不妨先关注本书！

编著者

目 录

上篇 技巧篇

上篇

技巧篇

法国启蒙思想家、作家、哲学家伏尔泰说："判断一个人要根据他的问话，而不是他的回答。"沟通中，谁想从另一方那里得到更多的东西，谁就必须做到一点：多听少说多提问。对方说得越多，我们获得的东西就越多。

第01章 学会提问，答得好不如问得好

爱因斯坦说："提出一个问题往往比解决一个问题更重要。"孔子入太庙，"每事问"，受到别人的讥笑说："谁说他懂礼，每件事都要问。"孔子回答说："这正是礼呀！"有道是"答得好不如问得好"，有效的提问可以增加沟通的含金量。提问既可以让我们从对方回答的内容获得或印证信息，又可以从对方回答的方式、态度、情绪等方面获得或印证信息。

善提问，敲开成功大门

普列汉诺夫说："有教养的头脑的第一个标志就是善于提问。"那么，如何才能做到善于提问呢？其妙处在于提问的语言表达方式，很多时候，一些人所提的问题太笼统，或者所提的问题没有实质性的意义，等等，究其原因都是因为其没有使用恰当的表达方式，没有抓住问题的关键。在日常沟通中，问与答成为最常见的方式，在大多数人的思维里，做出良好的回答方能实现有效的沟通，然而他们都忽略了在沟通中善于提问才是最主要的。毕竟，善于提问，可以令自己处于沟通的主导地位，从而更利于整个沟通朝自己所设想的方向靠近。而且，善于提问，往往能够敲开成功的大门。

李四光小时候常常一个人靠着家乡那些来历不明的石头遐想，并提出一

系列问题，比如，“为什么这里会出现这些孤零零的巨石？”“它们是借助什么力量到这儿来的？”等。长大后的李四光如愿考入了地质系，并在北大地质系主讲岩石学和高等岩石学两门课程。在教学的同时，他对自己的研究工作也丝毫不放松。在研究过程中，他从来不为已有的观点和学说所束缚，而是按照自然规律去寻找那些尚未被人们认识和掌握的真理。

19世纪，不断有德国、美国、法国等国的地质学家来到中国勘探矿产，考察地质。然而，他们并没有在中国发现过冰川现象，于是，“中国不存在第四纪冰川”成了地质学界的一个定论。李四光重新回忆起“为什么这里会出现孤零零的巨石？”“它们是借助什么力量到这儿来的？”等问题，他开始致力于这方面的研究。在研究蜓科化石期间，他在太行山东麓发现了一块很像冰川条痕石的石头，经过继续研究，他越来越坚信一个判断，那就是中国存在着第四纪冰川。不过，他的这一观点却遭到了国外学者的否定。

为了解决儿时困扰自己的问题，同时，也为了证实自己的观点，他继续寻找着更多的冰川遗迹，在长达10年的研究中，他得出了庐山有大量冰川遗迹的结论。李四光这一学术观点发表后，引起了1934年著名的庐山辩论，1936年，李四光回到黄山考察，并写了“安徽黄山之第四纪冰川现象”的论文，这引起了一些中外学者的注意，他经过了40多年的努力，解释了童年时期提出的问题，使自己的学术观点第一次得到了国外科学家的公开承认。

通过提问，李四光揭开了地质学的奥秘，对此，他说：“不怀疑不能见真理，所以我希望大家都采取怀疑态度，不要为已成的学说压倒。”

维特根斯坦是大哲学家穆尔的学生。有一天，罗素问穆尔：“谁是你最好的学生？”穆尔毫不犹豫地说：“维特根斯坦。”“为什么？”“因为，在我的所有学生中，只有他一个人在听我的课时，老是露着迷茫的神色，老是有一大堆问题。”罗素也是个大哲学家，后来维特根斯坦的名气超过了他，有人问：“罗素为什么落伍了？”维特根斯坦说：“因为他没有问题了。”

由此可见，善于提问会让一个人不断地进步，继而开发自己的大脑，提高自己的智商。当我们不断地询问“为什么”的时候，那些未知的知识就会接踵而来。甚至毫不夸张地说，善于提问可以敲开机遇大门，成功之门。

如何培养自己善于提问的习惯呢？

1.有问题就要大胆提出来

我们所处的世界，存在着许许多多让我们难以理解的事物。也许，我们所思索的许多问题都只停留在知识的表面，甚至有些问题是相当幼稚的，但是，我们千万不要认为这些问题是“没有必要提问的”，甚至惧怕提出这样的问题会受到别人的嘲笑，而应保持提问的热情，只要有问题就应该大胆提出来。

2.要有怀疑的精神

也许，别人会告诉你“这就是真理”“这是唯一正确的标准答案”，然而，无论是面对任何真理，还是所谓的正确答案，我们都应该有一种怀疑的精神，正如李四光所说“不怀疑不见真理”，只有经得起检验的理论才是真正的真理，而怀疑不过是检验中的一个步骤而已。有疑问就要提出问题，尤其是提出一些自己尝试解决而不能解决的问题，真正培养自己科学的态度和探索的精神。

3.积极思考

培养自己提问的能力是一个循序渐进、逐步提高的过程，刚开始的时候，我们应该积极思考，产生一种想要提问提供给大家讨论的欲望。在学习或工作中，常常会遇到一些不懂、难懂的地方，这就是所谓的疑问，也是我们感知过程的障碍。我们要想获得知识，就必须跨过这些障碍，解决这些疑问。因此，发现问题、提出问题是我们必然要经历的过程。善于提问，不仅可以开发自己的大脑，有效地提高智商，还能够在解决问题的过程中获得一系列知识。

沟通中你善于提问吗

在沟通过程中，为了有效地促进交流的顺利进行，必须经过提问和回答这一环节。那么，适当的提问以及灵活地回答对方提出的问题，这就是说话之道了。沟通是两个人的互动，也就是彼此交换想法和意见，共同体验谈话带来的愉悦感。但是，如何恰到好处地提问？如何巧妙而又灵活地回答对方的问题？这却是大多数人都担心的问题，一旦提问不当、回答出错，就有可能导致整个谈话的失败。不过，面对这样的难题，我们应该首先问自己：你善于提问吗？

有一天，王太太离开家门，拎着篮子去楼下的菜市场买水果。她先来到第一个小贩的水果摊前问道："这李子怎么样？好吃吗？"小贩回答说："我的李子又大又甜，特别好吃。"听了小贩的话，王太太摇摇头，离开了。

王太太又向另外一个小贩走去，问道："你的李子甜吗？好吃吗？"小贩热情地招呼："我这里是李子专卖，各种各样的李子都有，您要什么样的李子？"王太太回答说："我想买酸一点儿的。"小贩眉开眼笑："那您可算来对地方了，我这篮子的李子酸得咬一口就流口水，你打算买多少呢？"王太太回答说："来一斤吧！"愉快地成交之后，王太太离开李子摊，继续在菜市场里逛。

不一会儿，王太太又看到一个小贩的摊子上也有李子，而且又大又圆十分抢眼。于是，王太太便问摊主："你这李子多少钱一斤？"小贩礼貌地提问："您好，您问哪种李子？"王太太回答说："我要酸一点儿的。"小贩不解地问："别人挑李子都是选择又大又甜的，您为什么要挑酸的李子呢？"王太太回答说："我儿媳要生孩子了，想吃酸的。"小贩马上夸道："老太太，您对儿媳妇真是关心，她想吃酸的，说明她一定能给您生个大胖孙子，你打算买多少呢？”王太太被小贩说得眉开眼笑，便说道：“给我再来一斤吧。”小贩一边称李子一边继续问：“您老知道孕妇最需要什么营养吗？”王太太老实回答：“不知道。”小贩回答说：“其实，孕妇特别需要补充维生素，您知道哪种水果含维生素最多吗？”王太太回答说：“不清楚。”小贩热心介绍：“猕猴桃含有多种维生素，特别适合孕妇。您老给儿媳妇天天吃猕猴桃，她一高兴了，说不定能给您生一对双胞胎。”王太太一听乐了，回答说：“是吗？好啊，我就再来一斤猕猴桃。”小贩开始给王太太称猕猴桃，嘴里又开始说：“您人真好，哪个媳妇摊上您这样好的婆婆，一定是上辈子修来的福气。我每天都在这摆摊，水果都是当天从批发市场新鲜批发来的，您儿媳妇要是觉得好吃，下次您再来，我给您留最新鲜的水果。”王太太被小贩说得非常高兴，拿了水果边付账边答应：“行嘞。”

哲学家说：“聪明的有教养的头脑的第一个标志，就是善于提问。”在上面这个案例中，为什么三个小贩的销售效果不一样呢？可以说，提问是沟通过程中最尖锐的利器。提问，可以帮助你了解更多对方的信息，而且你所掌握的情况远比对方知道你的情况还要多，这样你自然就把握住了先机。在沟通中，怎样才能让别人说得更多呢？秘诀就是提问。然而，善于提问并非如想象中那么简单，许多人在不知不觉间竟然问出令人瞠目结舌的问题来，这样不仅使当事人难堪，而且也令自己贻笑大方。

某主持人在主持奥运节目时，也曾提出很多让人吃惊的问题。比如，他问冠军的父亲：“平时他喜欢吃什么？”冠军父亲回答说：“青菜。”主持人继续问：“他不爱吃肉吗？”老实巴交的父亲回答：“家里穷，吃不起。”主持人又问：“那他最喜欢吃什么？”父亲回答说：“红烧肉。”主持人问：“为什么？”……

听了这样的提问，你会有什么感觉呢？是不是想马上喝止他？假如说上面的案例还可以当作一个笑话，那有时候不恰当的提问简直令当事人无法接受。例如，谭宗亮在获得奥运会铜牌之后，采访他的记者第一句话竟然是：你奋斗了二十多年，参加了四届奥运会，而只获得一枚铜牌，你觉得你有愧对祖国吗？……这样的提问该是多么失败，你不仅无法从当事人那里获知有价值的信息，反而会令人生厌。

那么，如何做到善于提问呢？

1.让对方有话可说

一位电视记者采访一位美籍华裔运动员，由于其母亲是上海人。所以，这位记者连续发问：“你母亲是上海人吗？”“你这次要去上海吧？”“准备在上海会见你的亲戚吗？”若是这些提问，运动员只能一次次重复地回答“是”。那我们可以设计一个好的提问让他介绍自己受亲戚接待的情况并说说上海之行的感受。

2.旁敲侧击

通过提问借以观察对方的反应和态度，从中窥探出自己想知道的信息。即便在某些情境中，对方不回答本身也就是最好的回答。

有效提问，建立良好的人际关系

许多拜访过罗斯福的人，都会对其广博的知识感到惊奇，在他身上有个格外的特点，那就是喜欢提问，而且和谁都有共同话题。不管是纽约政客，还是一位外交家，罗斯福都能有效提问，知道与他谈论些什么。有人问罗斯福是如何做到这一点的，他回答：“我每接见一位来访者，都会在这之前的一个晚上阅读有关这位客人所特别感兴趣的东西，以便找到令人感兴趣的话题。”

提问，往往是有效沟通的开始，同时也是建立和谐人际关系的开始。因为提问越多，我们所获得的对方信息就越多，就越能找到与对方聊的“共同话题”，就越能走进对方的心里。每个人都有自己的兴趣，都对和自己有共同兴趣的人有着特殊的好感。当我们通过提问获知对方的喜好时，不妨适时表现出来，当对方听到你对他的兴趣和爱好也这么感兴趣，并且如此了解的时候，他就会产生“同好”心理而倍感亲切。

美国著名的柯达公司创始人伊斯曼，捐赠巨款在罗彻斯特建造一座音乐堂、一座纪念馆和一座戏院。为承接这批建筑物内的座椅，许多制造商展开了激烈的竞争。但是，找伊斯曼谈生意的商人无不乘兴而来，败兴而归，一无所获。“优美座位公司”的经理亚当森也在竞争者之列，希望能够得到这笔价值9万美元的生意。秘书却事先申明：“我知道您急于得到这批订货，但我现在可以告诉您，如果您占用了伊斯曼先生5分钟以上的时间，您就完了。他是一个很严厉的大忙人，所以您进去后要快快地讲。”亚当森微笑着点头称是。

亚当森走进办公室，看见伊斯曼正埋头工作，于是静静地站在那里仔细地打量起这间办公室来。一会儿，伊斯曼抬起头来，问道：“先生有何见教？”刚开始亚当森没有谈生意，而是说：“伊斯曼先生，刚才我仔细地观察了您这间办公室。我本人长期从事室内的木工装修，但从来没见过装修得如此精致的办公室，请问这间办公室是你自己设计的吗？”伊斯曼先生听了有些开心，说道：“哎呀！您提醒了我差不多忘记了的事情。这间办公室是我亲自设计的，当初刚建好的时候，我喜欢极了。但是后来一忙，一连几个星期我都没有机会仔细欣赏一下这个房间。”亚当森走到墙边，用手在木板上一擦，说：“我想这是英国橡木，是不是？意大利的橡木质地不是这样的。”“是的，”伊斯曼高兴得站起身来回答说：“那是从英国进口的橡木，是我的一位专门研究室内橡木的朋友专程去英国为我订的货。”伊斯曼心情极好，便带着亚当森仔细地参观起了办公室，一边参观一边作详细的介绍。此时，亚当森微笑着聆听，他看到伊斯曼谈兴正浓，便好奇地询问起他的经历。伊斯曼便向他讲述了自己苦难的青少年时代的生活……亚当森由衷地赞扬他的功德心。结果，亚当森和伊斯曼谈了一个小时又一个小时，一直谈到中午。

虽然亚当森直到告别的时候，都没有谈到生意的话题，但最后，他不但得到了大批的订单，而且还和伊斯曼成了好朋友。如果他刚开始就大谈生意，不仅他自己即将面临被拒绝的尴尬，而且也会使对方产生尴尬心理。亚当森成功的诀窍，就在于他善于通过提问挖掘出共同的话题，从伊斯曼的办公室入手，巧妙赞美了对方的成就，这样就使伊斯曼的自尊心得到了极大满足，最终亚当森也达到了自己的目的。

例如，在餐馆里点菜时，问服务员："今天的龙虾好不好？"这确实是一句没必要问的废话，因为服务员一定会说好，除非你是那里的常客。但是，假如你换一种问法："今天有什么好的海鲜？"那就会有不同的效果，你应该可以吃到真正的海鲜。由于这两句话会引起两种截然不同的心理反应。前面一个问题只有好或不好两个答案，服务员为了顾全店里的招牌，肯定会说好，况且好与不好也没有固定的标准。而后面一个问题却定义广泛，回答甚至可以是："今天没有什么好的海鲜，不过今天的烤鸭又肥又嫩，值得一尝。"此外，服务员见有人向自己请教式提问，在很大程度上满足了自尊心，自然会将最好的海鲜推荐给你。

在日常社交中，我们经常可以发现那些性格内向、腼腆害羞、郁郁寡欢的人，他们往往一个人躲在角落里。这时我们不妨以有效提问的方式，将对方拉入圈内。假如对方因紧张而无法融入圈子，那最好采用反客为主的方法使其成为谈话的中心。毕竟，每个人在谈论自己的时候，往往会放松心情，那些内向者更是如此。

在日常交际中，我们应该如何有效提问呢？

1.选择提问

朋友之间多用这种提问方式，同时也表明提问者并不在乎对方的选择。例如，一个刚认识的朋友到家里做客，但你并不知道他的口味。那么，你不妨问：“今天吃什么？红烧鱼还是炖排骨？”

2.协商提问

如果你希望别人按照你的意愿去做事，就应该用商量的口吻向对方提出。比如，你需要起草一个方案，等你将自己的意图说清楚之后，可以顺便问一句：“你看这样写是否妥当？”

3.限制提问

据说，香港一般茶室侍者要询问客人：“要不要放鸡蛋？”心理学家却建议，侍者不要问“要不要放鸡蛋”，而应该问“放一个鸡蛋还是两个鸡蛋？”这样一来，就能够将对方的选择性范围缩小了。这种提问技巧目的性很强，它可以帮助提问者获得较为理想的回答，使被问者拒绝或不接受回答的概率大大减小。

4.委婉提问

比如，男孩爱上了女孩，不过他并不清楚女孩是否同样爱自己，但这样的话又不好直接说。于是，男孩委婉地提出：“我可以陪你走走吗？”假如女孩不愿意交往，那她的拒绝也不会使双方难堪。

说服对方，从提问开始

在生活中，总会有人问：“为什么对方总是拒绝我？”“为什么我一直无法顺利做事情？”其实，与其强势地说服对方，不如学会提问的艺术，让人在不知不觉间被自己的问题引导。因为问题不仅仅帮助你问出答案，其中还隐含着说服的成分。换言之，好的问题比命令更有效，只要善于掌握提问的技巧，就可以得心应手，从而解决很多生活中和职场上的“疑难杂症”，甚至好的问题还能够促使别人作出改变，达到影响身边人的目的。

小娜是一位低油耗汽车推销员，这天，她约见了一位客户，一开口就礼貌地询问："先生，请教你一个所熟悉的问题，增加贵店利润的三大原则是什么？"客户好像很乐意回答这样的问题，他回答："第一，降低进价；第二，提高售价；第三，减少开销。"小娜立即抓住话题说下去："你说的句句是真言。特别是开销，那是无形中的损失。比如汽油费，一天节约20元，你想过多少吗？如果贵店有3辆车，一天节省60元，一个月就有1800元。发展下去，10年可省21万元。如果能够节约而不节约，岂不等于把百元钞票一张张撕掉？如果把这笔钱放在银行，以5分利计算，一年的利息就有1万多元，不知您高见如何，觉得有没有节油的必要呢？"听了小娜这样的分析，客户觉得自己应该改变这种情况，最终购买了节油制汽车。

小娜通过有效提问，契合客户的心理特点，既然汽车可以节油，为什么还要继续"浪费"下去呢？于是，他就会想方设法用节油车来改变之前"浪费"的情况，不得不购买节油制汽车。

一位教士做礼拜时忽然烟瘾上来了，就问主教："我祈祷的时候可以抽一支烟吗？"结果，这位教士遭到了主教的呵斥。其后，又有一位教士遇到了同样的状况，但他却换了一种方式问道："我吸烟的时候可以祈祷吗？"主教竟然莞尔一笑，答应了对方的请求。提问的方式不同，效果自然不同。同样的话，高明的说法会让人心中喜悦，从而顺利地达到说话的目的；而愚蠢的提问只会贻笑大方，甚至令人生厌。

约翰固执地爱上了商人的女儿柯尼亚，但柯尼亚始终拒绝正眼看他，因为他是个古怪可笑的驼子。这天，约翰找到柯尼亚，鼓足勇气问："你相信姻缘天注定吗？"柯尼亚眼睛盯着天花板答了一句："相信。"然后反问他，"你相信吗？"他回答："我听说，每个男孩出生之前，上帝便会告诉他，将来要娶的是哪一个女孩。我出生的时候，未来的新娘便已经配给我了。上帝还告诉我，我的新娘是个驼子。我当即向上帝恳求'上帝啊，一个驼背的妇女将是个悲剧，求你把驼背赐给我，再将美貌留给我的新娘’。”当时，柯尼亚看着约翰的眼睛，并被内心深处的某些记忆扰乱了。她把手伸向他，之后成了他挚爱的妻子。

“你相信姻缘天注定吗？”约翰通过柔情的提问，触碰了柯尼亚心中最柔软的部分。在日常生活中，只要我们能够运用合适的提问技巧，就很有可能达到自己的目的，尤其是当我们在说服对方的时候，这不失为一种很好的说服对方给予帮助的方法。

1.激起对方说话的欲望

在沟通过程中，我们应该率先通过提问向对方传递友好的信息，激起对方说话的欲望。当你的提问使对方产生了浓厚的兴趣，对方就会不由自主地打开话匣子。所以，当谈话陷入尴尬境地的时候，一定要通过提问激起对方的兴趣，使谈话能够持续下去，比如，“你喜欢书法吗？”

2.有效的提问

适时的提问会帮助你找到共同话题，当然，提问也是需要技巧的。为了不造成尴尬情境，应该把问题尽量掌握在自己比较擅长的范围之内，问题尽量具体，比如，“你喜欢去哪个国家旅行？”这样你就可以围绕旅途中发生的趣事展开一个话题了。

3.找到对方感兴趣的话题

每个人都有自己感兴趣的事物或话题，我们不妨去迎合他的兴趣，积极主动地寻找共同话题，这比漫无目的地乱说一通强一百倍。比如，假如你了解到他以前是一个歌手，那么你就可以说“那时候唱歌辛苦吗？”“感觉你声音很独特，唱歌肯定很好听。”

苏格拉底的有效问答法

苏格拉底，著名的古希腊思想家、哲学家、教育家，他和他的学生柏拉图，以及柏拉图的学生亚里士多德并称为“古希腊三贤”，更被后人广泛认为是西方哲学的奠基者。苏格拉底创立的问答法被世界公认为“最聪明的劝诱法”。具体方法是：最初提出一系列的问题让对方连连说“是”，同时，尽力避免让对方说“不”。因为一开始让对方作出肯定的回答，会使整个心理趋向于肯定的一面。这时对方的组织都呈放松状态，情绪轻松，可以保持谈话间的和谐气氛，取得彼此完全一致的条件之后，自然地转向自己的主张。

有一天，苏格拉底为了教育一位狂妄自负的青年尤苏戴莫斯，和他进行了一次机智的谈话。当他知道尤苏戴莫斯雄心勃勃，想去竞选城邦的领袖时，他说：“虚伪应当归于哪一行？”尤苏戴莫斯回答说：“显然应该放在非正义一行。”苏格拉底继续问：“偷盗、欺骗、奴役等应归于哪一行？”尤苏戴莫斯回答说：“应归于非正义一行。”这时苏格拉底问道：“一个希望当领袖的人必须有治国齐家的本领，但是，一个非正义的人能掌握这种才能吗？”

“当然不能。一个非正义的人甚至连做一个良好的公民都不够格。”尤苏戴莫斯坚定地回答。

“那么，你知道什么叫正义的行为，什么叫非正义的行为吗？”苏格拉底继续问并拿出羊皮纸，把“正义”和“非正义”分开写在羊皮纸的两边，要尤苏戴莫斯一一列举。于是，尤苏戴莫斯把虚伪、欺骗、奴役、偷窃、抢劫都放在“非正义”的一边。对此，苏格拉底运用相反的具体事例，把这些看起来是“非正义”的行为一一予以推倒。

他问道：“作战时，潜入敌方军营，偷窃其作战图是非正义行为吗？为防止绝望中的朋友自杀，把他藏在枕头底下的刀偷走，难道不应该吗？生病时儿子不肯吃药，父亲就骗他，把药当饭给他吃，使儿子很快恢复了健康，这种欺骗行为又应该放在哪一边呢？”

这一连串的问题，使尤苏戴莫斯如坠云里雾中。苏格拉底在破除了对方的成见后，就正面进行诱导，并使尤苏戴莫斯接受了自己的观点。

在苏格拉底这个经典的对话中，他开始所问的问题，都是反对者所赞同的。在苏格拉底机智而巧妙的发问中，获得无数“是”的反应，使对方在不知不觉中，被诱导到自己所希望得到的结论中，这就是著名的苏格拉底问答法的妙用。

在日常沟通中，当我们与人就某个问题作讨论的时候，需要对于某些选择性的东西摆明，不要给对方太多的选择。你若给出的选择太多，那对方给出的答案就很容易脱离自己掌控的范围，那我们就无从回应了。当然，这是基于人们的一个微妙心理。我们都知道，当我们在问对方“是不是？”这个问题的时候，对方的回答一定只有两个，要么“是”，要么“不是”，除此之外，别无其他的选择。但如果我们表示“你觉得怎么样”，那这样的答案就太宽泛了，我们根本无法估计对方给出的答案是什么。

一位客户要求开户，当出纳员让他填写一些家庭信息材料时，他只写出了一部分，而对另一些却讳莫如深。按照银行的规定，信息不全是不能开户的。

我们来看看这位出纳员是如何说服客户的？

银行出纳员开始这样问：“你想一想，你把钱存到银行，在你去世之前，你希望银行把你的存款转移到有权继承你财产的亲属账户里吗？”客户回答说：“当然，是的，我会这样做。”

出纳员继续说：“然而，如果我们银行没有你亲属的材料信息的话，一旦你去世，那些财产是不是就无法按照你的意愿转到你亲属的账户了？”客户点点头：“是的，会出现这种结果的。”

出纳员慢慢引导：“难道你现在不认为，将你最亲近的亲属材料给我们银行，这样就更能永久地保护你的财产吗？”客户认可了：“是的，我也这样认为。”

这时，已经不需要那位出纳员继续问下去了，客户已经笑着主动将自己亲属的信息告诉了出纳员。

所谓的有效问答术，简单地说，就是开始让对方说“是”，而应尽量避免对方说“不”。这样的交谈不会引起争吵，甚至会让你们成为良好的伙伴。因此，我们在与人沟通的时候，千万不要一开始就说那些意见分歧很大的事情，争得面红耳赤，这样做得不到任何结果。不妨从双方都同意的地方开始提问，这才是最好的办法。

1.摆明道路

在正式沟通中，我们要善于摆明道路，一条或两条，给出明确的指向，不要给对方太多的选择。想必，我们都做过选择题，下面只有几个答案，不是选这个就是选那个，除此之外，我们别无选择。在沟通中也是一样，如果我们将选择权交给对方，那其心理的变化也是我们不容易捕捉到的。

2.适时提问

苏格拉底往往可以在合适的时间提出问题，使对方不感到突然，非常自然，且容易接受。或者，在对话过程中，苏格拉底可以根据对话者产生困惑的原因，在合适的时候提出具有针对性的问题，使对方跟着自己的话题走下去。

3.准确设问

苏格拉底对自己沟通的对象，沟通的内容，都没有明确的出发点和目的性，他有自己所需要达到的目标和最后结果。

4.具有层次的提问

苏格拉底在表明自己的观点和思想，并使对方接受它的时候，非常注重内容的层层递进，一步一步由表及里、由浅入深，循序渐进地启发对方，逐步接触问题核心并得到最后答案。

5.向对方提出一些易于掌控的话题

在沟通过程中，当我们需要向对方提出一些问题的时候，应选择一些自身易于掌控的话题，对方的回答也在我们意料之中，这样我们才能根据对方的回答进行下一步的沟通策划。

第02章　提问准备，有的放矢以策万全

在日常沟通中，“提问”成功与否直接决定了沟通的最终结果，因为成功的沟通往往是一次完整的谈话过程。当然，影响沟通成功与否的因素很多，比如，提问者的文化水平，表达能力，谈话环境，当时事情的进展对对方情绪的影响，现场气氛的控制，时间的掌握，等等，此外，还有一个因素也起到了很基础很重要的作用，那就是沟通之前的准备工作——为提问做好准备。

做足准备，你可以问得更好

俗话说：“凡事预则立，不预则废。”我们在提问之前还应该做好准备工作，这样在提问时才能应付自如、游刃有余。在日常沟通中，许多能说会道之人，说起来头头是道、娓娓道来；有的人却吞吞吐吐，磕磕巴巴，词不达意。为什么会出现这样的差别呢？这就在于说话者是否做好了准备。有针对性的提问前期准备包括说话对象，收集相关资料，明确自己的主旨，制造说话机会，设计提问细节，等等。正所谓“知己知彼，百战不殆”，对于提问而言，也是如此，做足了准备，你才明白自己可以问得更好。

一位著名的访谈节目主持人曾经说道：“这是一个信息资源共享的年

代，而访谈类节目在播出的时间与事件发生的时间关系上远远不及新闻平面媒体以及网络传播的及时性。所以我们前期不仅要熟悉当事人的经历、职业、专业特长、文化素养，还需要了解他的性格、爱好、家庭、语言表达状况等。”

我们都知道，访谈类节目主持人通常在节目录制之前是不与被采访的嘉宾见面的，而在节目进行的过程中主持人呈现出来的沟通状态是和被采访的嘉宾就如朋友一样聊天，这样的交流才可以引起受众的共鸣，同时也可以让采访者进入一个非常好的聊天状态。访谈类节目可以体现主持人的风格，面对同一件事，同一个采访对象，不同的主持人会从不同的角度提问，假如人云亦云，那就会完全失去访谈类节目中主持人的重要作用。当然，有时候我们也会看到一个热点问题被不同媒体的主持人问来问去，不过这其中许多问题都是重复的。有的主持人只不过是换了一个演播厅，背完了问题的主持人而已。

如何问出新颖的问题呢？

对此，这位著名的主持人说道：“主持人要对自己收集的资料进行广泛的了解，然后通过不同的角度分析得出自己的见解。即对各种材料不应满足于现象的罗列、堆砌，而要消化材料、研究材料，可以保持清醒形成观点，这是资料准备中更关键的一步。主持人通过大量的收集材料对所要采访的对象做到心中有“货”，与采访对象就有了共同话题，有了沟通心灵的基础，有了平等对话的位置，这样就可以避免在实际访谈中泛泛而谈，而访谈的内容也更深入更新颖。当然，唯有如此，才能使人物专访重在对人物内心世界的关注，其精神品格、人生感悟、赢得成就的心路历程、人物的独特风貌都将给观众以生动感人的启迪。”

在生活中，许多人都有这样难堪的经历，有时候一些问题不是出于本心，但偏偏一不留神就问了出来。然后就开始后悔自己为什么口无遮拦，紧接着给对方道歉。举个例子，某位女士在一次同学会上，明明知道同学的公司因金融风暴陷入了危机，但她却这样提问：“你的公司最近还顺利吗？”真是哪壶不开提哪壶，尽管话一出口，她就后悔了，但是却使得同学的情绪很不佳。

所以，我们在提问之前，一定要多想想，应该问些什么，不应该问些什么。事先做好准备，就不会发生案例中这样的事情。其实，只要我们在提问之前做了充分的准备，你会问得更好。

一位著名主持人曾总结说：“在每次访谈人物之前，我都会努力地去收集对方的资料，越详细越好。对资料熟悉之后，我就会试着提出几个问题，然后自己站在访谈者的角度来回答这个问题，这时正好可以将不好的一些问题删除。这样在删除或增加之后，问题就更加丰满了。而且在练习的过程中，我对这些问题都非常熟悉，自然可以在采访时做到胸有成竹。”

那么，在日常生活中，我们应该如何做好提问的准备呢？

1.你想问什么

首先我们需要明确自己的提问目标，包括最大的目标、期望目标以及可以接受的目标。比如这次沟通你准备向对方提出什么问题，同时思考从哪个角度切入这个问题。先提问什么，后问什么，这两个问题怎么连接起来。

2.层次提问

提问是有先后顺序的，要逐层深入，由表及里，这样我们提问才能胸有成竹，并成功将对方的思路导入我们所希望的方向。假如你东问一句，西问一句，那不仅自己毫无头绪，也会使得对方摸不着头脑，结果就会影响整个沟通过程。

3.收集对方的详细资料

资料收集是双方的，既要收集对方的资料，也要收集自己的资料。比如，销售员在推销产品的时候，需要更为详细地了解自己的产品信息、介绍资料、评估资料以及各种文件等，掌握了产品的相关信息，再收集客户的性格、爱好等基本信息，这样就可以有的放矢地提问了。

4.选择合适的时间和地点

在日常沟通中，我们尽可能避免选择对方心情不佳或繁忙的时候提问，当然，自己也要保持良好的精神状态。此外，还需要选择合适的地点，因为每个人在自己熟悉的环境里会感到更舒适、更坦然、情绪更好，所以要选择双方或者自己比较熟悉的地方。

好问题，善用提问技巧

对于那些主持人而言，在访谈节目中设计问题越多越充分就越好。美国哥伦比亚广播公司的名牌节目《60分钟》的主持人麦克·华莱士在采访邓小平之前，足足设计了一百个问题，采访中真正能用到的不过十来个。在日常沟通中，我们设计问题时也应该考虑有一个合乎逻辑的结构：开头、中间、结尾。提问就如写文章一般，起承转合，问题与问题之间需要有内在、有机的关联。

湖北人民广播电台妇女儿童频率的《周末有约》是一档成功、优秀女性的访谈节目。这个栏目的主持人独立完成所有的采、编、播任务。其中一期节目的嘉宾是第十一届全国青年歌手大奖赛业余组银奖获得者——武钢文工团的土家族歌手陈春蓉。

主持人在了解其个人经历、从艺过程、参赛经过后，将目光锁定嘉宾在中央电视台决赛现场的一个感人镜头：陈春蓉是所有参赛选手中年龄最大的，34岁的她在作自我介绍时说：“我是第一次也是最后一次站在这个舞台上”。（大赛规定选手年龄不超过35岁）

大赛主持人文清问她为何这么晚才来参加比赛，她说因为自己形象不好，文清请她对着镜头微笑一下，她不好意思地笑了，文清说：“瞧，你笑起来多美，对自己要自信，自信的女人才美丽！”陈春蓉流下了激动的泪水。这一幕让陈春蓉终生难忘。

于是，主持人确定这期节目的访谈主题围绕“自信的女人最美丽”展开，整个访谈过程轻松、流畅，陈春蓉在直播室里谈笑风生，在节目即将结束时，她再一次真诚地对收音机前的女性朋友说：自信的女人最美丽！希望大家能像她现在一样自信、乐观地生活。

这期节目收到了很好的播出效果。

在实际沟通过程中，问题设计需要讲究一定的技巧，我们应该避免问过大的问题，有的问题一问出来，估计可以写一两篇论文也未必能说清楚。所以，在有限的时间里，对方会不知道从何处说起。有的问题不必问得过于详细，这样对方已经感到无话可说，只好说：“对，是这样，你说得对。”好的提问是让自己与对方产生一种“回合感”，“回合”的境界是美妙的，但“回合”只产生在对话中，只会产生在好的提问所诞生的好的对话机会中。

1.善于切入话题

不管是自己还是对方，在沟通正式开始之前，都有一个逐渐进入沟通状态的过程。自己作为提问者，是发起提问的一方，必须把握好切入话题的技巧，以形成与对方的良好关系，让对方快速从陌生感中走出，进入语言沟通的和谐情景。当然，由于不同的沟通对象有不同的经验和感受，这种策略必须视对方而定。

2.找准兴奋点

我们在日常沟通过程中，需要根据自己对整个背景、当前局势的把握，以及对方心理的把握，找准兴奋点，提出具有足够话题性和关注度的问题，从而推动沟通的深度，使自己与对方建立和谐的关系。

3.善用多种提问方式

语言中有多种提问方式，如正问、反问、设问、侧问等，都可以在实际沟通中采用，而且应当综合运用。这些提问方式的综合运用可以建立并营造良好的谈话氛围，使谈话变得有趣、有立体感。正问就是直截了当地对对方进行提问，这是一种直接、坦诚，不乏思想交锋的提问方式。

例如，杨澜关于微薄对冯小刚的访问就是正问；反问就是话锋一转，使话题更趋向于事情的本质，从而使问题明朗化。再如，杨澜曾采访姚明说："难道那时候你没觉得乔丹是你心中的偶像？"这是设问，假定一个情境，把问题推向一个极端，使对象无从回避而只能实话实说。又如，柴静在节目访谈中，曾问整形专家："你是说，就算以你们现在的资质跟技术，你们也没有办法保证？"这时对方只能实话实说。

侧问就是讲究策略，在不便于直接发问的情况下，迂回作战，以得到对象的回应。这在对方没有进入沟通情境显得紧张，或是有意回避事实真相时可以采用的提问方式。综合采用各种提问方式，能使沟通更深入，从而达到我们预期的目的。

展开话题，开展深入交谈

沟通是信息传递的重要方式，通过沟通，信息在谈话者与对方之间得以传播。在整个沟通过程中，"聊什么"和"怎么聊"受限于"和谁聊"，作为话题的发起者，想要展开谈话，不要忘了你的对象是谁。假如这是一次重要的沟通，在你迫不及待地开始张口或是脑中一片空白，不知道说什么之前，停下来问自己三个问题：第一，目标是什么？是为了达成共识，为了获取信息，为了传递信息，至少要进展到什么程度；第二，沟通对象是谁？他是什么角色，对他了解对手，为什么要找这个人沟通；第三，假如见面后一时发现不到共同点，你又给自己准备了什么话题和切入点？上面的三个问题，假如你回答不上来，那表示你根本不知道自己在做什么。假如你清楚地知道三个问题的答案是什么，那说明你对这次沟通的理解已经有了相当的深度。

有一次，一位推销员来拜访拿破仑·希尔，希望他订阅一份《周六晚邮》，推销员满脸沮丧，拿着那份杂志向拿破仑·希尔提问："你不会为了帮助我而订阅《周六晚邮》吧，是不是？"拿破仑·希尔一口就拒绝了推销员的要求，那位推销员阴沉着脸走了出去。

几个星期之后，另一位推销员来拜访拿破仑·希尔，她推销六种杂志，其中有一种就是《周六晚邮》。推销员看了看拿破仑·希尔的书桌，发现书桌上已经摆了几本杂志，突然，她忍不住热心地惊呼了起来："哦！我看得出来，你十分喜爱阅读书籍和各种杂志。"拿破仑·希尔放下了手中的稿子，点点头。推销员走到书架前，从书架上取出了一本爱默生的论文集，她开口谈论起了爱默生那篇"论稿酬"的文章，不一会儿，拿破仑·希尔也加入其中讨论。然后，推销员开始将话题转移到了订阅杂志的问题上，她问拿破仑·希尔："你定期收到的杂志有哪几种？"拿破仑·希尔回答了自己订阅的杂志名称，推销员脸上露出了笑容，随即摊开了自己的杂志，她开始分析："我觉得这里的每一种杂志你都需要订阅一份，《周六晚邮》可以让你欣赏到最干净的小说，《美国杂志》可以给你介绍工商界领袖的最新生活动态……像你这种地位的人物，一定要消息灵通，知识渊博，如果不是这样子的话，一定会在自己的工作上表现出来。"拿破仑·希尔笑了，问道："订阅这六种杂志一共需要多少钱？"推销员笑着回答："多少钱？呀，整个数目还比不上你手中所拿的那一张稿纸的稿费呢。"最后，她离开的时候，带走了拿破仑·希尔订阅六种杂志的订单。

"你不会为了帮助我而订阅《周六晚邮》吧，是不是？""你定期收到的杂志有哪几种？"同样是提问，为什么前后两者所达到的效果不一样？拿破仑自己在回忆这件事情的时候，曾说："第一位推销员话中没有以热忱作为后盾，在他脸上充满阴沉而沮丧的神情，他并没有说出任何足以打动我的理由；那位女推销员开始说话，我就从她身上感受到了那股热忱，她通过热忱感染了我，打动了我，促使我不得不订阅那六种杂志。”即便在提问时，也需要保持良好的情绪状态，否则这种情绪将传染给对方。

在日常交际中，我们要善于用寒暄将对方带进话题空间。而且，大多数人在沟通时都喜欢谈论那些无关紧要的事情，例如，“今天天气不错”“早上你吃了什么”，显然这都是一些提问。既然寒暄也是从提问开始的，那就不妨巧妙提问，让双方的沟通深入发展。通常的人际交往定会有一定的交际目的：增加感情或达成一定的共同协议。那这样的交际定会有一个话题，围绕这个话题，我们才能顺利地达到自己的交际目的。因此，在一开始的寒暄中，我们就要善于将对方带进话题空间，让对方围绕这个话题尽可能地多聊他自己，我们才有机会进行更深层次的沟通。

一位漂亮的女郎在首饰店的柜台前看了很久。售货员问了一句：“这位女士，您需要买什么？”“随便看看。”女郎的回答明显缺乏足够的热情。不过，售货员发现这位女士总是有意或无意地触摸自己的上衣，好像对自己的上衣很是满意，售货员忍不住夸奖说：“您这件上衣好漂亮呀！你的眼光真不错，请问你在哪里买的？”如此一下子就将话题拉到了对方身上，果然，“啊？”女郎的视线从陈列品上移开了，移到了自己感兴趣的上衣上面，“这种上衣的款式很少见，是在隔壁的百货大楼买的吗？”售货员满脸热情，笑呵呵地继续问道。

“当然不是，这是从国外买来的。”女郎终于开口了，并对自己的回答颇为得意。“原来是这样，我说在国内从来没有看到这样的上衣呢。说真的，您穿这件上衣，确实很吸引人。”“您过奖了。”女郎有些不好意思了。“只是……对了，可能您已经想到了这一点，要是再配一条合适的项链，效果可能就更好了。”聪明的售货员顺势切入了主题。“是呀，我也这么想，只是项链这种昂贵商品，怕自己选得不合适……”

在案例中，首饰店自然是卖首饰的，而首饰自然是作为服饰搭配的。在整个与客户交流的过程中，导购很细心地去观察对方，而且，巧妙地将话题引入寒暄之中，比如，“这位女士，您需要买点什么？”当听到顾客爱理不理地说“随便看看”，导购并没有泄气，而是适时说了一句寒暄语：“您这件上衣好漂亮呀！你的眼光真不错。请问你在哪里买的？”显而易见，称赞对方的上衣，肯定是希望对方能挑选一件首饰作为服饰的搭配。所以，这样的提问恰到好处地将对方引进话题中，当然，最后这位导购达到了自己的目的。

1.找准契合话题的提问

在日常交际中，我们要想将对方带进话题空间，那就需要找准契合话题的提问。比如，我们想说的话题是产品的特点，那我们的寒暄一定要围绕这个话题展开，而不是漫无边际地聊天气、聊各自的兴趣爱好。只要我们找准契合话题的提问，那对方定会围绕这个话题展开，适时双方就可以围绕这个话题达成一个协议。

2.提问的话题最好是围绕对方展开

在日常交际中，经常会出现这样的情况：人们对于谈论他人的话题，总显得心不在焉，不是摆弄手机，就是四处张望。但是，一旦话题转到了自己的身上，其内心就激起了一种谈话的欲望。毕竟，每个人都希望自己被重视。那么，在交谈中如何打动对方？最好的方法当然是让提问的话题围绕对方展开，打开了对方的话匣子，还愁打不开对方的心扉吗？

3.不要总是谈论自己

在生活中，大多数人在寒暄时都喜欢谈论自己，从嘴里不断地蹦出“我今天……”“我觉得……”“我买了……”，这样的一种沟通只能会让对方变得沉默，甚至哑口无言，难道对方真的只是个“西瓜”吗？其实，最有效的沟通就是让对方尽可能地聊他自己，这样大家都欢喜，对方满足了想表达的欲望，你则以自己的“善解人意”打动了对方。

提问，也要做好倾听的准备

英国管理学家L.威尔德有一句十分经典的话：“人际沟通始于聆听，终于回答。”在沟通过程中，一问一答之间可以使人受益无穷。对于人际交往来说，倾听是人与人之间沟通的基础，但在现实生活中却没有多少人真正掌握倾听的艺术。尽管我们主张答得好不如问得好，但是，在提问的同时，依然需要做好倾听的准备。倾听是一种美德，没人会喜欢开口就叽叽喳喳的鸟儿，他们更喜欢能够认真倾听自己说话的人。在日常沟通过程中，适时提问，如果你能恰到好处地将这一美德表现出来，赢得主动位置，那绝对是无往不利。

或许，有人错误地理解多说话多提问才能把握沟通的主动权，其实，多说话会给我们带来很多负面的影响，多说有可能会使他人对你产生戒心，认为你有某种企图；说得太多了，他人会对你敬而远之，因为他没有义务当你的倾诉桶；况且，说话这件事，说得多了，难免会出错；有时候，说得太多，暴露的信息太多，就会被别人看穿。所以，适时提问，做一个懂得倾听的人，并将这种美德沿袭在自己身上，你会赢得比别人更多的机会，获取更多的信息，把握沟通的主动权，能够更加有效地打动人心。

小罗是一个很受欢迎的人，他常常接到不同的邀请，而在各种社交场合，他能和大家打成一片。朋友小林十分敬佩他，不过，他始终没能找到小罗的秘诀。

有一天晚上，小林参加一个小型的社交活动，一到场他就看见了小罗和一个气质高雅的女士坐在角落里。小林发现，那位年轻的女士一直在说，而自己的朋友小罗好像一句话也没说，只是偶尔笑一笑，点点头。回家的路上，小林忍不住问小罗：“刚才，那位年轻的女士好像完全被你吸引住了，你是怎么做到的？”小罗笑着说：“刚开始我只是问她：你的肤色看起来真健康，去哪里度假了吗？她就告诉我去了夏威夷，还不断称赞那里的阳光、沙滩，之后顺理成章地，她就开始讲起了那次旅行，接下来的两个小时她一直在谈夏威夷，在这个过程中，我会不断地回应：是吗？真的很美吗？我想我下次也会选择去那里度假。最后，她觉得和我聊天很愉快，可是，我实际上并没有说几句。”

从这个案例中，我们应该清楚小罗为什么总是那么受欢迎了吧？是的，原因就是认真地倾听，不时提问，其实，在沟通过程中，倾听是对谈话者最基本的尊重，同时，也是有效提问的前提。懂得倾听，不时提出问题，让对方感受到你的注意力，让他觉得你对他所谈的内容很感兴趣，那么，你对他的心理距离就会缩短。在这样友好的氛围中，对方更容易对你产生好感，自然也很容易被你所打动。

如果只是敷衍而木讷地听对方讲述也是不行的，还需要鼓励对方继续说下去，所以，在倾听的过程中要适时地提问，以引起对方的注意和说话的欲望。另外，一个人唱独角戏的滋味真的不好受，这让对方觉得自己没有受到足够的尊重，而且，适时地提问其实也是一种反馈的行为。

有一次，乔·吉拉德拜访了一个有趣的客户，一开始，客户就喋喋不休地谈论自己的儿子，他十分自豪地说：“我的儿子要当医生了。”乔·吉拉德惊叹道：“是吗？那太棒了！”客户继续说：“我的孩子很聪明吧？在他还是婴儿的时候，我就发现他相当聪明。”乔·吉拉德点点头，回应道：“我想，他的成绩非常不错。”客户回答说：“当然，他是他们班上最棒的。”乔·吉拉德笑了，问道：“那他高中毕业打算干什么呢？”客户回答：“他在密歇根大学学医，这孩子，我最喜欢他了……”话匣子一打开，客户就聊起了儿子在小时候、中学、大学的趣事。

第二天，当乔·吉拉德再次打电话给那位客户时，却被告知他已经决定从自己手中买车，而客户的原因很简单，他说：“当我提起我的儿子吉米有多骄傲的时候，他是多么认真地听。”

认真地倾听，使得乔·吉拉德打动了顾客，赢得了一份订单，如此看来，“倾听”确实是一种讨人喜欢的行为。在日常交际中，我们习惯用语言来交流思想，用心来沟通感情，但是，沟通与交流需要的仅仅是语言吗？这是否定的，在很多时候，我们往往忽视了耳朵的作用，也就是倾听。倾听是一种交流，更是一种亲近的态度，只有倾听才能领略别样的风景，只有倾听才能真正地走进对方的心里。

小A兴致勃勃地冲进办公室，对同事小文大声嚷嚷：“你猜我今天在电梯看见谁了？”“谁啊，是不是隔壁办公室的某某啊？”小文好奇地追问，“不是啦，我看见明星了，他好像是来代言广告的，那时候我的心都差点停止跳动了。”小A还沉浸在兴奋状态里，“真的？那个明星是谁啊？电视上和真人相比，哪个更帅些？”小文不住地追问，小A拉过一张椅子，打算坐下好好聊。

适当地提问表现出你对对方的谈话很感兴趣，也让对方更有兴趣继续讲下去。

1.适时提问

在倾听过程中，要把握提问的时间。一般，当对方正在诉说事情的时候，不要打断对方提问，需要等待合适的时机再进行提问。比如，对方说完之后有稍微的沉默，这就是最好的提问时机。

2.以诚恳的态度提问

提问只是为了让对方继续说下去，因此，要以诚恳的态度提问，不应该以盘问、讽刺或者审问的态度。比如，你说“你不是挺厉害吗？这次怎么失败了？”这样的问题有点挑衅的味道，会引起对方心中不快的情绪。

3.不要重复连续提问

对同一个问题，一旦你问了两次或两次以上，对方就会觉得你不过是在敷衍他，并没有认真地听他讲话，对你的印象也大打折扣。

4.等待对方回答

提出问题之后应该保持安静，等待对方问答，如果这时候你自问自答或者抢答，对方会感觉你并没有尊重他说话的权利。若对方回答不够完整，要耐心地听下去，也可以采用适当的语气继续追问。

留心观察，了解对方的心态

在进行正式沟通之前，我们应该通过收集信息、留心观察，然后了解对方的心理状态，这是我们可以完成提问十分重要的一个环节。通常情况下，对方的心理状态大致可以分为愉悦、不愉悦两类。若对方心理保持愉悦的状态，往往在言行中表现出对我们的尊重和信任，情绪饱满，积极认真地回答我们提出的各种问题，这自然是令我们感到十分高兴的局面；若遇到对方不高兴的时候，那他们情绪消极，勉强作出被动应答，遇到这样的情况，确实令我们感到难堪。不过，对于我们的提问，对方不好回答，或是不想回答的，这时我们要针对具体情况，寻找突破口，并运用恰当的语言表达方式来缓和气氛，同时调整自己的心理状态，让对方感到你是善意的。

有一次，一个顾客在一款地砖面前伫立了很久，导购员小姐走过去对顾客说："先生，您喜欢这款地砖吗？您的眼光真好，这款地砖是我们公司的主打产品，也是上个月的销售冠军。"顾客问道："多少钱一块啊？"小姐回答说："这块瓷砖，打折后的价格是100一块。"

顾客说道："有点贵，还能便宜吗？"小姐说："冒昧地问一句，您家在哪个小区？"顾客回答说："在东方明珠。"小姐赞美道："东方明珠应该是市里很不错的楼盘了，听说小区的绿化非常漂亮，而且，室内的格局都非常不错，交通也很方便，买这么好的地方，我看就不用在乎多几个钱了吧？不过，我们近期正在对东方明珠做一个促销活动，这次还真能给您一个团购价的优惠。”顾客兴奋地说：“可是我现在还没有拿到新房的钥匙，没有具体的面积怎么办呢？”小姐说回答说：“您要是现在就提货还优惠不成呢，我们按规定要达到25户以上才能享受优惠，今天加上您这一单才15户，不过，您可以先交定金，我给您标上团购，等新房钥匙拿到了，再告诉我具体面积和数量。”

就这样，顾客提前交了定金，两个星期以后，这个订单就算定下来了。

“您喜欢这款地砖吗？”“您家在哪个小区？”“东方明珠应该是市里很不错的楼盘了，听说小区的绿化非常漂亮，而且，室内的格局都非常不错，交通也很方便，买这么好的地方，我看就不用在乎多几个钱了吧？”在这三个问题中，导购员小姐对于客户的提问恰到好处，再加上适时的赞美，如此，轻松就打动了客户的心。

北京台的一档访谈类节目《真情》中，很多嘉宾都是历经了生活的艰难和波折，有些嘉宾对于主持人问的一些问题很回避。

2007年4月的一期节目是一对互相打骂的父子，当主持人文燕问到12岁的儿子“你有没有感到你打爸爸是不对的”时，这个性格叛逆讨厌自己父亲的孩子低头不语，继而主持人问“那你觉得你打爸爸是对的喽”，孩子还是不说话，但似乎开始思考这个“打爸爸”对不对的问题。接下来主持人变换了话题，询问了父子恩怨的经过及两人动手的程度，接着问儿子，“希望爸爸离开你吗？”孩子摇头，“那就去给爸爸认个错吧”，这时，孩子慢慢地移动着步子，然后对爸爸说：“爸爸，我错了。”可以说主持人文燕在这一段提问中很好地把握了嘉宾的心理变化，从而使观众在节目中收获了顺应伦理，父子相认的一幕。

当我们对谈话对象的资料进行收集、整理及分析，厘清了谈话的要点，明确谈话的主旨后，就需要将问题设计出来。当然，用所有的背景以及资料来草拟谈话方案，是我们进行沟通的指南。方案越清晰越周密，沟通起来就越顺利，尤其对于谈判者以及访谈节目主持人更是如此。

1.提问之前先寒暄

在设计提问的时候，需要把一些容易切入的问题放在前面，以自然的方式让对方进入状态。尤其是遇到陌生人的时候，刚开始交谈，他们都会显得比较窘迫、紧张不安。这时我们可以与对方聊聊天气等比较轻松的话题，缓和消除对方内心的紧张和恐惧感，为接下来的深入沟通做好铺垫。

2.注意问题之间的关联

问题与问题之间一定是有着逻辑上的关系的，应该逐层递进，逐层深入。我们不用过多的言语，从对方回答问题的答案中领会问题的实质。如果问题之间的逻辑是混乱的，那么我们就很难明白节目的主旨了。另外，问题的大小、难易程度要合理搭配，张弛有序，节奏明快。通过一问一答形成良好的节奏感，从而烘托出轻松欢快的气氛。

3.善于寻找共同问题

在沟通过程中，我们要善于发现自己与对方的相似点，比如，相似的经历、相似的爱好等，从而以此作为切入点，来赢得对方对自己的好感，以增加双方的亲切感、认同感。在面对面交谈的时候，我们要面对不同身份、不同背景的沟通对象，只有用心地找到每一位的契合点，才能给对方宾至如归的感觉。

4.准备一些开放式的问题

在提问过程中，我们可以准备一些开放式问题，让对方有发挥的余地，及时地从对方的言谈中发现新的线索，并紧紧地“揪”住在谈话中不断涌现出来的这些新线索。另外，潜意识里要有“质疑”的精神，曾任中央电视台《面对面》主持人的王志在采访新闻集团董事长兼首席执行官鲁伯特·默多克时，就充分展现了他质疑的个性。

王志：您到底能给中国观众带来什么？默多克：就希望带给他们很好的娱乐，给他们带来惊奇，带来快乐……当然我们会尊重中国人的文化，中国人的趣味。王志：中国对你来说是一座金矿吗？默多克：不，我们不是来掠夺中国的资源的，我们是对中国提供某种贡献的……如此质疑就使问题的本质更加清晰地呈现出来。

第03章 提问模式，小技巧成就大专家

提问是一门艺术，是否提出好问题，需要智慧作支撑。你是否获得你想要的答案，或挖掘出优质的答案，在大多数时候取决于你提问的方式。当然，一个精彩的提问，可以诱发人们的思考，给人以启迪，甚至可以吸引众多的眼球和掌声。深谙提问模式，掌握一些小技巧就可以成为大专家。

妙用“问题攻势”占上风

日常沟通中的双方不会都站在同一个层面，有时候我们面对的对方，有可能阅历比我们丰富，学历比我们高，我们在这样的场合会非常没有自信，总是觉得己不如人。萌生这样的想法，就会不时地通过谈话透露出来，使自己处于谈话的下风。这样就会限制我们的观念和意见的表达，使自己处于下风，就会让我们在谈话内容中涉及的观念和意见不攻自破。怎么让自己在对话中处于上风？这就需要掌握一个技巧—问题攻势。如果你想在和对方的谈话中占上风，就应该提前准备很多估计对方根本回答不上的问题，连续向他发问。对方回答不了这些问题，当你看到对方面露难色的时候，你肯定能逐渐平静下来，恢复自信，这样你就占了上风。

一位年轻人突然接到命令，到某银行的一个实力雄厚的分行任行长。这位年轻人来到分行上任，大家见到分行行长非常年轻，一点儿都不威严。银行中经验丰富的老职员们都发牢骚说："难道就让这小子来指挥我们？"

但是，令大家都没有想到的是，分行行长一到任，就立即把老职员一个个找来，连珠炮似的问起了问题。

"你一周去B食品公司访问几次？每个月平均去几次？"

"制药公司的职员是我们的老客户，他们在我们银行开户的百分比是多少？"

……

就这样，在大家诧异的眼光中，这位年轻的分行行长问倒了所有的老职员。

年轻的分行行长知道自己的年轻肯定不能让老职员们信服，而且经验也不如老职员们丰富，于是他聪明地避开正面的交锋。而是一到任，就立即把老职员一个个找来，问起了问题，年轻分行行长在这里使用的就是"问题攻势"方法。这样的方法使得他问倒了所有的老职员，他已经在气势上占了上风，以后银行的老职员定会信服他。

有一天晚上，王小姐刚从夜校上完课回家，有位年轻男子从她后面跟上来，想和她谈谈心。王小姐一看这位年轻男子，身穿红色衬衣，肩上挂着西装背带，胸前还挂个耶稣像的十字架，心里对这个男子的思想状态已经相当明白了。男子非常诚恳地拜王小姐为师，表示要学好文学和外语，王小姐见他真诚，就和他谈起心，于是他们的沟通是从一连串的问题开始的。

王小姐："你为什么要戴这个十字架呢？"

年轻男子："你是搞中国古典文学的，还懂这玩意儿？"

王小姐："你真是小看我了，我要连这个问题都答不上来，今天我算不算在你面前丢面子了？"

年轻男子：（微笑不语）。

王小姐："你不是在学外语吗？我问你，'圣经'这个词，英语怎么说？"

年轻男子：……

王小姐："bible。"

王小姐："你每天戴着十字架，会念祈祷词吗？"

年轻男子："不就是阿门吗？"

王小姐："不对。你读过《圣经》吗？圣经都讲了些什么呢？"

年轻男子："不知道，没读过。"

王小姐："《旧约全书》和《新约全书》的主要内容是……你知道美的实质吗？"

王小姐："比如，有个女孩长得非常漂亮，笑起来还有两个可爱的小酒窝呢。表面看，挺漂亮的，但是有人告诉你，她竟然是一个小偷，你还认为她美吗？"

年轻男子："内外不一致，不美。"

王小姐："有一个修女，外表穿得很肃穆，内心对耶稣很虔诚，胸前挂着一个十字架，你觉得她美吗？"

年轻男子："内外相和谐，对基督徒来说，还是美的。"

王小姐："那么请问，你既不懂基督教，又不信耶稣，胸前还戴着十字架，你是美在哪儿呢？"

年轻男子："呃……"

王小姐："你以前为什么戴它呢？"

年轻男子："我看外国人戴，外国人能戴，我干吗不能戴？"

王小姐："你的领导没有批评过你吗？你从来不思考自己的行为吗？"

……

在谈话中巧妙地使自己原本处于下风的姿态瞬间转换为占上风，这样就更容易让人信服。"问题攻势"就是连续地向别人提问，如果这个时候你采取故意问对方你知道的事情，也许会被认为是不怀好意。但是，“问题攻势”的目的就是对方丧失气势，所以你在这个时候，绝不能心软，要尽量使用这个办法，压倒对方的气势，使自己处于上风。

1.使用蜂音技巧

有研究者发现这种连珠炮似的发问就像“蜜蜂振动翅膀发出的令人烦躁的声音”，并把它叫作“蜂音技巧”，就是一种用让人心烦的聒噪声来驳倒对方的战术。人们往往对于涉及很详细数字的问题，都不可能立刻回答出来，所以这个战术对于在谈话中占上风十分有效。假如对方能够一下子就回答出来，那你就可以继续追问：“除此之外，你还能举出什么例子吗？”等问题，直到对方哑口无言。到最后，对方一定会回答不出来的。

2.模糊问题本身

既然通过蜂音技巧展开问题攻势的目的是驳倒对方，那么一定要记住，所提出的问题要抽象、模糊，尽量找对方不好回答的问题。对方越回答不出问题，你占上风的优势就越明显，你就越有可能取得对话中的胜利，就更容易说服对方。

提问有层次感更容易被接受

登门槛效应，也称得寸进尺效应，是指一个人一旦接受了他人的一个微不足道的要求，为了避免认知上的不协调，或想给他人以前后一致的印象，就有可能接受更大的要求。这种现象，犹如登门槛时要一级台阶一级台阶地登，这样能更容易更顺利地登上高处。其实，每个人都有一种在他人面前保持形象一致的心理需求，他们不希望自己被看作反复无常、莫名其妙的。基于人们这样的心理，我们需要巧妙利用登门槛效应，一步步提问，由表及里，使提问呈现出一定的层次感，从而令对方欣然接受。

许多说话者在设计问题时存在很多弊病，比如，问题设计无序，没有层次感；问题设计得或浅显或深奥，不符合对方的认知层次。甚至有的人根本没经过大脑思考，就随便提问。问题不能过于直接、浅显，太简单的问题就如一碗水无滋无味没有任何思考的空间和余地，对方只需要回答“是”或“不是”，“好”或“不好”就行，这样无疑会限制对方的言语。问题太困难，不容易回答，对方会感到无所适从，无处下手。

美国社会心理学家弗里德曼与弗雷瑟在1966年做了这样一个现场实验：实验者让助手到两个居民区劝人们在房前竖一块写有“小心驾驶”的大标语牌。在第一个居民区向人们直接提出这个要求，结果遭到很多居民的拒绝，接受的仅为被要求者的17%。在第二个居民区，先请求各居民在一份赞成安全行驶的请愿书上签字，这是很容易做到的小小要求，几乎所有的被要求者都照办了。几周后再向他们提出竖牌的要求，结果接受者竟占被要求者的55%。

同样都是竖牌的要求，却产生了截然不同的结果，为什么呢？原因就在于当你向对方提出一个微不足道的要求时，对方难以拒绝，否则，就显得太不近人情了。于是，一旦接受了这个请求，就仿佛跨越了一道心理上的门槛。当再次提出较高的请求时，这个要求和前一个请求有了继承的关系，对方就容易顺理成章地接受。

在钟表店里，一只组装好的小钟，放在了两只老钟的当中，其中一只老钟对小钟说：“天啊，这么小的钟等你一年走完3200万次恐怕便吃不消了”，小钟吃惊地说：“要走那么多次，我可办不到”，另一只老钟说：“别听他胡说，那你可以每一秒‘嘀嗒’一下吗？”小钟将信将疑说：“啊。这么简单吗？我当然可以。”就这样，小钟很轻松地在每秒的“嘀嗒”声中，不知不觉走完了一年，他回过头一算，果然摆了3200万次。

登门槛效应给我们的启示就是，当我们需要向对方提出一个比较大的要求时，可以先不直接提出，因为这个要求很容易被对方拒绝。在这时，你可以先提出一个较小的问题，一旦被答应，再提出那个较大的要求，这时候才会有更大的被接受的可能性。当我们在说服对方的时候，也需要灵活运用这一效应。

问题的设计要有梯度，环环相扣，逐层递进，遵循从易到难、自简至繁、由浅入深、由表及里的原则，一步一个台阶把问题引向深入。我们在设计问题时要明确目的，设计一些有价值的问题。在设计问题时，不仅要考虑应该提出什么样的问题，还需要思考为什么要提这样的问题。好的提问，不仅可以令对方滔滔不绝，而且还通过富有吸引力的提问活跃交流气氛，调动对方的积极性。所以，我们在实际提问的时候，要注意筛选不同的内容，做到分层次提问。

豆豆早晨喜欢赖床，每天早上到了八点才起床，爸爸向豆豆提出了要求："以后每天早上提前两个小时起床读书。"豆豆听了立即表示抵触，妈妈见此情景，用商量的语气说道："那先每天提前十五分钟起床好吗？"豆豆听了马上就答应了，过了一段时间，妈妈又提出再提前十五分钟起床的要求，豆豆也很爽快地答应了。就这样，用了不到两个月的时间，豆豆完全做到了每天提前两个小时起床。

在这里，妈妈所使用的口才心理策略，就是典型的登门槛效应。比如，对一个推销员来说，当他可以令顾客打开门，跟顾客展开交谈时，其实，他就取得了一个小小的进步。在这样的情况下，假如他能够说服顾客看一看他的产品的话，那么，他就可以再提出"购买产品"的要求，而且，这样的要求很有可能被满足。

1.降低要求的"门槛"

如果你想要顾客购买自己的糖果，需要降低自己要求的"门槛"，不妨先说"这是我们店刚进的新品种，清甜可口，甜而不腻，您先品尝一下，好吗"？对方在"恭敬不如从命"的心理状态下品尝了糖果，这时候你再提出"购买"的要求，对方一定不会拒绝的。

2.先提出一个微不足道的要求

一般情况下，男生都是这样“追求”女孩子的：“这道题我不是很理解，你能帮帮我，给我讲解一下吗？”紧接着：“顺路，我送你回家吧”……就这样一步步“说服”对方成为自己的女朋友，而且，由于遵循了“登门槛效应”，在整个过程中，对方不会有不安的感觉。

3. “哪怕一分钱也好……”

心理学家D.H.查尔迪尼代替某慈善机构做一次募捐活动，他对一些人说了一句“哪怕一分钱也好，您愿意伸出援助之手吗”，结果这些人的募捐要远远高于另外一些人。当我们再向对方说出“哪怕……也好”的时候，就会产生登门槛效应，使得对方欣然接受我们的请求。

巧妙提问，投石问路法

向河水中投块石子，探明水的深浅再前进，就能有把握地过河。在日常沟通中，我们在与对手的交流中，也可以先提一些“投石”式的问题，比如，“假如我们订货的数量加倍或者减半呢？”“假如我们和你们签订一年的合同，或者更长时间的合同呢？”在略有了解之后再进行有目的的洽谈。使用这种方法，需要我们作为一个有心人，你可以从对方的回答中发现对方与自己的共同利益之处。双方互相试探，你提出了投石的问题，对方作出了回答，在此过程中你们就可以根据“问题”的突破口进行洽谈，便于快速达成双方都认可的协议。这其中最重要的是在听对方介绍时要仔细分析、认识对手，发现了可以利用之处，再进行深入交谈，不断地发现新的共同利益。

当公司还是一个小工厂的时候，王姐作为公司的领导，她总是亲自出门推销产品。而每次碰到讨价还价比较厉害的对手的时候，她总是真诚地说：“我的工厂只是一家小作坊，这大热天的，工人们在炽热的铁板上加工制作产品，汗流浃背，他们该是多辛苦啊，但是，一想到客户，他们依旧努力工作，好不容易制造出了这些产品。为了对得起这些辛苦的工人，我们还是按照正常的利润计算方法，你看如何？”

听了这样的话，客户开怀大笑，说：“许多来找我推销产品的人在讨价还价的时候，总是说出种种不同的理由，但是你说的很不一样，句句都在情理之中。我也能理解，你和你手下的工人都不容易，好吧，我就按你开出的价格买下来好了。”

投石问路是一种向对手的试探，也就是在沟通中经常借助提问的方式，来摸索、了解对手的意图以及某些具体情形。日常销售过程中，投石问路是一种常见的方式，作为交谈的一方，你可以从对方那里得到对方很少主动提供的资料，以此来分析商品的成分、价格等情形，便于作出合适的决定。在沟通过程中所提出的每一个问题都像是一颗探路的“石子”，你能够通过对产品质量、购买数量、付款方式、交货时间等问题来了解对方的具体情况。

王先生是一名销售员，这是他与一位某商场负责人高先生的沟通过程。

王先生：“您好，高先生，首先要感谢您给了我介绍我们产品的机会。”

高先生：“欢迎你的到来。”

王先生：“咱们能先谈您的生意吗？那天咱们在电话里交谈时，您曾向我透露过，您计划销售牢固且价格合理的家具。但是，我还想深入了解，您期望的是哪些款式，您销售的对象有哪些人，还有，您能谈谈您的构想吗？”

高先生点点头，回答说：“你可能也了解，我们商场附近住着许多年轻人，他们通常喜欢逛组合式家具连锁店。不过，在城区在另一块，住着许多退休老人，比如，我的老母亲就住在那里。去年，她很想买家具，不过她觉得那些组合式家具太花哨了。此外，她也没有能力购买高级家具，虽然她有固定收入。不过她依然感觉烦恼，以她自己的预算，不容易在这个城市买到款式不过时且适合她的家具。她告诉我，在她身边有许多朋友都有这样的烦恼，这是一个普遍的问题。于是，我就着手做了一个调查，发现我老母亲说得很对。所以，我希望在商场家具这方面，锁定这群人。”

王先生：“您的意思是说，高龄用户考虑的最重要因素是家具的耐用性，对吗？”

高先生：“是的，我们的顾客年长的年代有别，所以他们希望自己的用品可以长年如新。比如，我奶奶家的家具，她在上面铺上了塑料布，一用就是30年。尽管，我也清楚，我需要的这种物美价廉的需求对于家具生产厂家而言，确实比较困难，不过我还是认为，一定会有厂商愿意生产这类家具的。”

王先生：“这是肯定的。那么，我可以再问您一个问题吗？”

高先生（点头）：“你问吧。”

王先生：“您所说的价钱不高是多少？比如，您认为顾客愿意花多少钱去买一张沙发？”

高先生笑了起来，说：“很抱歉，我没有把话说清楚。我不会买进一大堆便宜的地摊货，也不会采购一批二十世纪的‘古董’。就我个人理解，只要顾客可以确定这东西能够用很长时间，他们就可以接受500元到700元之间的价格。”

王先生：“太好了，高先生，我们企业肯定能够帮得上这个忙！请允许我再占用您几分钟的时间，说清楚两个问题。第一，我们企业生产的‘典雅系列’，不管是从外观还是品质上，都可以符合您所期望的顾客群的需要，至于您提到的价钱，我们有绝对的信心可以确保得了。第二，我们可以谈谈这套产品更人性化的设计和优点，那就是永久性防污处理。这项技术使得家具不沾尘垢，清洁十分方便。这些我们能够在接下来的合作中进行详细全面的了解，您觉得如何？”

高先生：“好的，没问题。”

王先生具体的提问恰到好处地引导了话题，而且从高先生的回答中，王先生了解了其要求，从而灵活运用了销售策略。如果王先生不善于以提问来了解顾客的需求，那估计他即便与高先生聊一天也不会出什么销售成绩。

在沟通过程中，不要仓促前行，而是需要谨慎向前，一边提问一边走路，方能获得自己想知道的信息。不断地投石问路能让对方疲于应付，如果对方想要拒绝我方的提问，通常来说是不礼貌的。而且，对方面对这样连珠炮式的提问，大多数都会选择宁愿适当放弃自己的利益，也不愿意继续回答问题。

投石问路的方法并不是绝对的奏效，因此我们在使用这个方法时还应该注意几个问题：

1.提问更具体

在正式沟通中，有的问题太泛泛而谈，让人难以回答；有的问题太笼统，答案并没有在自己掌控的范围之内。为此，我们可以先问几个是非题或选择题的具体问题，把对方有价值的话题找出来，再继续提问。

2.因势利导，巧用“对方”的石子

有时我们会遭遇对方的“投石问路”，这时不妨针对他想知道更多情况的心理，对其进行有意识的引导，提出反建议，将对方扔过来的石子还给对方。比如，“您问的问题我都答复了，怎么样，请您考虑我的条件吧？”如此因势利导，往往能促使沟通走向成功。

面带笑容，令提问更动人

在沟通过程中的提问，并不是板着脸孔的提问，就好像严肃的老师向学生提问。这样的提问表情，只会令对方心生反感，更加不把你的问题放在心上。提问，指的并不是简单地将问题用生硬的语气提出来，而是还需要配合适宜的表情和语气，这样的提问才会更加真挚动人。在沟通过程中，人们的提问总是不足的，表现不尽如人意。有的提问磕磕绊绊，话不连贯；有的声音发颤，语不成句；有的词不达意，不知所云。而有电视台主持人在提问时，一拿起话筒，面对摄影机，脸上便会露出一副深情款款的表情，就好像在表演诗朗诵般，让人疑惑他是不是演出。恰如其分的提问，应该是做出与语境相配合的表情、动作，在声音方面也需要配合当时的语境，这样才能让提问更加动人，对方也才容易被这样的提问所打动。

提问，不仅仅是将问题提出来，而是需要思考，如何才能打动对方，让对方主动向我们敞开胸怀，袒露自己的心事。提问的目的就是希望能听到对方的回答，如果我们的提问被对方拒绝回答，那就宣告我们提问的失败。

一位富商的太太想换一辆车，于是开着原来那辆破旧的老车来到一家汽车销售店。销售员们看见她衣着寻常，又开着一辆破车，因此都表现得不积极热情，销售主管程敏只得亲自上前服务。

“您好，女士，请问您需要我帮忙吗？”程敏热情地打招呼。

“不用，我只是随便看看。”那位太太回答。

程敏带着淡淡的微笑，始终跟在那位太太的身边，虽然不说话，但是却细心观察她的神情变化。当她看见太太的眼睛落在一款新车上突然亮了一下，便马上说：“这是今年的最新款式，让我给您介绍一下好吗？”程敏拿出这款车的宣传资料，详细地介绍起车子的性能和优点。那位太太听着，流露出想买的神情，但是眼神间还有一丝犹豫，看来还没有最终下定决心。

“这样吧，您先填写一下客户资料，然后我再根据您的要求给你推荐其他款式的车型好吗？”

那位太太填写了资料，程敏细细地看了一下，叫过一位销售员，在他耳边吩咐了几句，这位销售员出去了，不久后，销售员抱回来一大束鲜花。

“梁太太，今天是您的生日，祝您生日快乐！”程敏递过鲜花，真诚地说。

那位太太奇怪地问："你怎么知道？"

"您填写的客户资料上有。"程敏微微一笑。

梁太太非常感动，她接过鲜花，眼睛微微湿润了，说："在这之前，我已经去过三家4S店了，也都填写了客户资料，但是你是第一个祝我生日快乐的人。谢谢！"

最终，梁太太毫不犹豫地买下了那辆新车，并且后来还介绍不少朋友与客户来这里买车，还和程敏成了好朋友。

对此，如果我们想要一次次有效的提问，那就要把自己融入提问的语境之中，切合语境，配合以相应的表情和语调，或微笑，或悲伤，或同情，这样才能让对方愿意将自己想说的说出来。

1.好的提问可以帮助我们获取有价值的信息

"这个教育制度大多都在教我们怎样去答，却很少教我们怎样去问。在每次采访之前，我都会感到紧张和兴奋，并不是因为嘉宾的地位、名头很响，而是我想我该如何利用这不到一个小时的时间问出好故事。"好的提问，不仅会让被提问者感觉到我们的真挚，而且还能够帮助我们问到一个好的故事，这样我们才能从提问中有所收获。

2.表情与所提问题内容的情绪保持一致

假如我们的提问空洞而乏味，语言生硬，语调平淡，那是很难问出好故事的。我们只是将问题"朗读"出来而已，这样的表演是难以打动对方，当然，他就会寻找一些理由来拒绝回答我们的问题。所以，为了让自己的提问有所收获，我们应该配合好的表情，比如，询问一些悲伤的事情，就流露出肃穆的神情；询问开心的事情时，就要面露笑容，这样才能让自己的提问更加动人。

3.提问要口、眼、脑并用

提问除了要注重非语言的交流，还要学会眼睛的配合和头脑的思考。眼睛观察和用脑思考都是为了"口"里的表达准确。口、眼、脑并用，才能观察得深、观察得细，思考有深度，提问才能得体。我们要认真研究提问的艺术，才能让提问成为真情实感的交流、思想文化的碰撞，才能更好地实现自己的意图，取得最佳效果。

旁敲侧击提问，善于寻找答案

在实际沟通过程中，有时候，我们提问还可以采取“旁敲侧击”的方式，多问几个与主题相关的问题，然后在这些问题中找出正题的答案，这也是一种有效的提问方式。当主题变得庞大的时候，或者说我们无法用直接的方式提问的时候，就可以采取这样的方式。当然，我们所询问的其他问题，必须与正题相关，否则，即便提问再多，也无法找到正题的答案。

学生们在学习贾平凹的《风筝》这篇散文的时候，有位老师采用了两种截然不同的提问方式：

第一种提问：

老师：我们在做风筝的时候，心情怎么样？你是从哪些词句中体会到的？请把相关的句子画出来。

老师：请把做风筝时的快活读出来。

第二种提问：

老师：这一段话是介绍我们小时候做风筝的情景，请大家认真默读课文，看看我们做的是一只怎样的风筝？

学生：我们做的是一只蝴蝶样的风筝。

老师：还有不同看法吗？

学生：是一个什么也不像的风筝；是一个叫作“幸福鸟”的风筝；是一个带着憧憬和希望的风筝。

老师：风筝完工前，我们的憧憬和希望是什么？

学生：希望做出来的风筝很漂亮，像一只美丽的蝴蝶。

老师：我们精心做着，可做出来的风筝——

学生：什么也不像了。

老师：你一心想把事情做好，很认真地做了，结果做得很糟糕，这时候，你的心情会怎么样？

学生：伤心，难过，觉得没劲，打不起精神。

老师：做了个“四不像”的风筝，可我们为什么依然快活呢？

学生：只要风筝能飞起来就行！因为是自己亲手做的，再丑也喜欢！我们更在乎做风筝的过程。

老师：是呀！在我们看来，过程比结果更重要。这小小的风筝里，承载的是单纯的童心，是简单的幸福，是童年的快乐呀。让我们带着自己的理解，美美地读一读吧。

前一种提问方式：做风筝的时候，心情如何？如何比较简单，学生只需要在课文中简单地搜索，稍微“编辑”一下就可以作出回答。而后一种提问方式，则是旁敲侧击，引领学生在言语的丛林中反复走了几个来回。最后，让学生有了全面而深刻的感悟，把散文读出了情感、读出了味道。

席燕从事化妆品的销售工作，她热情的话语、开朗的性格赢得了很多回头客，既为公司也为自己带来了效益。但是，有的顾客对于她的话语却不怎么感兴趣，她们在购买化妆品时，往往根据自己的喜好进行选择。有的顾客选到了自己喜爱的化妆品，乐不可支。而有的顾客虽然也对一些化妆品感兴趣，却因为其高昂的价格而犹豫不决。为了让这些顾客购买到喜爱的化妆品，席燕常会不失时机地说话，她旁敲侧击的提问常会促成顾客购买成功。

一次，一个女孩前来购买化妆品，她选中了几款化妆品，但是极高的价格却让她一时拿不定主意，徘徊不定，犹豫不决。看到那个女孩有购买的欲望，席燕不失时机地走上前说道：“你好，这款化妆品在我们店里走得非常好。”女孩：“我不知道适不适合我的皮肤。”席燕查看了女孩脸上的皮肤，说道："你的皮肤是偏油性的，这款化妆品正好适合你的肤质，相信你用过之后肯定会感觉很清爽，现在需要我为你包起来吗？"女孩似乎还是不确定，席燕通过前面两次问话，判断这位客户犹豫不决的个性，于是，直截了当地问了一句："难道你还需要征询一下亲人的意见吗？"听了席燕的话，女孩并没有再多说什么，而是立即购买。

席燕先是通过旁敲侧击的提问，判断这位顾客的个性就是犹豫不决，所以她顺势巧妙提问激将对方，刺激顾客的购买欲望，达成了自己的销售目的，也满足了顾客的购买欲望。通过运用有效的提问技巧，席燕的销售业绩不断提升，为公司创造了良好的效益，自己也拥有了一笔小小的财富。

1.提问要提得巧

同样一个主题的问题，提问的方法和角度是多种多样的。问得旁敲侧击则巧，问得直接则显得愚笨。提问的目的是获取答案，指明方向，促使双方之间的沟通，是为了启发对方，让对方有话可说，而且说得精彩。

2.旁敲侧击是智慧的提问

假如是十分直接的提问，目标意识过于强烈，雕刻的痕迹过于严重，则对方就很容易产生厌倦和排斥之感。俗话说："欲速则不达。"提问也是一样的道理，智慧的提问，是旁敲侧击，既能"山重水复"，又能"柳暗花明"，旁逸斜出以求出其不意，曲径通幽巧入世外桃源。

3.提一些开放型问题或探测型问题

有时候，一些开放性问题也可以起到旁敲侧击的作用。比如，"你对现在的危机有什么意见？""你觉得灵活的工作时间怎么样？""假如你赢得了100万美元，你会选择做什么呢？"或者，你也可以提一些探测型问题，比如，"那时你多大了？""ABC公司的销售额是多少？""有多少员工在你手下干活？"

第04章　出口不凡，好话语来自好问题

爱因斯坦说："提出一个问题比解决一个问题更重要。"如何才能提出好问题呢？正所谓一张口就出语不凡，好话语自然来自好问题。在日常沟通中，我们需要谨记，对方不是犯人，不要喋喋不休地问，问一些对方比较有感触的问题，自然可以收获好的答案。

对方不是犯人，不要将提问变审问

在生活中，许多人总是喋喋不休地追问："你叫什么名字？""为什么叫这个名字？""你家住在哪里？""那个地方好像很远呢？你是怎么来的？""你在做什么工作？""这个工作全靠口才，你是怎么做到的？"……他们类似这种喋喋不休的审问简直比唠叨的唐僧还可怕，只把人问得彻底崩溃。这样的人在实际沟通中，凡事总以自己为中心，只希望满足自己内心的欲望，但他们却不会理会别人的需求，表现得非常自私，只懂顺着自己的好奇心不断地追问下去，从来不为别人着想。这时我们需要记住，对方并不是犯人，千万不要将提问变成审问。

小王平时是一个习惯什么问题都打破砂锅问到底的人，他对任何人都是一样。平时，同事只要听到他开始询问了，就马上找个借口离开了。

有一次，他问公司的老员工李主任："李主任，你当初是怎么顺利通过实习的呢？"李主任回答说："我只是做好自己的分内之事，做好自己应该做的事情。"这时小王又问："那你当时的工作任务困难吗？"李主任笑着说："和你现在做的工作差不多。"

然后，小王开始喋喋不休地发问："你实习期间都学到了什么？""当老板决定重用你的时候，你很高兴吗？""你当时在公司经常参加聚会吗？""正式上班后，你在哪个部门？""你现在这个职位是如何一步步来的？"

原本心情还不错的李主任听了这一连串问题，彻底表示无语了。他完全没有任何兴趣来回答这些问题，只能用简单的"啊""嗯""哦"之类的回应。

习惯不断追问的人，其性格是以自我为中心，这是他在身心发展过程中随着个性的发展而形成的，是自我意识发展的畸形产物。一般而言，一个人习惯喋喋不休的审问式提问，往往是由于其太以自我为中心、内心缺乏安全感，或者性格比较强势而形成的。在上面这个案例中，李主任之所以会心生不悦，就是因为小王喋喋不休的提问，让他有一种被当作犯人一样的感觉。所以，当他情绪变得不佳的时候，他便没什么心情回答问题了。

小宝贝做错了事情，生气的妈妈大声训斥："你怎么可以这样做事呢？""你不知道这样做是错误的吗？""知道是错误的，为什么还要这样做呢？""下次遇到同样的事情，你应该怎么做呢？"

结果，妈妈的这种唠叨式的提问，会让孩子感觉到一种恐惧感，他们害怕多说一句话，或者干脆不说话。事实上，孩子并没有将妈妈的话放在心上，所以这样的教育根本没起到作用。

在生活中，我们经常听到警察问人："家住哪里？""家里几口人？""在哪里工作？""今天在干什么？""那天你在哪里，跟什么人在一起？"……这些问题不管是连续性，还是提问的语气，都称为审问，因为不想给犯人思考的空间，所以问题是连续不断的，这让犯人有一种压迫感。当然，这种审问式的提问对于警察而言，有一种特殊的情境，所针对的是特别的当事人。

在日常交际中，假如我们还使用喋喋不休的追问式提问，那对方并不愿意听到你的问话，或者即便对方有足够的时间来回答你的问题，但在面对一连串的审问，他们根本没有回答问题的兴致。有时候，适当地提问一两句反而产生好的效果。

一天，"化妆品女皇"玫琳·凯在海边看到了一位坐着的女孩子，她的脸上布满了忧虑和哀愁。热心的玫琳·凯微笑着走上前去，亲切地对她说："您好，我叫玫琳，能跟你说几句话吗？"对于她的热情，女孩子并没有理睬，别过头去，依然是满脸的冷寂落寞。玫琳·凯并没有生气，而是继续温柔地说："虽然你心情非常糟糕，但你依然很美。你有什么伤心痛苦的事情，可以跟我说说吗？"

看到玫琳·凯真挚的表情，小女孩对她有了好感，就向她倾诉起来。而玫琳·凯在认真地倾听着，用鼓励的眼光示意她说下去，并且不时地点头。最后，那个小女孩说，今天走到海边，就是准备自杀，因为那个曾经和他相爱的人，在飞黄腾达之后就把她给抛弃了。

玫琳·凯听后，十分同情这个小女孩的遭遇，气愤地指责那个男人的忘恩负义。最后真诚地对她说："你一定要振作起来，为了一个忘恩负义的男人去死实在不值得。你长得这么漂亮，连我都要喜欢上了，更何况是男人呢？我相信，你一定能够找到一个值得你依靠的男人。"

女孩终于想开了，感激地对她说："我感觉今天才算真正地发现了自己，从来没有人跟我说过这么多话，在你的开导下，我才发现，活下去是多么美好。"

在痛苦、磨难、疾病、挫折面前悲观、失望、伤感的人，他们的情绪都是受到感情支配的，这时候假如我们用真诚的问候，对他进行劝慰，那对方就会减少一些敏感和抵触心理，自然会听从我们的劝导。但是，假如在对方情绪不佳的时候，我们还是以审问的方式进行提问，反而会引起对方的反感。

1.不要审问对方

在日常沟通中，一旦对方感觉自己好像一个犯人，处于被审问的位置，那就会使对方有一种被胁迫的感觉，从而让对方产生防卫心理和行为，甚至会招致对方的反感。对于说话者而言，这样的提问方式往往是欠妥的。

2.提问亲切一些

在实际提问中，假如我们能够耐心一点，提出“听说你和他闹别扭了？”“那么关系一向不是蛮好的吗，发生什么事情了？”等问题，那对方就会有倾诉的欲望，我们也会适时了解对方的想法，然后进行很好的劝慰。

3.少说多听

在提问过程中，我们需要尽量避免喋喋不休的提问方式，学会克制自己，善于引导，让对方多说一些，自己多听一些，然后在这个基础上，有意识地引导对方的思路和话题引导到自己想提问的方向，最终实现自己的目的。

适时提问，引起对方的兴趣

在倾听对方说话的过程中，如果只是敷衍而木讷地听对方讲述也是不行的，还需要鼓励对方继续说下去，所以，在倾听的过程中要适时地提问，以引起对方的注意和说话的欲望。另外，唱独角戏的滋味真的不好受，这让对方觉得自己没有受到足够的尊重，而且，适时的提问也是一种反馈的行为。当对方在说某一件事情的时候，他不可能一鼓作气地说完，而是中间会有适当停顿或休憩的时间，其实这个空白就是留给倾听者作出回馈的。

马超攻打葭萌关的时候，大有势不可当之势。张飞怒气冲冲地来到刘备面前请战，要求给马超一个下马威。军师诸葛亮的心中早就有让张飞出马的打算，但是在刘备面前却说："马超有万夫不当之勇，汉军之中无人能敌，看来只好派人去荆州请云长来了。"张飞听到之后，十分不满，大叫道："军师也太小瞧人了，当年我曾只身抗拒曹军百万，难道一个小小的马超还能让我无可奈何吗？"

诸葛亮却刺激他说："当阳之战是因为当时曹操不知你的虚实罢了，否则的话，你也不会如此幸运。马超可不同，当年的曹操割须弃袍，狼狈逃窜，绝非浪得虚名之辈，哪怕是云长来了，也未必能够战胜他，张将军还是不要在这里逞强了吧？"

张飞发怒了，大声地说："我立下军令状，如果不能战胜马超，甘当军法处置！"诸葛亮停了，装作勉强同意的样子，让张飞立了军令状，之后才让他领兵去和马超作战。张飞来到阵前，和马超大战了三百回合，虽然没有将他刺于马下，但是却大大地打击了马超的锐气，让他不敢小觑西川，最后投降了刘备。

对待关羽，诸葛亮却采取了与对待张飞相反的办法。马超归降之后，关羽想和他一决高低。为了避免伤和气，诸葛亮修书一封给关羽说："马超虽然英勇无比，但是只能和张飞并驾齐驱，哪里能和你'美髯公'相提并论呢？何况，关将军身负镇守荆州的重任，如果因为和马超比武而离开，荆州的安全就无法得到保障了，所以还是不要自降身价去和马超比试了吧。"关羽看到信之后，心下大喜，也就打消了和马超一决高下的念头。

与人说话是要讲究策略的，根据对方的个性选择相对应的方式，喜欢委婉的就要说旁敲侧击的话；性格率直的人，可以说些急切的话；性情孤傲的人，可以说些恭维的话；喜欢学问的人，可以说点高雅的话。当然，在这里，尽管诸葛亮对不同人的说话方式不一样，但所使用的都是适时提问，引起对方的兴趣，最终实现自己的目的。

对于对方的说话，我们肯定会有许多疑惑或不解，不妨就以提问的方式作为回馈，比如："后来怎么样了？""当时可真够辛苦的，没想到你还是坚持了下来，是什么力量促使你支撑到现在的呢？"通过提问，对方会觉得原来你在认真听他说话。另外，对方会根据你的提问而作出相应的回答，从而更有了继续说下去的欲望和兴趣。

公司年会上，酒过三巡，王董事长又向别人讲起了自己的创业史，新来的同事小松并没有走开，反而把身子往前挪了挪，神情专注地听王董事长的光荣战绩："想当年，我不过也才这般年纪，不怕吃苦不怕遭人白眼……""您说得对，咱们这一代就是缺点不怕吃苦的精神，看来我得向您学习啊！"小松随声附和："听说，您当年那会儿，做销售特别难，您是怎么咬牙坚持下来的？"王董事长来了兴趣，回答说："是啊，那会儿的人们哪像在现在这样，有电视广告看，对于上门推销的人也很理解，那时候只要有人看着我提着袋子去敲门，他们都会将门关得紧紧的，我连个问候都来不及说出口，就被别人拒之门外了，那段时间真是艰难啊，产品卖不出去，我就只好东一餐西一顿，每天都是勉强不挨饿……"

小松点点头，问道："就您过去的这段经验真是宝贵，那您觉得对于我们现在这样的年轻人，在做销售的过程中，应该注意哪些问题呢？"王董事长越说越有激情："你们啊，现在就是缺乏吃苦、学习的精神，千万别小看了你们身边的那些老同事，当时他们都是跟随着我打江山的人，在他们身上有许多值得你们学习的地方，我希望你们能发扬吃苦耐劳的精神，以及谦虚的学习态度……"

在小松的适时提问之下，王董事长越说越起劲，因为他觉得自己所说的话有人愿意听，那么自己就有了继续说下去的欲望和兴趣。同时，倾听者不时向自己提问，那表示对方对自己说话的重视和支持，这也可以成为说话者继续说下去的动力之一。

1.倾听时适时提问

在倾听对方说话时，我们要懂得适时提问。当然，在提问时不应该连续提问重复的问题。对同一个问题，一旦你问了两次或两次以上，对方就会觉得你不过是在敷衍他，并没有认真地听他讲话，对你的印象也大打折扣。此外，提出问题之后应该保持安静，等待对方回答，如果这时候你自问自答或者抢答，对方会感觉你并没有尊重他说话的权利。若对方回答不够完整，要耐心地听下去，也可以采用适当的语气继续追问。

2.诚恳提问

适当的提问表现出你对对方的谈话很感兴趣，也让对方更有兴趣继续讲下去。在倾听对方说话的过程中，我们要善于把握提问的时间。通常情况下，当对方正在诉说事情的时候，不要以提问来打断对方，而是需要等待合适的时机再进行提问，比如，对方在说完之后会有稍微的沉默，这就是最好的提问时机。当然，提问只是为了让对方继续说下去，因此，你要以诚恳的态度提问，切忌以盘问、讽刺或者审问的态度。比如，你说“你不是挺厉害吗？这次怎么失败了？”这样的问题有点挑衅的味道，会引起对方心中不快的情绪。

与其说得多不如问得巧

在生活中，有的人自诩很会提问，他们通常会问这些问题：“你目前最满意的作品是哪一部呢？”“你目前的作品都偏向文艺，你觉得自己可以尝试一下喜剧吗？”“目前你还是单身吗？”“那么，你对爱情有什么打算呢？”“目前有没有比较欣赏的异性？”“除了工作，你还有什么爱好呢？”……问题是不少，但其中有的问题得到了答案，有的提问却得不到对方的应答，或者说根本不理会。为什么会造成这样的情况呢？假如你用废话提问，那问得再多，所得到的也是废话。正所谓，问得多不如问得巧，假如你问到了点子上，那三两个问题就解决了所有问题。

唐朝宰相杜佑巡游江南的时候，拒绝接见任何人。但是有一位叫张祜的书生却偏不信邪，一心想结识他。张祜写了一个署名叫作“钓鳌客”的名帖让人送给杜佑。杜佑看到之后，觉得很奇怪，就破例召见了他。

杜佑问张祜道：“你自称‘钓鳌客’，那么请你告诉我，你用什么东西做钓竿呢？”张祜回答说：“用长虹！”杜佑又问：“那么吊钩又是什么呢？”张祜说：“用新月！”杜佑再问：“用什么做钓饵呢？”张祜向他深深地作了一个长揖，说道：“用我做钓饵，当然就能钓到鳌鱼了！”杜佑听后抚掌大笑，对这个年轻后生刮目相看，于是就高兴地命手下人设宴款待他。

一人之下万人之上的宰相和一个青衣秀才的距离何止是十万八千里，别说是结交，哪怕是能够看上当朝宰相一眼也是三生有幸。张祜却用短短的几句话让杜佑迅速地认同了他，并和他成了忘年交。与此同时，杜佑在提问时仅仅用了三个问题就判断出对方是可造之材，问对了所以非常省力。

秦穆公有一匹千里马丢失了，被山上的野人逮住杀掉美餐了一顿。秦穆公带人寻找马匹的时候，正好看见他们大吃大嚼。随行的将领感到很气愤，就把他们抓了起来，要杀掉他们。秦穆公却阻止了他们的冲动，走上前去，解下了野人身上的绳索，拍了拍他们的肩膀说：“我听说吃马肉如果不来点酒的话，就有些暴殄天物的意思了，这样吧，每个人赐给一坛酒，让他们吃饱喝足吧。至于惩罚就免了，我怎么能为了一匹马而伤害人的性命呢？”

几年之后，秦晋国之间展开了一场战争。在战斗中秦军处于不利地位，秦穆公被晋军将领一枪刺落马下，正在这紧急关头，斜刺里杀出一支几百人的野人队伍，将没有防备的晋军打得落花流水，不但救了秦穆公的性命，还将晋惠公俘虏，秦军大获全胜。

秦穆公回朝之后，要对这些野人进行赏赐，但被他们拒绝了。原来，他们就是当年那些吃马肉的人。当时秦穆公的一句话让他们感动不已，这次出手相救，只是为了报答当初秦穆公的恩德。

好口才是一种力量，更是一种资产。一个拥有好口才的人，擅长提问，仅仅通过一个问句来彰显自己的个人魅力。“我听说吃马肉如果不来点酒的话，就有些暴殄天物的意思了，这样吧，每个人赐给一坛酒，让他们吃饱喝足吧。至于惩罚就免了，我怎么能为了一匹马而伤害人的性命呢？”好的提问能够帮助一个人在人群之中更好地凸显自己的个性，在无形之中对别人产生深刻的影响，让一大批志同道合的人围聚在他的周围，心甘情愿地为他前驱，共同创造美好的事业。

公元198年，曹操率兵攻下徐州，俘虏了号称有“万夫不当之勇”的吕布。吕布为了求生，表示愿意作为曹操的将领，为他东征西战。曹操对这位武艺高强的将领也有些看重，觉得留下他对自己十分有用，心下也有意饶他不死。因此，他征求刘备的意见，问是否可以留下吕布。刘备对吕布素来十分忌惮，深怕吕布成为曹操的手下对自己以后争霸天下起到不利的作用，自然要劝曹操处死吕布。按照一般人的思维，刘备应该发表一番长篇大论，历数吕布的斑斑劣迹，表明杀他是顺天行事，替天行道。

但是刘备只说了一句话：“难道您没有看到丁原和董卓的下场吗？”曹操听后，顿时醒悟，知道把吕布这个反复无常的家伙留在身边是个祸害，因此就十分爽快地听从了刘备的意见把他杀了。

假如刘备站在道德的角度，费尽口舌声讨吕布的不仁不义不忠不孝，或许能够过一把嘴瘾，但却未必能够达到预期效果。“难道您没有看到丁原和董卓的下场吗？”但刘备仅仅用了一个问句就达到了自己想要的结果，正可谓“说得多不如问得巧”。

1.了解对方

在实际交际中，我们面对不同的人要选择不同的提问方式，比如，对方性格直爽，那提问就应该豪爽点；对方比较内向，那提问需要注意言辞；假如所面对的是专业人士，那就要使用专业词汇，否则就落了个在行家面前“班门弄斧”的笑话。对于内向者，可以问：“这个产品性能怎么样呢？”

对外向者提问："这个产品性能还不错，是吧？"

2.摒弃废话式提问

在提问的时候，假如言辞单调、词汇匮乏，那很容易成为一个废话式问题。假如我们不确定自己的提问是否是废话式问题，那不妨将自己当作提问对象，问自己这个问题，然后站在对方的角度来回答这个问题，假如是废话式问题，那就坚决摒弃。因为假如你用这样的问题提问，那你所得到的答案也将是废话。

自问自答，引起对方的注意力

在日常交际中，有时候我们自己提问了，并非需要对方来回答，这时候所采用的就是"自问自答"。或许，有人觉得，在沟通中应该不会用到"自问自答"的设问，实际上，这也是一种有效的提问方式，通过自问自答，往往可以成功地引起对方的注意。在某些特定的环境下，为了引起对方的注意，以自问自答的形式，故意先提出问题，自己提问自己回答，这不仅可以引起对方的注意，而且还能够启发对方有效思考。

康熙末年，太子失宠。储君之位岌岌可危。许多有实力的阿哥们看在眼里，喜在心里，个个都摩拳擦掌，为了争夺太子之位，无所不用其极。他们为了将对手打败，就开始了在各个方面的较量和斗争，争相在康熙面前表现自己的优秀和能干，渴望得到老皇帝的垂青。

康熙四十八年秋天，皇帝前去热河狩猎，由诸皇子皇孙陪同前往。康熙决定将一柄玉如意作为奖品，奖励狩猎表现中最出色者。因为这个如意是当年顺治赐给康熙的，一直是乾清宫里的镇殿之宝。因此，几个有野心的阿哥都把这当成太子的象征来看待，觉得狩猎获得第一就能得到储君的位置。因此，他们在打猎的时候都使出了浑身解数，都想成为最优秀的那个人。

狩猎的结果很快就出来了。那些勇猛善战的皇子们都射杀了数量不等的猎物，其中十四阿哥和十三阿哥并列第一。而八阿哥胤祀却没有射杀一个猎物，只是捕获了11只活的。康熙问其原因，八阿哥侃侃而谈：“上天有好生之德，儿臣不愿意为了一个如意而杀生，一伤了父皇的仁慈之名……”那些素来和胤祀走得比较近的王公贵族纷纷向皇帝称赞八贤王的仁慈，建议把这柄如意赏给老八。

在大臣们的吵嚷声中，年仅6岁的弘历却大声地说：“诸位说的这话不对！你们说不忍杀生是慈悲心怀，那么皇爷爷一生射杀了那么多野兽，难道就没有慈悲心怀了吗？……皇爷爷一生射杀了135只老虎，132头野猪，96只狼，25只豹，20头熊，10只猞猁狲，还曾经一天之间射死了310头猪，其余动物不计其数……天生万物本来就是供人取用的，我大清的祖先们以射猎为生，就像中原的汉人以耕田为生一样，都是上天交给我们的谋生之道……那是皇爷爷不忘本，皇爷爷如果没有射杀这么多野兽的本领，就不能平三藩，收台湾，平定蒙古叛乱，创建我大清万世的基业！皇爷爷是我大清的第一巴图鲁！”康熙听到之后，觉得这个皇孙说的话很有道理，顿时龙颜大悦，高兴地对众大臣们说：“我这一辈子封过不少人做巴图鲁，没想到，我的巴图鲁称号却是我的孙子给的，还是第一巴图鲁。”康熙在欣喜之下，就把这柄如意赐给了弘历。

“诸位说的这话不对！你们说不忍杀生是慈悲心怀，那么皇爷爷一生射杀了那么多野兽，难道就没有慈悲心怀了吗？……皇爷爷一生射杀了135只老虎，132头野猪，96只狼，25只豹，20头熊，10只猞猁狲……”通过自问自答，吸引了对方的注意力，受到康熙的宠爱。康熙二十四个儿子，一百多个皇孙，唯独对弘历格外看重，这和弘历能说话和会说话有着很大的关系。后来，康熙把帝位传给了弘历的父亲胤禛，究其原因，和这位能说会道的皇孙也有着很大的联系。

当然，我们在使用自问自答的时候，也需要注意自己的言辞，是否符合语境。简单地说，你是否可以很好地提出问题和回答问题，如果没有掌握足够的知识，胡乱自问自答，那只会贻笑大方。古人说“腹有诗书气自华”，也正是这个道理。没有知识修养的人，无论有着多么高的社会地位，在讲话之中都会留下笑柄。

民国时期的韩复榘出身旧军阀，是一个目不识丁的草莽之徒，在担任山东省政府主席期间，留下了许多笑话。有一次，齐鲁大学邀请他参加校庆典礼。他在主席台上发表了一通讲话，让全校师生狂笑不已。

他这样说道：“大学生、二学生、三学生们：今天是什么天气？今天是演讲的天气。开会的人来齐了没有？没来得请举手！很好，都到齐了，你们来得很茂盛，敝人也实在感冒……今天兄弟召集大家，来训一训，兄弟有说得不对的地方，大家应互相谅解，因为兄弟和大家比不了。你们是文化人，你们这些乌合之众，是学科学的、学化学的，都懂七八国的英文，兄弟我是个大老粗，连中国的英文也不懂……你们是从笔筒里钻出来，今天到这里来讲话，真使我蓬荜生辉，感恩戴德。对你们讲话是没有资格的，就像是对牛弹琴。”

台下的学生们听了都差点笑得岔过气去，接着韩主席又唾沫星子乱飞地说：“今天我主要是讲蒋委员长的三个纲目，蒋委员长在提倡新生活运动，兄弟我自然是要举双手赞成的，但是有一点我就闹不明白‘行人靠右边走，那么，留着左边的路给谁走呀’？还有一件事，让兄弟感到很气愤，北平东交民巷有很多洋鬼子的大使馆，却偏偏没有我们中国的，在中国的地方竟然没有中国的大使馆，岂不是表明我们中国太软弱了吗？因此，我就向蒋委员长那个建议建一座中国的大使馆出来。”

……

等到韩复榘讲话完毕，前呼后拥退出主席台后，全校学生终于忍不住开怀大笑起来，尽情地嘲笑这个不学无术的家伙。

在整个演讲过程中，韩复榘用了自问自答的形式，但因问题不够好，回答更是出洋相，所以效果恰恰相反。他本来想通过这场讲话塑造一个亲民的形象，也想向学生表现一下自己的学识和思想，最终却因为胸无点墨而闹出了大笑话。

在众多提问方式中，自问自答也是必不可少的一种提问方式。通过自问自答强烈地表达了自己的思想与观念，引起对方的注意和思考，同时引出自己想要说的话，起到了承上启下的作用。在实际提问的时候，我们可以将此方法灵活运用，达到自己的目的。

提对问题，自然解决问题

你是否自我服务偏差？在日常交际中，许多不擅长提问或在提问过程中遭到挫折的人，经常会为自己找很多理由和借口，比如，“他根本没办法沟通，我跟他没什么话可谈的”“昨晚没休息好，今天根本没心情交流”“今天天气很差，以至于我无法提出精彩的问题”等，这种自我逃避，将责任推到别人身上，就是典型的自我服务偏差。每个人都有一种防御本能，这在某种程度上会影响我们对于问题的认识，甚至在很多情况下导致我们无法发现问题的关键所在。由于对问题认识不清，导致了我们的模糊提问，这也就是为什么我们提出那么多问题，却没有问到点子上，收到的效果很小。所以，在提问的过程中，我们不仅要善于提问，而且要问对问题。

王珂想自己买辆车，但手头的钱还差点儿，他希望父亲能够支持自己。于是，他与父亲开始了以下对话：

王珂：“爸爸，我想买一部车，但是我手里还差一点儿钱，能借我点儿吗？”

爸爸：“你有驾照吗？没驾照是不能开车的。”

王珂：“我早就考了驾照了，现在我就是手头差点儿钱，如果你能支持点，我就可以支付车子的首付了。”

爸爸：“你为什么要买车呢？”

王珂：“我上班很不方便，地铁太拥挤了。”

爸爸：“要不我送你上班吧。或者你开我的车，我坐单位的班车。”

王珂：“我不想开你那部车，太老式了，又费油。”

爸爸：“那部车我刚买不久，还很新呢。”

王珂：“不了，我同事有辆车正在卖呢，价格也不贵，我打算买下来。”

爸爸：“我的车怎么了，开我的车还嫌丢人了？”

王珂：“我就是不想开你的车。”

最后，父子俩吵了起来。问题的根源在哪里呢？问题就在于王珂没有意识到问题的关键所在，他应该抓住“借钱”这个关键点开始提问，才能达到自己的目的，比如，他可以提问“爸爸，你能借给我5万吗？”这样跟爸爸讨价还价，兴许爸爸能借给他3万。所以，在提问的过程，要善于发现问题的关键所在，然后对症下药，才能解决问题。

有一家大型的外资公司，员工们对公司的待遇都感到十分不满意。公司领导得知了这一情况，但是却无动于衷，不愿意去改善员工们的待遇。在这位领导的眼里，这些工作人员都是智力平平之辈，能力上更是乏善可言，并且对公司也没有认同感，在工作上缺少应有的激情，没有必要为他们浪费太多的金钱。当别人对他提出意见的时候，他就说：“我能收容你们就不错了，就你们这样的工作能力和做事态度，哪一个公司也是不会要的。”

工人们的工作热情就更加低落了，经常出现迟到的现象。为了调动大家的工作激情，秘书准备向老板提议改善员工的待遇。他这样对老板说：“现在公司的大部分员工简直是没有办法来公司上班了。”

老板问：“为什么呀？”

秘书说：“坐出租车吧，价钱太贵坐不起；坐公交车吧，又经常挤不上车；而且每月的交通费也是一笔不小的开支，他们根本没有能力解决这一问题。”

秘书说完就叹了口气，一脸无可奈何地看着老板。老板却说：“那就让他们安步当车吧，一文不费，而且可以借此运动身体，不是一个很好的办法吗？”

秘书摇了摇头说：“不行啊，把鞋袜磨破了，他们买不起新的。不如这样吧，请您发出一个告示，提倡光脚走路，号召大家赤脚走路上班，这个问题不就解决了吗？要怪就怪他们生不逢时，生活在这个年代。谁让他们不去想发财的门路，却当苦命的职员？他们坐不起出租车，也不能鞋袜整齐地到公司上班，都是咎由自取！”

这位秘书边说边笑，老板听了心里总感觉不是滋味，最后终于答应改善下属的待遇。

这位秘书找准了关键点：让领导改善下属的待遇。所以，他并没有直冲冲地去劝说领导改善下属待遇，而是用开玩笑的提问方式含蓄地进行劝说。在劝说的过程中，他没有说老板的一句不是，而是用嘲笑下属的形式来显示出他们的苦衷。这种语气虽然是开玩笑的，但实质上是在劝说老板不要太苛刻和吝啬，应该照顾一下员工们的生活。这样的方式比较委婉，既没有伤害到老板的面子，又让老板觉察到了自己的过失，从而主动地改善员工们的待遇。

在提问的时候，假如你想将问题问到对方的心里，那最好将提问目标与对方的需求结合起来，这就是提问的关键所在。在实际提问的时候，只要你让对方感受到你所提的问题与他的需求有关，那这次提问就会成功。

第05章　提问有方，引导式让对方多说

影响别人有很多种方法，引导式提问就是其中的一种。可以说，引导式提问是沟通过程中不可缺少的提问技巧之一，它通过询问回答者一些预先设计好的问题，引起对方进行某种反思。比如，孩子要去郊游，妈妈会提出这样的问题：有没有带纸和毛巾？有没有什么落下的？前一种问法不需要孩子多想马上就能回答，后一个却需要想一想，而且不能简单地用“有”或“没有”来回答。

让对方多说，提对方感兴趣的事情

著名口才大师卡耐基说：“即使你喜欢吃香蕉、三明治，但是你不能用这些东西去钓鱼，因为鱼并不喜欢它们。你想钓到鱼，必须下鱼饵才行。”简单地说，当我们在与对方进行语言交流的时候，需要“忘记”自己的兴趣与爱好，用对方的兴趣爱好来提问，这样会使彼此之间的沟通更加顺畅。在沟通过程中，通过提问谈论对方的兴趣与爱好，这样能让对方感觉到受重视、受尊重，继而赢得了对方的好感与信任。许多人习惯于谈论自己的兴趣爱好，从来不考虑对方，这样的人永远不会得到对方的认同。所以，赢得对方好感与信任的诀窍在于，用他人的兴趣与爱好来提问，谈论他最喜欢的事

情，这样才能让对方多说。

三国时期，邓芝受命出使东吴。他到了东吴，孙权对他很怀疑，因此不肯接见。过了两天，邓芝给孙权写了一封书信。孙权一看，只见书上写道："臣今到此，非但为蜀，并且为吴。若大王不愿见臣，臣就走了。"孙权犹豫不定，一些大臣也都想刁难一下邓芝。后来，孙权采纳了张昭"先给邓芝个下马威"的意见，在殿前放一个沸腾的油鼎，命武士各执兵器，站立在两侧，召邓芝入见。

邓芝听孙权召见他，便从馆舍出来，毫无惧色，昂首走入大殿。邓芝进入殿内，就对孙权说："我特为吴国利害而来，大王却设兵置鼎，以拒一儒生，可见大王度量太小。"孙权听后，觉得很惶愧，忙令人赐座。邓芝问道："大王欲与魏和呢，还是与蜀和呢？"孙权说："孤非不欲和蜀，但恐蜀主年幼国小，不足敌魏。"邓芝侃侃道："大王为当世英雄，诸葛亮亦一代豪杰。蜀有山险关隘，吴有三江，若互为唇齿，进可兼并天下，退可鼎足峙立。如大王甘心事魏，魏必然会征大王入朝，索王子做质子，一不从命，便起大兵讨伐，那时蜀国再顺江东下，臣恐大王两面受敌，江东之地不能复有了，请大王熟思！"为赢得孙权的信任，表示诚意，邓芝又说："若大王以为愚言是不可取的谎言，吾愿立即死在大王面前，以杜绝说客之名。"说着，撩起衣服，就装作向油鼎跳去。孙权忙令人将邓芝拦住，请入后殿，以上宾之礼相待。

"大王欲与魏和呢，还是与蜀和呢？"邓芝的一句提问，透露出蜀国因地势险要而有一定的"利用价值"："诸葛亮亦一代豪杰，蜀有山险关隘，吴有三江，若互为唇齿，进可兼并天下，退可鼎足峙立。如大王甘心事魏，魏必然会征大王入朝，索王子做质子，一不从命，便起大兵讨伐，那时蜀国再顺江东下，臣恐大王两面受敌，江东之地不能复有了，请大王熟思！"而这正是孙权所最关心的事情，所以最终邓芝成功地说服了对方。

1.从对方的兴趣谈起

每个人都有自己的兴趣爱好，而这一兴趣爱好往往是自己引以为傲，或者是最擅长的一方面。通常来说，如果你能把问题巧妙地引到对方的兴趣爱好上来，那一定能够消除对方的陌生感，激起对方谈话的兴趣。所以，你不妨先问明陌生人的兴趣爱好，再循趣生发，顺利地进入正式话题。

2.巧妙提问

你在与陌生人交谈的时候，可以先巧妙地提问，对他有了一定的了解之后再进行有目的的交谈，这样便能够使你们的谈话顺利地开展并进行下去。比如，你在宴会上遇到陌生的同桌，你便可以询问一下对方："您和我们的总经理是亲戚呢，还是朋友？"不管对方回答的是哪一个，你都可以继续你们的话题交谈下去。即便是对方与总理的关系不是你所说的这两种，那么你也可以与对方进行另外的交谈。

3.即兴而起

有时候，你事先准备的问题也许并不适合坐在你对面的陌生人，那么你不妨即兴另起一个话题。你可以巧妙地借助你们谈话的时间、地点以及人物作为话题的材料，借此引发交谈。比如，你对在路边支摊的妇人说："这天气转凉了，出来逛的人也越来越多了，你们这生意好了吗？"这样一句话，就可以引来她向你讲述在外面摆摊那种露宿街头的艰辛生活。

4.先从对方谈起

当你面对一个陌生人的时候，你不妨通过提问先从对方身上展开话题，你可以解析一下对方的名字，你可以赞赏一下对方今天的穿衣打扮，你可以赞美一下对方的亮丽外貌。这些都可以从对方的第一次见面就能获得的信息，你可以充分地加以利用，引起对方谈话的兴趣。

设问与反问，与对方形成互动

为了提醒、加重讲话内容，引起对方注意，增强语言表达效果，有时需要在沟通中进行自问自答，巧妙运用设问、反问，与对方形成互动，调动他们的积极思考问题的激情、热情。

设问能够产生悬念，吸引人的注意力，引发对方思考。如果设问运用得好，就会使说话极具说服力和感染力，产生让人无法辩驳的说理效果。常用设问，还能帮助讲话者抒发情感，曲折含蓄地表达出某些不便明言的信息。比如，有人在说话时这样说道：什么是龙头？龙头就是标杆，就是参照系，别的都要服从，都要以此为标准，必须将认识进一步统一到这个总的指导思想上来。

设问的问话，切忌提一些无关紧要、众人皆知或者缺乏震撼力的问题，也不需要问得太过频繁。设问的运用，关键就在于为说话内容设计几个比较醒目、巧妙而又有分量的问题，给听众一种好奇感，激发他们等待答案的期待，然后自己作答，娓娓道来。

反问则是不需要回答的问题，答案就在问话之中，就是对问话的否定。反问的运用，可以表达出非常激烈的情绪，在热情奔放、情绪激昂的场合最适合运用。一连串设计巧妙的反问句，能使说话具有非常大的气势，具有极大的震撼力与感染力，让听众听后情绪高涨，热血沸腾。

帕特瑞克·亨利在弗吉尼亚州议会上的一段演讲：

回避现实是毫无用处的。先生们会高喊："和平！和平！"但和平安在？实际上，战争已经开始，从北方刮来的大风都会将武器的铿锵回响送进我们的耳鼓。我们的同胞已身在疆场了，我们为什么还要站在这里袖手旁观呢？先生们希望的是什么？想要达到什么目的？生命就那么可贵？和平就那么甜美？甚至不惜以戴锁链、受奴役的代价来换取吗？

一连串的反问，好似连珠炮不断地轰鸣，整个说话激情飞扬，气势雄劲，激愤之情感染了下面每一位听众。卡耐基曾经说过，如果想说服别人，最好的办法就是举出例证反其问之，因为反面的例子比正面辩驳更具有说服力。所以，领导者需要说服别人的时候，你不妨采取反问的手法，举出一个反面的例子来进行有力的说明。

有一次，拿破仑对他的秘书书："布里昂，你知道吗？你也将永垂不朽了。"

布里昂开始不解拿破仑的意思，拿破仑解释说："你不是我的秘书吗？"

布里昂明白后，笑了笑说："请问，亚历山大的秘书是谁？"

拿破仑回答不上来，赞扬道："问得好！"

布里昂明白了拿破仑的意思，虽并不寄希望于依靠拿破仑的名气扬名，但是他仍不忘作为秘书对主帅的尊重，所以采用表面请教，实际上采用了反问的方式："请问，亚历山大的秘书是谁？"证明了大前提的不可靠性，也使拿破仑的结论不攻自破。

美苏关于限制战略武器的四个协定刚刚签署，基辛格就在莫斯科一家旅馆里，向随行的美国记者团介绍了这方面会谈的情况了。当时已经是5月27日凌晨一点，他毫无倦意。

"生产导弹的速度每年大约二百五十枚，"基辛格微笑地透露道，"先生们，如果在这里把我当间谍抓起来，我们知道该怪谁啊？"

敏捷的记者们于是接过话头，开始探问美国的秘密。

"我们的情况呢？我们有多少潜艇导弹在配置分导弹头？有多少民兵导弹在配置分导式多弹头？"一个记者问道。

基辛格耸耸肩："我不确切知道正在配置分导式多弹头的民兵导弹有多少，至于潜艇，我的苦处是，数目我是知道的，但我不知道是不是保密的。"

记者说："不是保密的。"

基辛格反问道："不是保密的吗？那你说是多少呢？"

记者傻了，只好"嘿嘿"一笑，不再追问下去了。

其实，反问是用疑问的形式来表达所确定的内容。运用反问能够增强语势，把原来肯定的意思表达得更鲜明，不容置疑，所以，也更容易集中听众的注意力，给听众造成强烈的印象，容易唤起听众的想象和激情，这样的表达方式比正面更能产生力量。反问把答案寓于问句之中，而它所表达的思想内容与句子的表面意思相反：如果语句表面意思是肯定的，那么思想内容则是否定的；反之亦然。

在日常沟通中，如何用好设问呢？

1.利用设问激发听者的兴趣

即提出一个设问句，紧跟着说一个答句。这种设问，可以快速集中对方的注意力。富有趣味性的设问，往往可以引起听者的兴趣，使其情绪保持愉快的状态。在实际沟通中，所提问题应角度新颖，富有启发性，可以引起听者的兴趣和注意。

2.典型的设问句式

除了一问一答，还有几问一答，连续问答。其中，几问一答，即先集中提出一连串设问句，然后加以回答，这种设问，可以增强论辩力量，引人深思。比如，啊，是谁，这么早就把那亲爱的令人心醉的乡音送到我的耳畔？是谁，这么早就用他那吱吱哇哇的悦耳动听的音乐唤来了玫瑰色的黎明？是一个青年人。

连续问答，即连续使用一问一答的方式。这种设问，可以造成一种步步紧逼、势不可当之气势，具有强大的论辩力量。

引导提问，让对方谈论值得骄傲的事情

正所谓“酒逢知己千杯少，话不投机半句多”，在生活中，每个人都有自己喜欢听的话和不喜欢听的话，与人交往的过程中，假如我们谈论别人喜欢的话题，往往会让对方感觉我们很贴心，从而达到我们的目的。事实上，每个人或多或少都会有自以为很得意的事情，至于这件事是否真的有价值，

那就另当别论了。不过，至少在当事人看来，这就是一件非常有意义的事情。在沟通过程中，假如我们通过提问让对方谈论自己得意的事情，这就等于给对方一个很好的表现自己的机会，从而使得沟通活动成功进行。

有一年，欧洲举办了一场盛世空前的少年学术科技大会。眼看着日子一天天临近了，但是派一位少年前去参加的旅费却没有及时筹集到。罗曼森负责此次科技大会工作，为了这件事情他不得不每天东奔西走，但情况毫无进展，最后，他只好厚着脸皮去拜见一家大公司的董事长，希望对方能够出资援助。

在去见这位董事长之前，罗曼森在报纸上曾看到一则有关这位董事长的事情。据说这位董事长中了一张一百万美元的彩券，同时将兑现的彩券支票放在玻璃柜子里，并挂在墙上。当罗曼森去拜访董事长的时候，开始并没有马上进入正题，而是提出："董事长，听说你有一张受人瞩目的彩券支票，可以让我见识一下吗？"董事长听完十分高兴，便带他去看。罗曼森一边看，一边问："你当时是怎么获得彩券的？"他打听着这张彩券的中奖故事，却一直没有说自己请求的事情。

没想到，这位董事长反而主动问他："今天你来这儿有什么事情吗？"罗曼森一听，机会来了，他委婉地说出了自己的希望。幸运的是，这位董事长一口答应了他的请求。本来罗曼森只决定派一位少年代表去欧洲，结果在这位董事长的帮助下，有5位少年和罗曼森同行去欧洲，而且还开出一张一千美元的支票，让他们在欧洲逗留一个星期。

从这件事以后，董事长一直非常支持少年学术界的各项活动。而罗曼森通过这位董事长结识了不少富人，经过一番商量，这些富人便准备筹资建立当地最大的一所少年科技中心。

威廉·詹姆斯曾说："人类本质里最殷切的需求是渴望被肯定。"而潜意识里的赞美就是一种更加直接和深刻的肯定，因为赞美满足了人类的本质需求，所以会受到别人的欢迎。假如你希望人际关系更加和谐，那就通过提问，从对方最值得骄傲的事情谈起。

1.提问之前做足功夫

如同罗曼森一样，在向对方提问之前，我们需要做好资料的收集，比如，对方值得骄傲的事情，对方得意的事情等。这样我们在实际沟通中才能从细微处着手，说到对方最值得骄傲的事情上去，否则无的放矢，只会起到相反的作用。

2.提问时态度真诚

在实际沟通中，我们向对方提问时要保持真诚的态度，举止大方，假如可以做到这些，那双方的交际就有了一个很好的开头，这无疑为后面交际的良性发展打下一个很好的基础。假如我们通过提问，让对方说出自己值得骄傲的事情，或由我们去说出对方的骄傲事情，那么对方肯定就会对你大有好感。

3.提问后适时赞美

我们必须明白，满足对方心中的骄傲，适时的赞美，这也是人际交往中必胜的法则之一。只有对方感到快乐舒畅了，我们才算成功地迈开了交际的第一步。时间长了，我们自然可以顺利地融入对方的圈子。

请教式提问，赢得对方欢心

在生活中，我们经常听到诸如此类的请教式提问“你的手工做得太好了，怎么做出来的，能教教我吗”？如此别具一格的赞美方法就是请教式提问，什么是请教式的提问呢？顾名思义，就是针对对方擅长的某些方面，而话语中带着请教的意味，似乎对方的优秀程度已经将其摆在了“老师”的位置上。而大多数人听到请教式的提问，虽然表面上不作声，但其内心却早已兴奋异常了。

另外，请教式提问能更容易让对方接受，让对方体验到自己的价值，从而心中产生某种成就感。这样的提问方式大多适用于下属对上级、学生对老师、晚辈对长辈，由于对方身上有自己不具备的一技之长，遂以请教的提问方式表达自己的仰慕之情，在这个过程中，对方往往能在请教式提问中答应自己的请求，或者，他们有可能会主动帮助你渡过难关。

美国的一家化妆品公司曾有一名优秀的“推销冠军”。有一天，他还是和往常一样，把公司里刚出的化妆品的功能、效用告诉顾客，然而，对方并没有表示出多大的兴趣。于是，他立刻闭上嘴巴，开动脑筋，并细心观察。突然，他看到阳台上摆着一盆美丽的盆栽，便说：“好漂亮的盆栽啊！平常似乎很难见到，这是你自己种的吗？”

女主人来了兴致：“你说得没错，这是很罕见的品种。同时，它也属于吊兰的一种。它真的很美，美在那种优雅的风情。”

“确实如此。但是，它应该不便宜吧？”

“这个宝贝很昂贵的，一盆就要花700美元。”

“什么？我的天哪，700美元？那每天都要给它浇水吗？我一直很喜欢盆栽，但却对此一窍不通，我能向你请教，你是如何培育出这样美丽的盆栽的吗？”

“是的，每天都要很细心地养育它……”女主人开始向推销员倾囊相授所有与吊兰有关的学问，而他也聚精会神地听着。最后，这位女主人一边打开钱包，一边说道：“就算是我的先生，他也不会听我嘀嘀咕咕讲这么多的，而你却愿意听我说了这么久，甚至还能够理解我的这番话，真的太谢谢你了。如果改天有空，我会乐意向你传授种植兰花的经验，希望改天你再来听我谈兰花，好吗？”女主人爽快地接过了化妆品。

通过向女主人请教关于盆栽的问题，激发了女主人的谈话兴致，而且，在交谈过程中，销售员一直以请教式提问来夸奖女主人，使得女主人的心理得到了极大的满足。说到最后，没等销售员开口，女主人就主动掏钱购买了化妆品，而且，还发出了“希望改天你再来听我谈兰花”的邀请。足以见得，请教式提问所产生的良好效果。

这段时间，小雨跟她的一个朋友学会了十字绣，她利用业余时间，绣了一对在丛林中飞舞的蜻蜓。同事看了她绣的十字绣，很惊讶，那形象的花草、舞动着翅膀的蜻蜓非常逼真，同事由衷地赞美：“哎呀，小雨，你太了不起了！你这是怎么绣出来的啊？”小雨笑了笑，看得出，她对自己花费了不少时间绣出来的作品很自豪，同事真诚地说：“看你绣得这么漂亮，我也想学习一下，你能教教我吗？”小雨点点头，开始手把手地教同事如何绣十字绣。

同事那几句请教式提问，恰到好处地温暖了小雨的心灵，融洽了彼此之间的关系。可以说，请教式提问，是一种非常有效的提问方式。给他人戴上了一顶“高帽”，再虚心地请教，想必，一个再倨傲的人也会被打动，这样一来，自己所请求的事情自然就能够办成了。

1.满足对方的心理

在生活中，每个人都有“好为人师”的自大心理，所以，在许多时候放低姿态，有针对性地请教对方，以自己的普通甚至低劣凸显对方在某些芳年的高明和优势，可以间接起到赞美对方的作用。恰到好处地使用这种方式，既成功地赞美了对方，又可以给对方留下虚心好学的良好印象。

2.请教式提问既请教又鼓励

其实，请教式提问不仅仅重在请教，还表现出一种鼓励的意味。当然，这样的一种提问方式不止局限于下属对上级，很多时候，上级为了鼓励下属，也可以向下属发出“请教式提问”。

3.放低自己，抬高对方

在日常生活中，还有许多家长更是将请教式提问当作了一种很好的教育方式，以此来鼓励小朋友。有时候，我们在求人办事的时候，不妨放低自己的身价，虚心请教提问，再说几句赞美之语，说不定能取得良好的效果。

有效提问，积极安慰对方

在我们身边有许多人渴望得到宽慰，有可能是失业的朋友，有可能是身患绝症的同事，有可能是正在经历婚变的大学同学，有可能是患重病的亲人，等等。面对这些正在经历伤痛的人，我们能帮什么忙呢？对我们而言，目击他人的伤痛与不安，是一件异常痛苦的事情，我们经常会想办法解决它，或者采取某些行动。然而，有的人不懂得宽慰对方，或者为了避免说错话，选择什么都不说，错失了表达关心的机会。其实，当朋友需要支持，或者需要帮助的时候，我们应该尽可能地用言语去宽慰对方，通过有效提问，积极安慰对方，帮助他们度过最伤痛的日子，这不仅是一种友善的行为，而且，也会令对方心存感激，继而使彼此之间的关系更为亲密。

美国有一个女孩名叫莉莉，因车祸而被压在车轮底下，此刻被撞翻的油罐正在她四周呼啸燃烧。消防队员大卫见状，奋勇冲上前去抱住了莉莉。又痛又怕的莉莉不停地嚷："我害怕，别离开我！"大卫听罢强忍住灼伤，搂住她安慰道："你放心，我起誓，决不离开你，我们生死都在一起！"当其他消防队员用水笼头冲扫时，莉莉已神志不清，大卫禁不住大声同她"聊"了起来："雪莉，你爱看什么电视节目？""你喜欢马吗？等我们出去以后，我保证带你骑上我女儿的马！"奄奄一息的女孩喃喃道："我要是出不去了，告诉妈妈我爱她。"大卫却安慰她："你要亲口告诉妈妈你爱她，我保证过不离开你的，现在，你也该保证不离开我！"经过40分钟的抢救，由于大卫不停地说着各种分散对方痛楚的话，使莉莉心灵得以安慰，受到激励，小姑娘终于获救了。最后，内心充满感激的莉莉与大卫成了忘年交。

为了与即将昏迷的莉莉聊天，大卫抛出问题："雪莉，你爱看什么电视节目？""你喜欢马吗？"通过唇齿相依的宽慰语言，使莉莉的心灵得以安慰，内心受到激励的她与死神作最后的抗争，最终赢得生命。有人说，宽慰一种巨大的力量。在那危急关头，大卫的宽慰之语成了莉莉生的希望，那话语里给予了慰藉与鼓舞。宽慰的话语可以平息他人的创伤，而在这个案例中还有了起死回生的作用。

在心理学上有“言语暗示”这样的说法，因此，我们在安慰生病的朋友时，如果能够给予对方以心灵补偿的话，就有可能会促使对方的病情向好的方向转化，比如，“看来，你的危险期已经过去了，不是吗？”这样的宽慰之语会让对方获得一种心理上的满足感，不再为病情所担忧。

一个因丧妻而患严重忧郁症的老年男子，对任何人的安慰都十分反感。一日，一个老朋友登门造访，全然不提病情、疗法之类，只是问：“不知是否想过，假如你先去世，而尊夫人还继续活着，那会是怎样一种情形呢？”这位男子脱口便道：“噢，那对她来说太可怕了，她该遭到多么巨大的痛苦呵！”那老朋友听罢便继续开导：“你看，现在她却没有这个痛苦，那是因为您的安然无恙才使她免除了痛苦，所以，现在你必须尽一份义务，付出一点代价，那就是以继续健康地活下去的决心，为你心爱的人免除痛苦，这代价是值得的！”

“不知是否想过，假如你先去世，而尊夫人还继续活着，那会是怎样一种情形呢？”通过假设问句，让那老人心里豁然开朗，同时，也令老友心中充满感激。人生在世，总会遭遇到诸多不幸，当我们健康幸福地生活着的时候，也不要忽视了身边朋友、同事以及亲人的伤痛，适时为他们送上亲切的宽慰之语，适时提问，抚慰对方的痛苦，令他们心里充满感激。若他日我们有了什么困难，他们也不会袖手旁观的，这就是人情所在了。

适时适宜的宽慰之语，无疑会成为抚平对方心灵的一剂良药，下面我们就介绍几种合适的宽慰言语。

1.同病相怜的宽慰之语

共同的话题是相通的纽带，宽慰对方的时候，如果能把自己曾经或者类似的遭遇说出来，就很容易产生“同病相怜”的效果了。比如，“去年，我也曾遇到过你这样的情形，当时我咬牙一挺就过去了，我想困难对于你来说，根本不算什么，对吗？”

2.醒慰之言

对于一些深陷痛苦的人来说，一般的宽慰之语不能取得效果。这时候，如果能够触及根本，促使对方从伤痛中幡然醒悟，这可以收到宽慰之效。比如，“听着，小王，我年纪比你大多了，我都熬过来了，难道你很差劲吗？”

3.诙谐宽慰

有时候，宽慰语言并不是一本正经地表达某种同情，它也可以诙谐一点，这样所表达出来的效果会更贴切。比如，安慰失恋的朋友，可以这样说：“你是失去一棵大树，换来的不是一整片森林吗？”

适时反问，阐明自己的观点

反问是为了加强语气抒发感情，用疑问的形式来表示充分肯定的意思的一种修辞方法。在日常沟通中，我们可以采用这样一种修辞的提问方式。通常情况下，反问句的答案包含在问句当中，不需要解答。一般来说，从肯定方面反问，结论是否定的。例如，“不用心学习能取得好成绩吗？”这句话从肯定方面反问，结论是否定的，表示“不能取得好成绩”。从否定方面反问，结论是肯定的。再如，“这样用功还不能取得好成绩吗？”这句话是从否定方面反问，结论应是肯定的，表示“能取得好成绩”。

某广告公司策划了一次宣传活动，为了给宣传活动造势，他们打算请一位明星来代言。但是，明明已经签订了合约的经纪人却以档期已满为由拒绝出席此次宣传活动，眼看宣传活动马上就开始了，广告公司不得不放出狠话：“如果现在咱们不能达成协议，新闻界就会坚持把整件事情的内幕刊登出来，到了那个地步，我也不知道怎样才能合法地把新闻压制下去，对此，你有什么高见呢？”

利用对方的“软肋”给予适当的压力，适时反问，这会令对方更容易作出决定，他会在压力之下不得不答应你的请求。如果我们想影响他人的心理，我们必须首先了解对方这个人。最关键在于了解其“软肋”所在，在他们心中有何种欲念，有怎样的性格特征。然后，我们再根据对方的性格，寻找其弱点，用他们的喜好去引诱他们，这样就可以达到我们的目的。

春秋战国时期有两个大国，一个叫齐，一个楚。有一次，齐国派他的大臣晏婴出使楚国。楚王很傲慢，他想当着众人的面让晏婴出丑，于是事先与手下的人商量好，设了一个圈套。

晏婴到了楚国，楚王就请晏子喝酒，酒喝得正带劲的时候，忽然楚王手下的两个小吏缚着一个人来见楚王，楚王就故意问那两个小吏：“这被绑的是什么人？”那两个小吏道：“是齐国人，因为偷东西，所以把他捆来见大王，看如何发落？”楚王掉过头对晏子说：“你们齐国人大概都是善于偷东西的吧？”他想用这个方法侮辱晏子，进而侮辱齐国，以显示他的霸权地位。

可是晏子却不慌不忙地回答：“我听说过有这样一个事实：橘树长在淮南，就能结出甜美丰硕的橘子，可是长在淮北，就只能结出又酸又涩的橘子。这是因为淮南淮北的水土不一样。今天，齐国人生长在齐国不偷东西，到了楚国就会偷东西了。莫不是楚国的‘水土’能使人学会偷东西的吗？”晏子是一个能言善辩的演说家，楚王自然不是他的对手，于是只好甘拜下风，说：“对不起，您是一个有学问有德行的人，我是不该跟您开这样的玩笑的，现在我反倒自讨没趣了。”

在这个案例中，晏子最后一句“莫不是楚国的‘水土’能使人学会偷东西的吗？”用的就是反问句。结果，此语一出，赫赫威名的楚王在晏子的反问下，只得哑口无言了。反问句是用疑问的形式表达确定的意思，用来加强语气。“莫不是楚国的‘水土’能使人学会偷东西的吗？”意思跟“楚国的‘水土’能使人学会偷东西”意思差不多，但语气却要强烈得多。因此，反问句可以用来批驳错误的论调，更有力地阐明自己的观点。

萧伯纳的名剧《武器与人》首演时，获得了极大的成功，他应观众的要求来到台前谢幕。这时候，有一个人在首座高喊“糟透了”。对于这种无理的语言，萧伯纳没有怒气冲冲，而是微笑着对那人鞠了一躬，彬彬有礼地说道：“我的朋友，我同意你的意见。”他耸了耸肩，又指着正在热烈喝彩的观众说道：“但是，我们俩反对这么多观众又有什么用呢？”观众中顿时爆发出更为热烈的掌声。

面对无礼者的言语攻击，萧伯纳并没有正面回应，而是巧妙地反问，躲过了对方的攻击。而且，萧伯纳在发问时无论是温文尔雅的举动，还是那戏弄的言辞，都显示出一种平和的情绪，单单就这情绪就能压倒对方。

1.反问表达自己的观点

运用反问，能够把自己的观点说明白，把自己的感情表达充分。例如，“这不是伟大的奇观吗？”这个反问句，既表明了海上日出的确可以称得上是伟大的奇观，又赞美海上日出的壮观景色，赞颂大自然的神奇景象。

2.表达自己的情绪

皖南事变后，周总理愤慨至极，挥毫写下“千古奇冤，江南一叶；同室操戈，相煎何急？”的题词，严厉谴责了国民党反动派破坏抗日。其中，最后两句“同室操戈，相煎何急？”用的也是反问。真是千钧之力，表达了何等的义愤与沉痛之情。如果不是反问句，岂能表达这样强烈的憎恨鄙视的感情。

第06章　抓住要害，提问方式灵活多变

提问不在于多，而在于善问。提问是有目的性的，掌握好的提问技巧与方式，我们可以实现自己的目的。所以，在日常沟通中，当我们提问时，首先需要考虑向谁问、何时问、怎样问；然后根据交谈对象、内容和目的的不同，采取不一样的提问方式。

模糊提问，隐藏自己的真实意图

在日常交际中，每一次提问都包含着一个目的，有可能是纯碎地与他人建议和谐友好的关系，有可能是自己想从对方回答中获取一些信息。但是，无论是什么样的目的与意图，若是清晰地呈现在问题中，那么，很有可能会令对方产生一些不好的感觉。对方会认为，你的提问、交谈都存在着一定的企图，他会不自觉地选择戒备的心理以保护自己，这样，也就影响进一步谈话了。另外，对于国际商业谈判如此重大的场合来说，更不应该彻底地暴露自己的意图、目的，凡事都应该慎重，这样，我们才能“知己知彼，百战不殆”。

周末，朋友聚会，大家惊讶地发现，离婚多年的王太太竟然快结婚了。自从上一次不幸的婚姻之后，王太太就打消了结婚的念头，突然出现了这样

的消息，朋友们十分惊讶，纷纷询问："他到底是谁？"王太太笑着回答说："一个会提问的人，每一次约会，我都是不知不觉中答应的。"

然后，王太太讲述了第一次约会的情景：刚开始见面，他就问我："网球和电影，你更喜欢哪一种？"我回答说："我喜欢看电影。"他接着又问："国产片和外国片，你喜欢外国片？"我笑着回答："是的，但是附近的电影城正在上演的是张艺谋的新片，我也很想看。"他也笑着说："这样好了，这个周末我们一起去看。"我就不假思索地回答："好吧！我们去看。"

说完，王太太满脸幸福："每一次和他说话，他总是问这问那，而我根本不知道他为什么会这样问，糊里糊涂就回答了，结果，我就这样被他骗走了。"

王太太未来老公的高明之处就在于：他从来不透露自己提问的真实意图。因此，王太太很轻松地就走进了"套圈"，不知不觉就答应了对方的邀请，通过王太太的例子，我们不得不说"有效的提问真的是一种智慧"。人与人之间的相处既是这样，那么，对于蕴含着重大利益的商业谈判，每一个提问更是不容马虎。有可能，在谈判过程中，稍微不注意就会透露出自己的意图，让对方占尽先机，从而损失一笔大买卖。有时候，含糊其辞的提问还能够引起一个新的话题，而对方却茫然不知。

冯玉祥将军统领西北军的时候，在部队中有一个外国军事专家经常向其询问军事秘密，对此，冯玉祥十分反感。有一天，他终于忍不住向外国军事专家提问："你知道中国'顾问'二字是什么意思吗？"外国军事专家一头雾水，回答说："不知道。"冯玉祥将军解释说："'顾'者看也；'问'者问话也。'顾问'者，我看着你，有话问你时，才请你答复。"外国军事专家有点不好意思地挠挠头。

冯玉祥的提问看似没有任何意义，就是闲聊之中的无意提问，但是，冯玉祥将军提问的目的就是要引出对方回答"不知道"，然后再顺势说出自己想表达的意见，对其进行教导。如果一开始，冯玉祥将军就说出了自己的意图，相信那位外国军事专家一定不愿接受教育的。因此，我们在向他人提问的时候，千万不要太过彻底，以免暴露自己的真实意图，从而影响沟通的正常进行。

1.模糊问题

虽然，我们提倡在提问时问需要具体，但在某些时候，我们需要模糊问题，也就是说，不把问题明确地提出来，而是提出一些有关核心问题的其他问题，这样就可以模糊我们所想提出的真实问题。自然，对方也就不知道你所提问题的目的了。

2.“问东问西”

在许多沟通场合，我们经常看到这样的提问画面：有的人对一些人问了许多乱七八糟的问题，看似无关紧要，但到最后，却从这些问题中得出一些有用的信息。善于提问的人，看似问东问西，却是有规律可循的。之所以问东问西，那是因为掺杂了一些无关紧要的话题之后，对方就猜不透我们问题的真实意义。

反驳式提问，将难题推给对方

在交际过程中，免不了会遇到别人提出的一些问题，或不友好或没有必要回答，这时候就需要拒绝回答问题。但是很多人都有这样的体会，别人对你提出了某个问题，出于理智的考虑应该拒绝，但是出于某种交际的缘故，直接拒绝又会破坏彼此之间的愉快气氛，而且也有损自己的形象。不可否认，我们不希望因为拒绝回答问题而使交谈陷入困境，使对方感到不快。但是，在很多时候，直截了当地拒绝对方的问题，效果不佳。因此，我们有必要学习运用一些正确而巧妙的拒绝方法，既达到不回答问题的目的，又不使对方感到难堪。这时候，不妨巧用反问，将难题返还给对方，将自己解脱出来。

在一次对台湾问题的记者招待会上，一名外国读者故意发难：“请问，贵国政府所采取的最后措施是什么？”我外交官员冷静作答：“请阁下相信，我们最终会解决这个问题的。而我倒真是有点担心，如果贵国反政府运动继续发展下去，贵国政府是否具有维持现状的能力？”

反问则是不需要回答的问题，答案就在问话之中，就是对问话的否定。当自己不能回答出对方所提出的问题，使整个话题陷入了窘迫的境地，这时，应该采取反驳式的回问，将难堪的问题抛给对方，自己则能成功地从难堪的境地中解脱出来。一般而言，反问有三种情况：一是回击对方的刁难、攻击自己的话语；二是反驳对方的人品；三是反驳对方话语中所提出的建议。其目的在于，帮助自己摆脱顺利尴尬，同时，巧妙地将难题返还给对方。其实，反问是用疑问的形式来表达所确定的内容。运用反问能够增强语势，把原来肯定的意思表达得更鲜明，不容置疑，这样的表达方式比正面更能产生力量。

徐稚是南昌人，他11岁的时候与太原的郭林宗一起游学。有一次，他们一起回家，看见郭林宗家里有一棵树，郭林宗想将这棵树砍了，他说：“宅中有树，犹如口中有木，成了不吉利的‘困’字，所以，想把这棵树砍掉。”当时，只有11岁的徐稚却回答说：“如果宅中不能有树的话，那么宅中也不能有人，因为口中有木成了‘困’字，口中有人成为了‘囚’字。如果说‘困’就不祥，那么‘囚’字又有什么不同呢？”问得郭林宗无言以对。

在上面这个案例中，徐稚所反驳的是郭林宗话语中的观点，只有11岁的徐稚通过一个反问就将郭林宗的观点给反驳了。另外，在日常交际中，我们有可能遇到一些咄咄逼人的提问，或许问题是属于机密不能泄露，或者此问题太敏感以至于无法作出正面回答。那么，如何巧妙地避开这些话题，又能让自己成功地摆脱尴尬境地呢？这时候，不妨巧用反问，通过这个巧妙的办法，你可以原封不动地将这个难题抛给对方。

贞观十五年，唐王李世民问大臣：“守天下难不难？”魏徵回答说：“非常难。”李世民说：“我任用德才兼备的人为官，又听从你们的批评意见，守天下还难吗？”魏徵说：“古代的帝王，打天下的时候，能够注意用人和听从意见，一旦打下天下，只图安乐，不喜欢别人提意见，导致亡国，所以，圣人说‘居安思危’，指的就是这个，能说守天下不难吗？”

有时候，当对方提出一些涉及秘密的话题时，我们可以先顺着话题提出一些条件性的问题，诱导对方落入圈套，再提出反驳的问句，最终，他也会否定自己的问题。面对别人所提出的敏感话题，也可以选择巧妙闪避，绕开实质性的话题，这样，我们就能轻松地避开那些敏感或者是不想回答的问题。

1.将问题原封不动地抛给对方

有时候，对方会问一些不知道该如何回答的问题，如果领导者真的不知道该如何回答，就不妨将这个问题原封不动地抛给对方。比如，对方会问“听说你们公司即将倒闭了，这是真的吗？”这时，你不妨反问“我不清楚这件事情，你知道吗？我还希望你能给我说说呢”，一下子就将对方说得哑口无言。

2.打“太极”

如果对方想问的是某些关于自己的隐私问题，不妨打打太极，故意模糊对方的问题，转移话题。比如，对方会问“你一年的收入大概是多少”，你可以模糊回答“如果我想去全国旅游，应该是没有问题”，至于这趟旅游的花费到底是多少，你不知道，他更无法知道了。

3.诱导对方自己否定自己

有时候，对方会提出一个不可思议的问题，而你又不知道该如何回答他，不妨诱导对方自己否定自己。反问把答案寓于问句之中，而它所表达的思想内容与句子的表面意思相反：如果语句表面意思是肯定的，那么思想内容则是否定的；反之亦然。

制造共鸣，适当理解对方

在实际沟通中，要想与对方成为朋友，就要学会分享他的思想和情感；要想对方能够敞开心扉，就需要解除他的心理防线。尤其是在提问的过程中，我们要给予那些回答问题的人及时的反馈，制造出共鸣，表达对对方回答的理解之情。绝大多数人在面对陌生人的时候，都会不由自主地建立一道心理防线，在他眼神里满是戒备和冷漠。但是，如果你能够让对方感觉是同等位置的人或者正好你们的喜好兴趣都是相似的，那么在你们之间就会产生共鸣。他会觉得你是可以信赖的朋友，是可以谈心诉苦的朋友，自然就会对你敞开心扉。

小张是公司采购部的调查员，这次他被委派到乡下调查村民的蘑菇收成情况。由于当天他处理一些事情耽误了最后一班车，而离镇上的招待所又很远，于是他不得不想办法找一户人家住一晚。但是他一连问了好几家，都被主人婉言拒绝了。对此，小张倒也能理解，毕竟谁也不愿意留一个陌生人在家里住宿。可是，天已经越来越黑了，小张决定最后再碰碰运气。

当小张再次敲开一户农家的门时，开门的是一位老大爷，只见他一脸戒备地问道："你是谁？你有什么事吗？"

这次，小张并没有直接说自已想投宿的意思，而是说："大爷，我听说这个村子里有几家种蘑菇的能手，听说他们对蘑菇的研究比专业的研究人员还厉害，我是公司采购部的调查员，准备调查一下他们的蘑菇收成情况，但是不知道那几家住在哪里，所以向您打听一下。"

那位老大爷听了小张的话，脸上的神情立即有所缓和："小伙子，你进来慢慢说吧，这天都黑了，外面黑灯瞎火的，你怎么赶路呢？"

小张连忙道谢，跟随着老大爷一起进了屋，小张看了看老大爷的屋里，不经意发现了很多晒干的蘑菇。小张走上前去，拿了一朵蘑菇放在手里观察，发现被晒干的蘑菇，色泽鲜亮，异常饱满硕大，小张不禁问道："大爷，这些都是您自己种的蘑菇吗？您可真会种蘑菇啊！您就是村里几家能手之一吧？"

老大爷听了，乐呵呵地说："你还别说，我其他没有什么好说，就是我这辈子就数种蘑菇有了点成绩。"

小张不禁向老大爷竖起了大拇指："这已经是巨大的成绩了，您种这种蘑菇有什么讲究吗？"

一个问题打开了老大爷的话匣子，这一老一少就种蘑菇的话题说开了。当然，那天晚上小张就住在了老大爷的家里。

小张并没有直接说出自己想投宿的意思，但是他希望住宿的目的却达到了。在这里，他就采用了攻心的策略，在了解了对方的心态之后，适时提问，将话题围绕大爷展开。他用老大爷引以为豪的种蘑菇作为提问的切入点，迅速就把双方之间的感情距离缩短了，从而赢得了老大爷的好感。

在沟通过程中，人与人沟通是很难在一开始就产生共鸣的，尤其是当我们试图说服对方或者对他人有所求的时候，可是，如何从中寻求到共鸣呢？共鸣是一种强烈的心理感应，意味着双方之间有共同的心理体验。所以，当对方回答我们所提出的问题的时候，我们需要及时给予反馈，表达出对对方回答的理解之情。

伊丽莎白·洛亚科是一位澳大利亚人，她采用了分期付款的方式买了一部车子。但是由于种种原因，她已经有六周的时间没有按合同交款了。一个星期五的上午，负责洛亚科买车付款账户的一名男子给洛亚科来了电话，他在电话里愤怒地告诉洛亚科，如果下周一上午不把钱交上的话，他们将采取进一步的行动。刚好又是周末，洛亚科没有筹到钱。于是这名男子星期一又在给洛亚科的电话里说了更多难听的话。当时洛亚科先真诚地道歉，说真的是给他带来了很大的麻烦，而且因为自己六周没有付款，一定是客户中最让他头疼的。这名男子听了洛亚科一番话后立即改变了态度，说洛亚科并不是最让他烦心的，并且还举了几个例子来说明。他说有一个客户经常撒谎，有心躲着不见，还有的非常不讲理。洛亚科没有说话，只是静静地听，让他把心中的不快都说出来。最后，还没有等洛亚科提出什么要求，这名男子就主动说如果洛亚科不能马上交还欠的钱也可以，只要洛亚科在本月底先付给他20美元，然后，在她方便的时候再把其余的钱交给他就可以了。

洛亚科真诚地道歉后，双方谈话的气氛开始发生了变化，洛亚科开始并没有为自己争辩什么，而是表达出理解之情。那位男子语气也开始变化，他发了一通牢骚后，居然也没有继续追问付款的事情，而是站在洛亚科的角度上，再给洛亚科宽限数日，这样，双方都愉快地结束了谈话。

1.站在对方的角度想问题

如果我们在听取别人答案的时候，能从对方的观点去想，站在别人的立场分析事情，就能够得到对方的认可和信赖，促使整个谈判走向和谐。由于换位思考，可以感同身受地体会他人的难堪、苦恼，因此，在沟通过程中，我们希望得到他人的支持，希望别人能感受我们所感受的，最好的办法就是让对方站在自己的立场看待问题。这样，他就能真切感受我们所面临的难处，自然而然就会全力支持我们。

2.重复对方回答中的某些话语

当我们提出问题之后，对方定会针对我们的提问作出一些回答，这时我们应该仔细倾听对方的回答，并适当重复这其中的某些话语，表达出自己的理解之情。这样，对方就能感觉到我们内心的真挚，自然会对我们产生好感。

提问时自曝秘密，诱导对方作出回答

在实际沟通过程中，并不是我们一提问，对方都会给予我们想要的答案。在很多时候，对方的回答是需要我们进行诱导的，或许那是对方不愿意正面回答的问题，这时我们就应该适时自曝秘密，诱使对方作出回答。有时候，即便我们配合了很好的表情和语调，但对方对于我们的提问还是会不理不睬，但他们眉眼之间好像有什么难言之隐，这时该如何让对方开口呢？作为提问者，需要考虑到自己所提出的问题的敏感性，如果你想让对方开口回答这个问题，那就不妨先说出自己的一些秘密，以此引出提问。这样在话题的延伸之下，对方会觉得这个问题是合理的，自然就愿意作出回答了。

北京某区一位党委书记在同外商谈判时，发现对方对自己的身份持有强烈的戒备心理。这种状态妨碍了谈判的进行。于是，这位党委书记当机立断，站起来对对方说："我是党委书记，但也懂经济、搞经济，并且拥有决策权。我们摊子小，并且实力不大，但人实在，愿意真诚与贵方合作。咱们谈得成也好，谈不成也好，至少你这个外来的'洋'先生可以交一个我这样的'土'朋友，你觉得怎么样呢？"

结果，几句肺腑之言，打消了对方的疑虑，使谈判顺利地向纵深发展。

在沟通过程中，我们总是希望在语言交流中更多地得到对方的有关信息，以便更准确地了解对方。因此，我们总希望对方更多地暴露自己。但是，基于人与人之间的公平原则，当你想让对方更多地暴露自己，那你就要更多地暴露自己。当自己深藏不露，却要求对方敞开胸怀，这种不公平的现象在沟通中是很少会出现的。所以，在实际沟通过程中，那些有经验且明智的语言专家总是告诉新手应当坦诚相述，这样可以让对方更多地了解你，同时你也可以更多地了解对方。假如你用伪装和欺骗去换取对方的坦诚，并把这种手段视为沟通的高超技巧实在是一种错误的想法，最终你所获得的将远远少于你所失去的。

美国著名社会心理学家约瑟夫和哈里对怎样提高人际交往成功的效率，提出了一个名为“约哈里窗口”的理论。

约瑟夫和哈里认为，人们之间的交往成败与否，人际关系能否健康发展，商业谈判是否马到成功，在很大程度上取决于各自的“自我暴露”。

在生活中，对于我们每个人而言，都存在着自己了解、别人也了解的“开放区域”；别人了解，而自己却不了解的“盲目区域”；仅仅自己了解，却从不向别人透露的“秘密区域”；自己和别人都不了解的“求知区域”。这四个区域，就是“约哈里窗口”。

在实际沟通过程中，我们可以巧妙地运用这个理论，通过适当地暴露自己的秘密，袒露自己的胸怀以获取对方的同情、理解与新发现，从而促进沟通走向成功。

在沟通过程中，提问时的适当自我暴露是非常必要的，不善于暴露、不能恰如其分自我暴露弱点的人必会遭遇各种各样的障碍。自我暴露可以增加个体被接纳的程度，尤其是在人际交往以及沟通过程中。彼此之间的自我暴露水平是衡量互相关系的标尺，一些良好的人际关系，是在人们自我暴露慢慢增加的过程中发展起来的。当我们对一个人的接纳性和信任感越来越高，就会越来越多地暴露自我，同时，我们还会要求别人越来越多地暴露他们自己。

总而言之，人际关系由低水平的自我暴露和低水平的信任开始的，当一个人开始自我暴露时，这便是信任关系建立的标志。而对方则会以同样的自我暴露水平作出信任的回应，这种自我暴露的反复交换，会直到双方达到满意的水平为止。

1.说出自己的秘密，换取别人的秘密

有时候，为了让对方回答自己的问题，我们也可以适当说出自己的一些秘密。当然，如果通过自己的叙述中提出问题，这样的经历或故事大概是相似的。就好像案例中一样，小媚过去失恋的经历跟乐乐现在的情境是相似的，有着同样的感受，更容易打开对方的心扉。即便对方不想袒露自己内心的秘密，但如果遇到相似经历的人说出了秘密，他内心的防线也会坍塌，他会愿意将自己内心隐藏的事情说出来。

2.撬开对方的嘴巴

有时候因为所提的问题涉及了敏感话题，对方自然是不愿意回答，或者说不想回答。这时我们就应该努力撬开对方的嘴巴，甚至不惜说出自己的秘密，去诱使对方回答我们所提出的问题。

分析后再提问，体现同理心

在日常沟通过程中，许多人对我们最初谈的话题并不感兴趣，这时我们该如何通过提问达到自己的目的。不妨在认同对方的观点，听完对方的谈话之后，再站在对方的角度上分析提问，体现同理心，这样反而容易被对方所接受。

同理心是指在人际交往中，能够体会对方的情绪和想法，理解对方的立场和感受，并站在对方的角度思考和处理问题的能力。换句话说，同理心就是站在对方立场思考的一种方式。在既定发生的事情中，把自己当成对方，想象自己是由于何种心理导致了这样的次你给我，最后触发了整件事情。在整个心理过程中，由于自己先接纳了这种心理，所以也就接纳了对方的这种心理，最后谅解了这种行为和事情的发生，这与古人所说的“己所不欲，勿施于人”如出一辙。在人与人之间的沟通过程中，“同理心”始终扮演着重要的角色。利用同理心提问，就是我们站在对方的角度，同情、理解、关怀对方，接受对方的内在需求，并感同身受地予以满足。利用同理心提问，可以从对方言语的细微处体察对方的心理需求，从而通过语言表达出“惺惺相惜”的感觉，最终影响其心理。

保险员李小姐一进门便开门见山说明来意：“李先生，我这次是特地来请您和太太及孩子投人寿保险的。”可是，王先生却异常反感地说：“保险是骗人的勾当！”李小姐并没有生气，而是微笑着问道：“噢，这还是第一次听说，您能给我说说吗？”王先生说：“假如我和太太投保三千元，这三千元现在可买一部兼容电脑，二十年后再领回的三千元，恐怕连电视机都买不到了。”小姐又好奇地问：“这是为什么呢？”王先生很快地回答：“一旦通货膨胀，物价上涨，即会造成货币贬值，钱就不经花了。”通过这样的问话，小姐对王先生内心的忧虑已基本了解。

李小姐首先站在维护李先生的立场：“您的见解有一定的道理。假如物价急剧上涨二十年，三千元不要说黑白电视机都买不了，怕只够买两根葱了。” 李先生听到这里，心里很高兴，但接着精明的李小姐又给他解释了这几年物价改革的必要性及影响当前物价的各因素，进一步分析我国政府绝对不会允许像旧社会那样的通货膨胀的事情发生的道理，并指出以王先生的才能和实力，收入可望大幅增加。说也奇怪，经李小姐这么一说，王先生开始面带笑容，相谈甚欢，当然，李小姐最终获得了成功。

李小姐成功的秘诀就在于利用同理心提问“您给我说说吗？”“这是为什么呢？”站在对方的立场来思考，设身处地，洞悉对方的心理需求，再进行引导，影响对方心理，最终说服了王先生。由此可见，灵活地运用同理心提问能够有效地影响对方心理，站在对方的角度思考问题，与对方实现内心的对话，最终达到我们的目的。

卡耐基租用了某旅馆大礼堂讲课。一天，他突然接到通知，租金要提高3倍。卡耐基前去与经理交涉。他说：“我接到通知，有点震惊，不过这不怪你。如果我是你，我也会这么做。因为你是旅馆的经理，你的职责是使旅馆尽可能盈利。”紧接着，卡耐基为他算了一笔账，将礼堂用于办舞会、晚会，当然会获大利。“但你撵走了我，也等于撵走了成千上万有文化的中层管理人员，而他们光顾贵旅社，是你花再多的钱也买不到的活广告。那么，哪样更有利呢？”经理被他说服了。

卡耐基所使用的口才心理策略“如果我是你，我也会这么做”，其实就是“同理心”，在适时分析之后抛出提问“那么，哪样更有利呢？”当他站在经理的角度时，经理心中已经降低了防备心理，然后，卡耐基抓住了经理的兴奋点，使经理心甘情愿地把情感的天平倾向了自己这边。

那么，如何利用同理心提问，与对方惺惺相惜呢？

1.“我想听听您的看法，你可以给我说说吗？”

当对方表露出与自己全然不同的想法时，你应该以同理心说话：“我想听听您的看法，您可以给我说说吗？”并通过语言分析强化对方想法的正确性，站在对方的角度，再进行积极引导，通过同理心产生的作用影响其心理，达到我们的目的。

2.“如果我是你，我也会这样做”

汽车大王福特说：“假如有什么成功秘诀的话，就是设身处地替别人着想，了解别人的态度和观点。”于是，当对方说出了自己的决定时，我们应该强调对方这种做法的合情合理性，了解对方现在的心理矛盾，以感同身受影响其心理，再巧妙地以提问说服对方。

3.“咱们都是一家人，你说是吗？”

当你仔细观察对方身上所具备的特征之后，你会发现你们之间其实也有许多相同点，而我们需要的就是传递出“咱们都是一家人，你说是吗？”这样的信息，通过同理心来影响对方。比如，“张先生，我也姓张，咱们五百年前可是一家人啊，你说是吗？”“王姐，您也是东北人啊，真是太巧了，我也是东北的。”

4.“同是天涯沦落人”

相同的经历会有相同的感受，相同的感受自然会惺惺相惜，我们要巧妙地利用同理心说话，比如，“你以前在广东工作过？我早些年也在广州工作过！”“李姐，咱们做女人真的是不容易啊，既要照顾家庭，又要照顾孩子，生活压力真大啊，”以此来影响其心理，再通过适时提问达到我们的目的。

多种方式提问，剖析对方的真实意图

在沟通过程中，适当巧妙的问话，可以发现对方的真正意图和需要，进而通过协商解决，巧妙的提问对谈判成功起着至关重要的作用。当然，对方也会故意回避你的直接提问，以隐藏自己的真实底线，所以当问题可能涉及对方的底线，或者不方便直接提问时，就必须运用各种技巧和方法，以期获得多种信息，了解对方正在想什么，谋求什么，或者真正的底线在哪里。

在日常沟通中还可以运用哪些巧妙的方式进行问话呢？

1.投石问路法

在没有摸清对方虚实的情况下，为了避免因对方拒绝而产生的难堪尴尬，不妨先设一个较虚的问题，投一颗问路的石子，以探听对方的虚实。

某推销商想把自己的产品销出去，但又怕对方直接拒绝，一般他不会轻易问“你要不要？”而会婉转地问“您看产品的性能还不错吧，能评价一下吗？”或者“您对我们的产品有什么不满意的地方吗？”“您看价格怎样，您愿意付多少钱？”等。

这一系列的问题往往能够引导对方回答问题，继而剖析出对方真正对产品的哪方面不满意，是否有购买意图，继而找出理由说服对方，促成谈判顺利进行。

2.迂回探询

不直接对话题所涉及的问题提问，而进行旁敲侧击的提问，继而探出对方的真实底线，再进行谈判，就能够掌握主动，让谈判更有利于自己。

某公司需要购进一批机械，当价格谈到每台32万美元时，美方代表示意已经到了自己的底线，否则就只好放弃这次机会了。这时，公司的谈判代表不再继续就价格进行谈判，而是拐弯抹角地提问零件的消耗状况，每个零部件和主机如果出现损坏，单独购买的价格，结果核算起来组装一部这样的机械，只需要26万美元。这时谈判代表掌握了他们的底线，对方也慌了神，最终以每台27万美元购进，节省了大量资金。

这种迂回间接的提问方式可以先让对方放松警惕，缓冲谈判中那种剑拔弩张的气氛，继而奋力一击，往往能够达到更好的效果。

3.条件性提问

条件性提问也可以称作“假设性提问”，即把沟通的问题作为假设条件，从对方的回答中确定对方更在意什么，和己方有哪些共同需求，从而获得对方的真实信息。

美国某些商业顾问机构的首席代表在购买产品时往往通过许多假设性提问，获得了很多颇有价值的资料，引导新的选择途径。例如，假如我们订货的数量加倍呢？ 假如我们将保证金增加呢，可不可以更快供货？ 假如我们自己提供材料呢？ 假如我们要买几种产品，不只购买一种呢，价格可不可以再降一点？ 假如我们让你在淡季接下这份订单呢？假如我们一次性付清，可不可以比分期付款再优惠一点？通过这些问题往往能够从中剖析出对方可能作出的让步，继而掌握主动权。

而有些问题诸如：你们认为两年的合约怎样，还有其他想法吗？这种有重点和条件的问题，往往意味着试探对方在提出的条件方面是否关心，比如，对方回答“如果改为合作三年就更好了”，说明对方更关心长期合作，如果对方没有反应，则表明对期限并不在意。

当然，在日常沟通中掌握提问的技巧可以让你获得大量有用的信息，掌握对方的真实意图，更有利于我们占据沟通的主动权。

第07章 互动提问，让人不想参与都难

提问是一个互动的过程，假如只是一个人在问，谈话便会变成一场独角戏。富有技巧的提问者每时每刻都在关注对方的心理，留心观察，从简单的提问开始步步为营，而非自说自话，最后落得个一问无成的结果。

把话说到对方心坎上，留下“相见恨晚”的印象

在生活中，我们经常会遇到这样的情况：有的人，即便认识了很久，但也无话可说，总也说不到一块儿去；有的人，一见面两句话就聊上了，一见如故，好像有说不完的话。为什么会产生这样的情况？关键原因就在于有的人擅长提问，善于通过问题将话题重心引到对方的心坎上，留下“相见恨晚”的印象。心理学家曾做过研究，在所有的成功销售案例中，产品知识占比只有10%，而提问的投机则占了90%。所以，提问是非常重要的，在实际交往中，如何才能打开对方的话匣子呢？

有很多人觉得，和陌生人交谈，因为彼此间不太熟悉，没有办法找到共同语言。其实，这只不过是一个借口罢了。毕竟，我们生活在同一个时代，成长于同一片国土，只要善于寻找，就一定能够寻找到共同语言。只要心细一些，留意观察，就一定能够寻找出彼此间的共同话题。

有一次，王硕去拜访一位顾客。在顾客家里，他看到墙上挂着“制怒”的条幅，就知道了对方有克服发怒的要求。于是，他就问那位顾客：“您平时很爱发脾气吗？”对方回答说：“我很容易冲动，但明知自己有这个毛病，却有时控制不了，为了提醒自己，就写下来挂到墙上，时刻告诫自己。”王硕便以此为话题谈论下去，先是表示非常理解接着又谈出自己的观点，对方也就同一问题谈出感想，两个人谈得非常投缘，这样就缩短了和客户之间的距离，两个人都有“相见恨晚”之感。

我们从中不难看出，有些人在陌生人面前面红耳赤表情紧张不知所言十分拘谨，是因为没有细心观察，没有找到共同感兴趣的话题而已。大量事实证明，最好的提问方式是提出第一个问题后，然后再提出与之相关的问题，或者从被问者的答案中找到第二个问题，然后依次循环，形成互动。第一个问题与第二个问题就是关联型问题，可以让提问者和被问者更加热情地投入到提问过程中，形成友好和谐的互动。

伽利略年轻的时候就有着伟大的抱负，渴望成为一个出色的科学家。为了能够完成这一目标，他想进入学校学习。但是，由于家庭条件十分贫困，他的父亲对他的这一打算并没有太大的热心，根本不愿意去支持他完成学业。为了取得支持，他开始了对父亲的劝说。

伽利略对他的父亲说：“爸爸，我想问您一件事，当初您为什么要和妈妈结婚呢？”

“那是因为我看上她了。”父亲回答说。

“那么，你有没有想过娶别的女人作为你的妻子呢？”伽利略说。

“没有，我对着上帝发誓，我从来没有过这样的想法。当初我的父母让我娶一位富家千金做妻子，可是我只对你的妈妈有感情，你的妈妈在我心中是最漂亮的姑娘，只有和她在一起我才感到幸福。”父亲说。

伽利略说：“我能看得出来你说的都是实话，到现在为止我也知道你只爱我妈妈一个人。但是你知道，现在你的儿子面临着和你追求母亲时同样的处境。我深深地爱上了科学，除此之外，我对其他的行业没有丝毫的兴趣，财富和荣誉的追求并不是我所需要的，我只喜欢科学。我对它的爱就像对一个美貌女子的倾慕。”

父亲说：“我不了解你所说的像倾慕女孩子那样迷恋科学是什么意思？”

伽利略说：“是的父亲，我现在已经18岁了。我的同龄人们，无论贫富，都在考虑自己的婚事，可是我心里想的只是科学，对婚姻没有任何的兴趣。我没有和人相爱过，相信今后也不会了，别人都想寻找一位漂亮标致的姑娘作为妻子，而我只愿意和科学终身相伴，当人们在我面前谈到婚姻这些话题的时候，我就会感到很没有意思。”

父亲没有说话，示意他继续讲下去。

伽利略继续说道：“我亲爱的父亲，我知道您是爱我的，但是却并不知道我到底想要什么。我拥有着别人不能比的才干和力量，也相信通过自己的努力会成为一个杰出的科学工作者，还能够获得教授的身份。我相信和科学为伍能够让自己活得更快乐，也相信能够比别人活得更好。因此，我需要你支持，来帮助我完成这一愿望。”

父亲为难地叹了一口气说：“我很理解你的想法，可是我实在是没有太多的钱供你上学。”

伽利略说：“父亲，我并不是希望得到你在金钱上面的帮助。我相信通过自己的努力一定能够获得公爵的奖学金。但是，目前我所缺少的是一个进入公爵学校的机会，你在佛罗伦萨有许多好朋友，通过他们的帮忙，我应该能完成进入公爵学校的梦想。当然，我相信这件事依靠你自己的能力也是可以达到的，你只要找到公爵的老师奥斯蒂罗·利希就可以了，他是了解我的，并且十分欣赏我的能力。”

父亲终于被说动了：“嗯，你说的并不是没有道理，相反地，我倒觉得是一个好主意……”

伽利略趁热打铁，抓住父亲的手臂，诚恳地说：“父亲，我求求你，只要你尽力而为，我相信一定能够帮我完成这一心愿的，我保证会成为一个伟大的科学家来报答你的。”

父亲终于被伽利略说服了，找到了公爵的老师，完成了儿子的心愿。伽利略果然没有食言，几十年之后，终于成了举世闻名的科学家。

提问从对方的兴趣入手，是对别人的尊重方式，这种将心比心的态度会有一个良好的开头，接下来，哪怕是再困难的问题也将迎刃而解。如果只是按照自己的主观臆断，不选择正确的说话，信口直说，以软磨硬泡的持久战方式来逼迫对方就范，从而忽视了对方的心理感受，让对方的自尊心承受不了，那么，即使坚持再长的时间恐怕也是无济于事的。

1.模仿对方

山田久二是日本非常有名的一个推销大王。他成功的秘诀就是说话看对象，见什么人说什么话，积极求同。他不仅模仿对方的口音、语言、身体姿态，还依据对方的爱好、职业等特点来装扮自己，使对方感到特别亲近可靠。其实，每个人都希望他人与自己是同类人，而模仿对方无疑给对方一种志同道合的感觉。

2.从对方的兴趣爱好说起

每个人都有自己的兴趣爱好，如果你表现出对他人的喜好很感兴趣的样子，这会令对方心情相当愉悦。因此，我们在谈话过程中，需要了解对方的兴趣爱好，尽可能地先从对方的兴趣爱好展开话题。

3.从对方得意的事情说起

每个人都渴望得到他人的尊重与认同，尤其是自己所取得的成绩。我们在求人办事的时候，不妨从对方得意的事情问起，给对方戴一顶“高帽子”，他一定会乐意帮助你的。

不要滔滔不绝，忘了对方的感受

每个人天生就有一种欲望，那就是喜欢说话，喜欢表现自己，好像自己无所不知，上知天文下知地理，他们以为这样就可以起到震慑作用，就可以成功地说服对方。实际上，现实情况完全是相反的，没有人会喜欢一个喋喋不休的人，他们所喜欢的都是表现自己。所以，那些擅长提问的人，总会小心翼翼地提问，毕竟他们明白自己说得越多，问得越多，那自己暴露的信息就越多，就越让人不喜欢。所以，在某些不必要的时候，他们总是通过简单的提问来促使对方多说。

心理学家曾经做过一次调查，那些在推销过程中，说得比客户还多的推销员，他们的成交率远远低于那些让客户多说的推销员。而且，说得越多，你有可能暴露越多，正所谓言多必失，假如提问者滔滔不绝，势必会出现一些过错。甚至有时候因话太多了，暴露一些信息，使对方有所获得。所以，提问者要善于将说话的时间留给对方，自己只负责简单地提问，这样我们才可以了解更多的信息。

有一次，王娟和几位朋友带着孩子在一起吃饭，席间谈到了早恋的话题，一个朋友的儿子已经是初二的学生了，王娟便开玩笑似的问那个孩子："你有没有女朋友？"没想到，那小伙子却很直白地回答："没有女朋友多让人瞧不起啊！"听到这话，王娟想到了自己正在上初一的儿子。

在回家路上，王娟下定决定与儿子好好沟通关于早恋的事情，她苦思冥想该怎么问这个问题，太直白了怕孩子受不了，太委婉了又不知道从哪里入手，结果，想了半天也没有想到什么好主意。

回到家后，王娟假装无意地和孩子聊起了学校的事情，她问道："你们班的学习风气怎么样？"孩子回答说："就那样呗！"王娟干脆进入了正题，问道："噢，是这样！那……那你们同学有没有因为搞对象而影响学习呢？”孩子说：“啊？有吧！具体我也不太清楚，人家搞又不告咱！”王娟故意开着玩笑，问道：“噢，那……那……你有没有搞啊？”孩子轻松地回答说：“没有，不用担心。”王娟不太相信，试探地问：“那有没有女同学给你写字条啊？”孩子有点不耐烦了，说道：“没有啊！怎么会有呢？你烦不烦啊，老问这个！”王娟也不知道该说什么好了，干脆和孩子讲起了大道理，什么早恋会很耽误学习的，而且，初恋成功的比率是很低的，你现在不成熟，所以现在看上的以后会不满意的，孩子看起来很听话地点点头。就这样，一场谈话艰难地结束了。

在整个谈话过程中，妈妈的话比较多，而孩子总是三言两语就回答了。本来，当家长的是想告诉孩子一些道理，可是，由于话太多，虽然句句在理，但孩子也没能听进去，这样的沟通只能说是失败的。在生活中，经常出现这样的情况：父母说很多的话，但孩子却表示“我不懂你在说什么”，原来，在孩子看来，父母说的那些所谓的大道理其实都相当于废话，孩子根本就没听进去。不妨试试简单地讲道理，多提问，让孩子多说，你也可以及时了解情况，从而有针对性地进行教育。

原一平是日本著名的推销员，他刚开始从事推销工作的时候，是一个多话的人。每次一见到客户就忍不住滔滔不绝、长篇大论地说开了，完全忽略了客户的感受。以至于原一平的业绩一直上不去，他开始回忆自己与客户的沟通过程，找寻问题。后来，在心理医生的建议下，他决定自己要少说多听，多提问。

有一次，原一平上班就要迟到了，而公交车还没来。于是，他决定坐出租车去公司。他上车之后，发现司机是一个微胖的中年人。于是，原一平问：“师傅，每天开车很辛苦吧？”司机回答说：“非常辛苦，特别是下班后这腿和腰都发酸。”原一平问：“师傅，您应该多注意休息。”司机回答说：“有什么办法呢？生活所迫啊，假如不努力多挣钱，那生活就过不下去，我这样辛苦，也是希望一家人能过上好日子。”似乎找到了与师傅聊天的共同话题了。

原一平继续问："能给我说说你的家庭生活吗？"司机心情非常愉快："我有一个十分可爱的女儿，每次看到她，我都觉得多吃点苦并没有什么。还有我的妻子，自打年轻时跟我就没好好过日子，我觉得很对不起她，我很爱她们。"

原一平："你女儿上学了吗？"司机回答说："是的，她上小学三年级了，学习成绩一直很不错，每学期都能拿回奖状。"就这样，原一平一路上不断用简单的问题发问，司机不停地回答，最后，司机说："我看你是卖保险的，能介绍一下什么保险适合我吗？"就这样，原一平成功地签下了一个订单。

美国成功大师卡耐基曾说："在所有的一切烈火中，地狱魔鬼所发明的狰狞的毁灭人际关系的计划，滔滔不绝是最致命的。它就像是毒蛇的毒汁般，永远侵蚀着人们的生命。"举一个生活中常见的例子，假如，你去商场买一双鞋子，这时售货员在旁边不停地说这个牌子怎么样、销量如何、质量如何、如何受人欢迎等，相信这时你尽管表面上假装在听，但心里却恨不得早点离开这个嘈杂的地方。

1.善于倾听

在倾听对方的过程中，我们要善于找出对方回答里的重要信息，然后将这些重要信息用自己的语言整理后再去问对方，并从对方的回答中再找出重要信息，询问，然后形成一个良好的循环。

2.提出相关的问题

比如，我们询问："你所面临的最大障碍是什么？"对方回答："资金不足。"这时我们可以接着询问："有解决资金不足的办法吗？"对方回答："可以银行贷款。"然后我们就可以问："银行贷款很难贷下来吧？"

3.保持真诚的态度

除了倾听，适时提问，最重要的是保持真诚的态度。那么，当你的问题不断提出而又心甘情愿回答的时候，这时我们就可以给对方留下良好的印象了。

投其所好，问准心理

交际其实很简单，和陌生人相处更是如此，通过一句简单的问候，表现出自己的热情涵养和风度，让对方乐意和你交谈。小赵经常坐火车回家探亲，每次探亲十几个小时的旅途中总是十分愉快的。因为他经常主动和周围的人打招呼：“您好，您也是回家探亲吗？”或者说：“您好，能不能把您的杂志借我看一下？”于是原本陌生的人通过聊天变得熟悉。别人眼里的枯燥路途，却成了小赵结交新朋友的一种方式，在和一些旅客分手的时候互相留下电话，经常保持联系。

公元前266年，赵惠文王去世，新君年幼，由他的母亲赵太后摄政。秦国趁赵国新君登基不久，国内动荡之际，派大军大举进攻。为了挽救危机，赵太后决定向齐国求救。齐国答应了赵国的请求，但是前提条件是要赵太后最喜欢的儿子长安君为人质。赵太后不肯答应，大臣们苦口婆心地劝谏都无效。

事关国家安危，触龙就决定再劝赵太后一次。太后怒气冲冲地在门口等着他。触龙见状，却绝口不提长安君的事，而是和她大谈健康养生之类的话题，赵太后对此才缓和了些脸色。

触龙请求赵太后给他的儿子舒祺在御林军中安排一个职务，赵太后爽快地答应了，又不解地问：“你们男人也心疼自己的小儿子吗？”

触龙说：“是的，比女人还有过之而无不及。”

太后却反驳说：“在这方面你们男人是远远比不过女人的。”

触龙说：“未必如此。其实男人和女人对孩子的爱还是不同的。女人只是一味地溺爱，而男人却总能为孩子的将来做打算。”又说：“我觉得，您疼爱燕后的程度远远超过了疼爱长安君。”

赵太后不认同他的观点，但是却示意他继续说下去。

触龙说：“燕后出嫁以后，您每天都在想念着她。但是在您祭祀的时候，却一遍遍地向上苍祈祷不要让她回来。原因不就是为了让她在燕国长期待下去，希望她的儿孙一代代地做燕国的国君吗？”

太后说：“是这样。”

触龙又说：“在赵国，你赐给了长安君很多肥沃的土地，也给了他不少象征国家权力的礼器，我认为这不过是一种溺爱罢了，对长安君的将来并没有任何好处。您看，现在先王的子孙们还有几个保住荣华富贵的？真正疼爱自己的儿子，就要给他建功立业的机会，只有这样才能让他在国内站得住脚。试想，在您百年之后，身无寸功的长安君还能在赵国继续享受荣华富贵吗？我认为您为长安君的将来打算得太少了，因此，我认为您疼爱他不如疼爱燕后。”

太后听了，认为他说的话很在理，就说：“好吧，任凭您指派他吧！”

触龙利用父母疼爱孩子这一点，通过层层提问，告诉赵太后疼爱并不等于溺爱的道理。他告诉赵太后，无端地给孩子太多的高官厚禄，只能给他带来杀身之祸。只有让孩子为国家作出一定的贡献，才能有资格让他在赵国站得住脚。触龙用晓之以理，动之以情的形式最终说服了赵太后，同意将长安君作为齐国的人质，解除了赵国的危机。

一个年轻人在一家百货公司做业务员，第一天工作刚结束，总经理就开始检查新员工的业绩。每个人都完成了20～30单的生意，而这位年轻人只完成了一单生意。总经理不满意地问他：“你卖了多少钱？”

“30万元。”年轻人回答说。

“你怎么卖那么多钱？”总经理吃惊地望着他。

“是这样的，”年轻人说，“一位先生进来买东西，我给他一个小号的鱼钩，然后是中号的鱼钩，最后是大号的鱼线。我问他上哪儿钓鱼，他说在海边，我建议他买条船，所以我带他到卖船的专柜，卖给他一艘帆船，然后他说他的汽车可能拖不动这么大的船，于是我带他到汽车消费区，卖给他一辆丰田新款豪华型‘巡洋舰’。”

总经理听得目瞪口呆，几乎难以置信地问道：“一个顾客仅仅来买个鱼钩你就能卖给他这么多东西？”

“不是的，”年轻人说，“他是来给他妻子买卫生巾的，我就告诉他‘你的周末算是毁了，干吗不去钓鱼呢’？”

上面的这个案例可能在现实生活中很少发生，但这却很明确地告诉我们，要想成功挖掘对方的需求，就一定要善于提问，敢于想象，并把问题问到对方的需求点上，让对方认同你们的观点，那么，这给我们带来的利益也是无法估量的。

在日常交际中，“投其所好”通常被视为一个贬义词，当然，在某些时候是因为有的人是出于不可告人的目的，但是，如果为了说服对方或者求得帮助的时候，这就是光明正大的带着问题去“投其所好”。比如，对方喜欢绘画，那就通过仔细观察，然后以关于绘画的知识提问，通过对方的兴趣爱好愉快地展开了话题，使对方的心情变得愉悦起来，最后，我们也实现了自己的目的。

对内向者，积极提问

在日常生活中，当我们说“某人性格很内向”时，脑海里总会浮现这样的形象：一个人永远坐在房间的最角落，总是默默地低着头，不说话，偶尔会露出一丝笑容，每天独来独往，以至于哪一天他没来，也没人发现。通常这样一个人是容易被忽视的，因为他们总是独孤地坐在一个角落。而且他们似乎很没有主见，总是一味地顺从，一副恭顺听话的样子。在我们身边就有这样的朋友和同事，以至于我们开始忽视他了。每次见面就是打个招呼“你好”，更有甚者几乎是不说话，见面只是微微一笑。通常情况下，他们不会说出“不”，总是“好”“是的”，面对别人的提问，他从来都只是点头和摇头，好像自己没意见似的。即便他们心中有着另外的看法，但由于他们性格内向，也总会说“我跟你们是差不多的看法”。于是，尽管他坐在那个角落里，却好像完全被人忽视了。

王先生是某家建筑公司的工程师，性格比较内向，不过在工作中却能够独挡一面，深得老板的青睐。不过，即便是这样一个老实巴交、性格内向的人也会犯一些错误。有一次，王先生参与的楼房改造出了一些意外，设计稿与实际存在6厘米的误差，这是非常大的误差。公司紧急召开会议，商量如何解决这个问题。

在会议上，总经理问道：“想必大家都知道这次开会的目的，我想先问一下王先生，你知道这次开会的目的吗？”其他成员面面相觑，面露难色，王先生唯唯诺诺地回答说：“知道。”经理又问：“那你说说这次会议的目的是什么？”王先生说：“为了解决我工作上的失误。”经理问：“由于你的失误，公司需要承受很大的损失，你说你该怎么承担呢？”王先生说：“我主动辞职。”

听了这样的话，会议室瞬间安静了下来。总经理更是暗自叫苦，自己提问的目的本来是想让王先生认识到错误，然后更加卖力地工作。王先生的能力是大家有目共睹的，公司并不愿意失去他这个人才。但是，没想到在一连串问题之下，性格内向的王先生竟然因自责而主动提出辞职。

王先生本来已经想到了解决问题的方案，不过在总经理提问之后，他却一直想不起来，只记得自己需要主动辞职来弥补此次失误。这个案例，主要在于总经理不懂得如何提问内向的王先生，导致公司失去了王先生这个人才。所以，在实际生活中，对内向者提问，首先要考虑他们的心理承受能力，注意问题的温和度，避免出现双方都下不了台的局面。

内向者不愿意说话或说话很慢时，他们常常是没有将心思关注到人们的谈话之中。其他人会觉得内向者不会提供任何有价值的观点，内向者自身也会这样认为，所以他索性做一个安静的听众，或只是委婉地说两句，或干脆不发表任何意见。此外，内向者一开口比较有深度，这会令其他人感到不舒服，于是人们就选择忽视内向者所提的观点，他们更倾向其他人所表达的东西。这时其他人忽视了内向者，而内向者自身也感觉到被忽视了。

张经理是一位善于提问的领导，尤其是对于秘书小李。其实，小李对自己的能力很有信心，唯一担心的就是自己性格比较内向，不知是否能与团队成员有一个很好的沟通。但是，因为有善于提问的张经理，他对自己越来越有信心，工作也越干越出色。

张经理在向小李提问时，非常热情，比如，在询问小李能不能接受工作完成任务的时候，他会问："能不能按时完成任务？"小李回答："能。"这时张经理会问："像你这样年轻的小伙子，声音这么低，大点声音告诉我，能不能按时完成任务？"小李大声回答说："能。"张经理说："这才对嘛，我相信你的能力，你一定能够创造新的业绩的，对不对？"小李大声回答说："是的。"就这样，在张经理善于提问的调动下，小李变得越来越积极，逐渐受到张经理的重用。

通常情况下，内向者才华横溢，自律性较强，对公司的忠诚度比较高。所以，必须调动这些人的积极性，实际上内向的人往往是表面冷，内心热，假如领导者通过善于提问，将他们的积极性调动起来，那他们所爆发出来的潜力将超过外向者。只要我们能够站在内向者的角度去寻找突破口，以真诚、耐心的态度去对待他们，多鼓励少质疑，多安慰少批评，那就能有效调动内向者的积极性。

1.选择温和的问题

内向者往往比较胆小，多少有一些自卑心理。所以对这类人进行提问，需要注意问题的温和度。在实际提问的时候，不能提太尖锐的问题，即便发现他们在某些事情上出错了，也不能当着许多人的面说。毕竟内向者向来习惯自省，工作出现了差错，其实他们内心也很着急。

2.保持诚恳的态度

内向者心理比较敏感，所以，我们在对他们进行提问时要保持热情、诚恳的态度，否则当他们感觉不到我们的真诚和热情的时候，就会对我们失去信任，从而影响整个提问效果。假如在提问时能够适当给予他们鼓励，他们就会鼓起勇气且多谈论些。

3.提出对方感兴趣的话题

对内向者提问，提出的问题最好与内向者有关。比如，可以提内向者感兴趣的话题，与他利益相关的话题等。总而言之，是对方感兴趣的话题，这样对方才愿意回答。

几句妙语奠定良好的提问氛围

在正式沟通开始之前，双方所进行的就是寒暄、入座，有的人认为这不过是最简单的程序，不过就是打个招呼，彼此入座吗？其实这样简单考虑的人往往会吃亏在这点上，提问尚未开始，那将意味着整个沟通的基调都将从这里开始，气氛是缓和，还是紧张，全靠那几句寒暄话。高明的提问者往往会以简单的几句话就能奠定良好的沟通氛围，而那些缺乏好口才的提问者则通常一两句话就让整个场面变得尴尬。因此在沟通正式开始之时，作为提问者要善于说几句好话，积极营造和谐愉快的氛围。我们所说的寒暄，也就是打招呼，这是人与人之间建立语言交流的方法之一。通过彼此的寒暄，会让陌生的人相互认识，让不熟悉的人变得熟悉，让冷冷的气氛变得活跃起来，更为双方进行深入的交谈架设桥梁，达到顺利沟通的目的。

唐朝诗人杜甫和剑南节度使严武是好朋友，两个人经常在一块儿喝酒吟诗，谈天说地。杜甫来到成都的时候，在严武的帐下做幕僚，严武帮助他建了一座草堂，把他一家都安顿下来，使杜甫长期颠沛流离食不果腹的生活得到了很大的改善。杜甫对严武的帮助铭记于心，发誓要报答他。但是杜甫有一个毛病，和别人开玩笑的时候经常不注意分寸，言辞之间带有明显的侮辱性质。有一次，他喝醉了酒，就站在严武的床上，瞪着眼睛，用手指着严武的鼻子说："严挺之怎么生了你这么一个儿子呀？"严武听后，感到很气愤，觉得杜甫十分看不起他，就恨恨地走出门去，回到家里想到杜甫平日里对他多有不敬，就越想越生气，就派人准备把他杀掉。严武的母亲听说这件事之后，赶紧把消息告诉了杜甫，又亲自雇了一条船帮助他逃走。仓皇而逃的杜甫对醉酒后无礼的话感到十分后悔，但是为时已晚，不仅失去了最好的朋友，更让自己的家庭再次陷入苦难与贫穷之中。

"严挺之怎么生了你这么一个儿子呀？"这句话实在令人生气。杜甫的一生是坎坷的，这和当时的社会现实固然有着很大的关系，但从很大程度上来说，他一生中的艰难困苦也是自找的。他的故事告诉我们，无论任何时候，和别人的关系多么亲近，都要在言语上谨慎一些，不能说太多出格的话。

沟通气氛是双方之间的相互态度，它可以影响对方人员的心理、情绪和感觉，从而引起相应的反应。可以说，沟通气氛对整个提问过程具有十分重要的影响，其发展变化将直接影响整个沟通的前途。比如，相对热烈、积极的、合作的气氛会将沟通朝着达成一致协议的方向推进。在沟通一开始，假如我们能说几句妙语，灵巧提问，那就会让双方有一种"有缘相知"的感觉，彼此都愿意有好的合作，都愿意在合作中共同受益。沟通中的哪一方控制住了开局的气氛，那么，某种程度上就等于控制住了对方。

东南亚某个国家的华人企业想要为日本一著名电子公司在当地做代理商，双方几次磋商均未达成协议。在最后的一次谈判中，华人企业的谈判代表发现日方代表喝茶取茶杯的姿势十分特别。于是，他说：“从您喝茶的姿势来看，您十分精通茶道，能否为我们介绍一下？”没想到，这句话正好点中日方代表的兴趣所在，于是他滔滔不绝地讲起来。结果，后面的谈判进行得异常顺利，那个华人企业终于拿到了他所希望的地区代理权。

原来，营造良好的沟通氛围，可以缓解沟通中的紧张情绪，增进人们的感情。在良好的氛围下，人们更容易被尊重，也更容易获得支持与关注，而且，良好的氛围更容易达成一致的协议。

1.语言尽量委婉含蓄

不管你所需要达成什么样的沟通目标，在与对方交谈时也尽量使用含蓄委婉的语言，以和为贵，力图为后面沟通的顺利进行营造良好的氛围和条件。有的人一见面就直言直语，心中的喜怒情绪暴露无遗，若是在这时说一些破坏气氛的话，那肯定会对整个沟通产生极为不利的影响。

2.态度要诚恳

作为沟通的一方，在正式交流之初，你需要通过语言表达出内心的诚恳，表示自己很愿意达成最后的协议，希望本次沟通能取得好的成果。通常只要对方感受到了你态度的诚恳，一般都会以同样的态度对待，这样和谐融洽的氛围就形成了。

3.用自己的态度渲染对方

在提问过程中，我们要学会重视对方，比如，是否积极地与对方有眼神接触？是否在认真地听对方说话？是否及时地回答对方的问题，给予对方反馈？是否积极地用身体语言告诉对方，你对他的话题很感兴趣？我们要让对方感到自己的重要性，满足对方的虚荣心，适时赞美对方，只有这样才能感染对方，让对方的情绪放松，从而成功营造宽松和谐的氛围。

第08章 敏感问题小心越过，别触“雷区”

在人际交往中，我们难免会遭遇一些敏感的话题，这时候就应该慎重对待，并且机智避开这些敏感的话题，不该问的千万不要问，比如，女士的年龄及体重、对方的工资待遇以及隐秘的私事，避开这些隐私问题，从而使交流变得轻松而愉悦。

尊重对方，个人隐私不可打探

在生活中，每个人都有不愿意让别人知道的事情，即我们平时所说的个人隐私。千万不要小看个人隐私，即便连一个小学生也有自己的隐私，比如，自己的成绩、排名，那成年人的个人隐私就更多了。一般而言，一个人的收入多少、年龄大小、健康状况如何，这些情况往往是不愿意随便告诉别人的，冒昧地问人家这些问题，则很有可能被对方认为是侵犯了自己的隐私权。每个人都有尊严和隐私，我们在日常沟通时一定要注意这个问题。

在现实生活中，许多人说话不经过大脑思考，只图嘴巴痛快，常常“语出惊人”，踏入“雷区”，最后导致整个沟通的失败。其实，善于提问并不是一件很简单的事情，那将意味着你所提的问题能够令对方乐意接受，而且，你的问题能够巧妙绕过险境，直入对方心里，继而与之建立融洽的人际关系。沟通是双向的交流，它的成败不取决于你说了什么，而是取决于对方的反应，对方不乐意回答你的问题，那你说得再多也没用。所以，为了让对方乐意接受，我们在说话时需要避开隐私话题，把“危险语”吞进肚子里，如此体现出自己的尊重，同时，也能有效地打动人心。

苏苏是出了名的“大嘴巴”，她总喜欢追问人家：“工资多少？”“你今天干什么了？”“昨天看你眼睛红红的，怎么了？跟老公吵架了？”然后，她就跟自己的好朋友分享一些“新闻”，那些“新闻”也就是谁又离婚了、哪位同学又傍了个大款、谁的老公在外面又有外遇了。苏苏总是热衷于这样的话题，似乎看着别人家庭的不幸就是自己最大的快乐。只要一有风吹草动，苏苏就急忙约上闺密一起谈论这些事情，并在一起讨论、分析。

有一次，苏苏在外面喝茶的时候，偶然看见办公室同事美琳的老公正与一位年轻貌美的女子喝茶。苏苏想起美琳平时总是心高气傲，还逢人就夸自己老公如何如何能干，现在看到她老公做出这样的行为，苏苏不禁暗暗发笑。次日上班的时候，“大嘴巴”苏苏就跟办公室的同事分享了这一“新闻”，正在大家津津乐道的时候，美琳脸色阴冷地走了进来。原来，美琳在卫生间正巧听到了苏苏跟同事说起这事，到了办公室，又听见苏苏放肆地谈论此事，本来心气就很高的美琳怎么能容忍整个办公室的人都在谈论自己老公的桃色新闻？

美琳当天就请假回家了，之后一直没有来上班，有人说她辞职了，也有人说她离婚了。而办公室的同事看见美琳的遭遇都对其报以同情，而对总打探他人隐私的苏苏开始敬而远之了。

像苏苏这样喜欢打探他人隐私的人，无疑让身边的人感到憎恶。一个人如果不善言辞，人们只会觉得无趣而不会对其厌恶；如果他比较健谈，那么只会对你有好感；如果一个人总是口若悬河，满嘴流言蜚语，总想打探对方的隐私，那身边的人只会对其敬而远之。

嵇康在《家诫》一文中，告诫后代不要打探别人的隐私；不要轻易接受别人的遗赠。嵇康在文中说，每个人都有公事和私事，千万不要打探别人知道的东西。因为假如对方知道我们知道他所知的东西，就会对我们有所忌讳。每个人都有不愿意公开，不希望别人知道的事情，这些事情被称为隐私，隐私往往关系到一个人的名誉和尊严。所以，我们不仅不能有意地去打听、窥伺别人的隐私，即便无意中发现了别人的隐私，也绝不能张扬，这是对人最起码的尊重。

在生活中，即便我们无意中知道了对方的隐私，也不要大肆议论。不少人往往只图一时的痛快，只是为了满足自己的虚荣心，就开始无所顾忌地大发言辞。至于自己所说的话会给他人带来什么伤害，他根本不会理会，更不会担心所带来的后果。于是，在茶余饭后，或在工作休息的短暂时间里，他们就开始结群搭伙地海聊开来。她们所谈论的话题无非是谁即将升职了、哪个主管又有了新欢、隔壁部门新来的同事有什么特别的怪癖等一些有关于他人隐私的话题。在他们看来，这些话题可以缓解工作带来的压力，也可以满足自己内心的欲望。他们以他人的是非话题作为自己的谈资，以谈论他人的隐私、伤疤作为自己的快乐，通过在背后谈论他人来满足自己的口欲。

在日常交际中，有一些隐私话题是沟通的“雷区”，稍有不慎就会粉身碎骨，所以，我们应该尽可能地避开这些危险区，避开一些敏感、危险的词汇，这样才能促使沟通顺利进行。

1.避开隐私

隐私就是不可公开或不必公开的某些事情，有可能是缺陷，有可能是秘密。因此，我们在进行语言交流的过程中，需要避开彼此的隐私，这既是一种礼貌，同时，也可以很好地保护话语的“安全性”。

2.切勿不懂装懂

我们并不是万能博士或者百事通，即使自己知识渊博，但总有一些地方不如人，总有不懂得的知识。因此，无论是面对有教养有知识的人，还是面对一个默默无闻的人，我们都应该谦虚谨慎，不可妄发言论。

3.避开忌讳

在沟通过程中，我们需要避开一些忌讳，比如，关于“死”的避讳语，“棺材”“寿材”等；对方的生理缺陷，比如，“残疾人”；对一些不可公开的事物行为，比如，“大小便”等，这些避讳词语都是需要避开的。

社交中的禁忌，小心提问

在人际交往中，西方有“女士不问年龄，男士不问收入”之说。西方人在与女士交往中，常常对女士大加赞赏却从不问年龄。不过，大部分中国人在这方面不太讲究，经常见面就问女士的年龄、婚姻、收入等，弄得对方不愿意回答，不回答又似乎不礼貌，往往出现比较难堪的场面。在实际社交中，由于人际关系复杂，保留隐私既是个人安全的需要，也在法律保护之列，即便是好朋友，也不可随便乱问。毕竟，这涉及一个人的为人修养，也关系到对方对你涵养的评价。

露露在某商场卖服装，平时除了向顾客推销衣服之外，她最喜欢的事情就是向身边的同事问东问西。

有一次，隔壁柜台的小丽无意间向露露透露对面卖鞋柜台的小丹是一个未婚妈妈，而且孩子的爸爸不知道去哪里了。从此，露露有事没事就跑到小丹那里去聊天，好像很关心地问孩子的近况。

最开始的时候，小丹对露露的关心比较感谢，毕竟关心自己的人并不多。慢慢地，小丹发现露露越问越多，不但问自己是如何跟孩子的爸爸认识的，还问自己为什么孩子的爸爸不见了，究竟是什么原因。小丹认为这是非常隐私的问题，就没有跟露露说。露露问了好几次都没有结果，心里很是不满，并把小丹的事情告诉了卖场的其他人。

小丹怕自己的事情被越来越多的人知道，赶紧让露露过来，让她不要再多说。没想到，露露对小丹说："其实我这也是关心你，你不让我说也可以，那你必须告诉我孩子的爸爸究竟是为什么抛弃你们母子俩？"无奈的小丹只能吞吞吐吐地说出一些内情，结果，这次露露忍耐了几天，没有到处说说小丹的事情。不过没过多久，露露又开始问："那孩子的爸爸现在在干什么？你们还有联络吗？"小丹见露露越问越多，索性就不理她了，岂料露露把这件事传得沸沸扬扬，满城风雨。

非常生气的小丹在后悔之余，只能辞职离开这个是非之地。

在生活中，对于一些不懂得社交言谈禁忌的人需要注意了，假如你经常有意或无意地打听对方的家世背景、打听对方的工作进度、打听对方和其他同事之间的关系，最后，将对方的家庭背景作为自己茶余饭后的谈资，工作进度成为所有同事乃至领导都知道的"秘密"。那么，最终，你会变得一个朋友都没有，所有的人都会离开你。

我们在社交场合谈话、闲聊时可以尽量轻松愉悦一点，但同时也要懂得一些问题是不可以随意提出来的，否则容易导致大家都很尴尬、难堪，或许觉得你本人不够成熟稳重，影响以后与重要朋友的来往。有些人极可能因为一个不合宜的问题或者不愉快的一面，就决定不和你深交，损失就惨重了。

清朝雍正皇帝喜欢观看杂剧，如果他觉得哪个杂剧演得好，就会赏赐一些东西给演员。一次，他观看了一出很精彩的杂剧，因为杂剧的曲子很不错，演员们的演技也很好。于是，雍正便亲自赏赐一些美酒和食物给演杂剧的演员们。因为剧中人物郑儋是常州的刺史，于是，一个演员便问雍正："现在的常州令是谁？"雍正立即大怒："你一个优伶之辈，怎么可以大胆问起官吏之事？此风实不可长。"便命令人将那位演员在阶下乱棍打死。

那位演员只是好奇地问了一句，哪知那句话本来就不是他该问的。所以，他的一句话就为自己招来了杀身之祸，因为一句话，自己就命丧黄泉了。所以，说话一定要适当，不该说的一定不要说，谨防"祸从口出"。

那么在社交场合中，哪些话是不可轻易问的呢？

1.不熟悉的人不轻易问对方做什么

在一场活动遇到某人，他自我介绍时说在某家公司工作，这时千万不要轻易问对方“你的公司做什么”？也许这项活动正是他们公司举办的，你要是不知道就尴尬了。如果不熟知，最好不要说“听说你们做得很好”！也许对方这季度的业绩掉了三成呢！不如问问对方“你在公司担任什么职务”？能够参加活动的人，职务一定不会太低，这一问也许正是不着痕迹的讨好。

2.少问“为什么”

如果和对方交情不够深，就问对方“你为什么那样做？”“你为什么作这个决定？”会有责问对方，探人隐私的意味。如果你真的好奇或者想知道原因，不妨请教一番，问“我能知道您当初是考虑到哪些因素，才作出这样明智的决定吗？”“您当初是出于怎样的考虑，才这样做的？”“我想请教一下您的思路是怎样的。”更有技巧。

3.遇到有一面之缘的人，不过于兴奋

碰到曾经见过面，但认识不深的人时，绝不要说：“你还记得我吗？”不是每个人都认识你，记得你，万一对方想不起来，就尴尬了。最好的方法还是先自我介绍：“你好，我是某某，真高兴又见面了。”这样说既不会让别人觉得尴尬，还很感谢你的考虑周到。

4.少争执，少攀比

不要表现出自己比对方高明，在社交场合交谈时，如果有人说其他语言，不要过于鸡婆地纠正别人的发音、文法或事实，不仅会让对方觉得不好意思，同时也显得你很爱表现。如果有人说他刚刚去了纽约一星期，就不要说上次你去了一个月，这样会破坏对方谈话的兴致。还不如顺着对方的话，分享你对纽约的感觉和喜爱。

5.不要不懂装懂

大家谈论某些话题时，如果你对谈话的主题不了解，不如保持沉默，如果对方询问，就坦白地说："这问题我不清楚。"别人也不会继续为难你。如果不懂装懂，更容易说错话或引来嘲笑。

询问领导隐私，会让对方感觉你不可靠

古人曰："静坐常思己过，闲谈莫论人非。"意思是，沉静下来要经常反省自己的过失，进而以是克非、为善去恶；闲谈的时候莫议论别人的是非得失，这是儒家倡导的道德修养的重要方法。在日常工作中，下属要想让领导觉得自己可靠，或许想体现良好的性情修养，就应该谨记这条古训，尤其是后者"闲谈莫论人非"。不可否认，每个人内心深处都有一定的好奇心，尤其是对于别人的隐私更是有一种想窥探的欲望。有的人甚至在工作中有一个奇怪的爱好，那就是打探领导的隐私，实际上，如此的举动是危险的，一旦领导知道你在打探自己的隐私，那么他会一下子把你拉入黑名单，并认为你是不可靠的人。因此，在倾听领导说话时，不要好奇地去打探领导的隐私，而是专注于听领导说话。

当然，通常来说，女员工喜欢谈论是非，或是打探隐私，但在现代这个社会，不少男员工也有这样的癖好，一旦发现领导的隐私、秘密，就欲罢不能。他们在与领导沟通时，会好奇地问这问那，就好像总喜欢问"为什么"的小学生一样，但我们应该知道，领导并不是老师，他没有权利对我们的提问一一作出解答，尤其是对于隐私方面的问题，他非但不愿意回答，反而对提出这样问题的下属心生不快，觉得你根本不是值得信任的人。一般在社交场合，打探别人的隐私都是一种很不礼貌，很让人厌恶的行为，更别说下属想打探领导的隐私，这会让领导感觉到不受尊重，同时认为你是缺乏修养的员工。试想，一旦领导对你道德品质产生了疑问，那他在其他方面同样会对你持怀疑的态度。

下班的时候，正下着瓢泼大雨，女职员小娜正踌躇地站在公司门口，不知道如何回家，早知道今天下雨，就应该带伞，现在这样，怎么回家呢？正在小娜担心的时候，部门主管走了出来，小娜像见到救星一样走了过去，问道：“主管，你有多余的雨伞吗？”主管皱皱眉，回答说：“我从来不带雨伞，不过，你不是住在东大街吗？我可以顺路把你捎回家。”小娜感激地点点头。

坐在车厢后座，小娜的话匣子就打开了，问道：“主管，听说你们在江边还买了一栋别墅，是真的吗？肯定好几百平方米吧，那样的房子可是我努力几辈子都住不上的啊，我可真羡慕你们这些有钱人。”主管笑了笑，没说话，早就听闻这个小娜嘴巴比较“大”，真没想到确实厉害。

停了一会儿，小娜问道：“可是，那个，你老婆回来了吗？”小娜之所以这样问，是因为最近办公室所谈论的话题都是主管正与老婆闹离婚，而且这个消息就是小娜传出去的，因为有个玩得好的朋友在民政局工作，竟然看到了他们一起去办离婚手续，不过最后没办成。喜欢打探别人隐私的小娜很想知道主管最近情况怎么样，所以这样问了一句，没想到主管脸色一下子变得铁青，没说话。小娜从车后镜看到主管的脸色，才意识到自己问错了问题，但她已经不知道该如何弥补了。

听闻主管在闹离婚，好奇的小娜竟然问出了这样的问题，也难怪主管的脸色会一下子变得铁青。对于领导来说，他非常欢迎下属询问自己关于工作上的事情，但若是询问到其家里的事情，除非他主动开口说，否则他会有一种被侵犯的感觉。当然，跟任何人一样，领导对于向自己打探隐私的人从来都是厌恶的。

清朝时，一位新上任的县令与其他官员初次去拜见上司，到了那里，他想不出该说什么话。沉默了一会儿，忽然问道：“大人尊姓？”这位上司看上去很吃惊，他看了看周围的人，勉强说了姓某。县令低头想了很久，说：“大人的姓，百家姓中所没有。”上司脸色惊异，说：“我是旗人，贵县不知道吗？”县令又站起来，说：“大人在哪一旗？”上司说：“正红旗。”县令说：“正黄旗最好，大人怎么不在正黄旗呢？”上司勃然大怒，问：“贵县是哪一省的人？”县令说：“广西。”上司说：“广东最好，你为什么不在广东？”县令吃了一惊，这才发现上司满脸怒气，赶快走了出去。不久，这位县令便被借故免职了。

这是一个触碰言语禁区的案例，案例中，那位县令不懂得察言观色，口无遮拦，言语触碰了禁区，而最终自己也免职了。如果你仔细分析这个案例，就会发现，那个县令除了不懂得察言观色以外，更是缺乏一定的思维应变能力，明明知道自己已经触碰了言语的禁区，但没能及时想出办法补救，那他最终的结果就只有被免职了。

1.三思而后问

作为下属，应该记住：在工作中要做到谨言慎行，该问的话要“三思而后问”，不该问的话千万不要随便乱问，尤其是对于他人的隐私、秘密，更需要谨慎对待。即使是你无意中听到了他人的秘密信息，你也不要到处张扬，更不能逮着一个人就说，每个人都需要有一个自由空间，你的尊重也会换来他对你的信任。

2.勿谈论他人是非

在办公室里有这样一群人，他们以他人的是非话题作为自己的谈资，以谈论他人的隐私、伤疤作为自己的快乐，通过在背后谈论他人来满足自己的口欲。不仅仅喜欢刺探同事的隐私，还到处打探领导的隐私，这些人都是令人憎恶的，当然，他们在工作中也做不出什么成绩。

了解对方的苦衷，有些话不要问

在倾听对方说话时，有时候我们应该学会了解对方的苦衷，对于某些话不要开口问，因为即便你问了也问不出个所以然来，只会让对方觉得你是一个不善于交流的人。最成功的倾听者，他知道自己什么时候认真听，什么时候开口问，该问什么，不该问什么，方方面面都能够拿捏准确。他会让说话者觉得，他就是一个贴心的听众，能够及时地照顾自己的心理。而对于我们来说，倾听对方说话，也需要达到这样的程度。

有时候，对方会向我们倾诉内心的苦闷，发泄内心的情绪，这时我们只需用心倾听，用心理解就行了，对于对方内心的某些苦衷，最好不要开口询问。毕竟社交的关系不同于朋友之间，对方有自己的苦衷，他不想也不愿意将这些苦衷告诉任何人，即便你是他最信任的人，他也不会开口对你说，因为某些事情只适合隐藏在心里，他说了，他的自尊和隐私在你面前就削弱了。所以，在日常沟通中，我们需要了解对方的苦衷，对于一些话不要问。

公司的董事长已经年近60了，但他对公司里的大小事情都是亲力亲为，每天按时到公司报到，视察车间工作，关心员工，等等。每每看到这位慈祥的老人，员工们都感到一种莫名的感动，尤其是在董事长身边多年的司机老王，因为这么多年以来，他一直待在董事长身边，亲眼看到了董事长经历了许多事情，私底下，他与董事长就好像一对老朋友一样。

车子平稳地行驶在宽阔的马路上，董事长突然开口说：“老王，你知道最近员工们都在议论什么吗？”老王摇摇头，其实他当然清楚，最近，公司里的许多员工都在议论纷纷：为什么董事长这么大年纪了还亲自管理公司？好像从来没看到过董事长的接班人？董事长感叹一句：“我那个不孝的儿子，也不知道到底要折磨我到什么时候，我已经没有力气接管这个公司，可他一直在国外，不肯回来，我也不知道接下来该怎么办。”

老王当然知道，董事长所说的不孝子，也就是公司未来的接班人，但因多年以前董事长夫人过世，儿子对董事长充满了怨恨，大吵一架后去了国外生活，这么多年虽然董事长亲自过去看他，请他回来，但那位少年性子太倔强，一直不愿意回来接替董事长的位置，这也是董事长一直忧虑的原因。但他并没有开口问，也没多说，只是安慰道："或许，有一天他想通了就会回来了。"

案例中，当公司里很多同事都在议论董事长家里的事情时，作为多年跟随董事长进出的司机老王自然深知其中的秘密，但他知道这是董事长内心的苦衷，因此当董事长问到他的时候，老王假装不知道，不是他真的不知道，而是他怕勾起董事长内心的牵挂。后来，董事长主动说到了自己的儿子，老王司机也没有多问，只是说了一句安慰的话，因为他明白，他只需要理解董事长的苦衷就够了。

与其他人一样，领导者内心也有很多烦恼，可以说他们的烦恼比我们还多，因为不管公司里的大事小事，他们都在操心。处于领导这个位置，他们所遭受的压力比任何人都大，他的任何一个决策都将影响公司的发展，因此，他不得不步步小心，步步为营。在现实工作中，我们只看到领导表面风光的一面，却难以理解其背后的艰辛。

这天中午，小张去办公室向经理递交文件。就在经理看文件的时候，小张随口说了一句："最近也不知道小李怎么了，工作也没精神，今天早上竟然破天荒地迟到了。"经理头也不抬，应付道："估计是他自己出什么事情了吧，调整调整情绪，应该很快就会恢复正常工作的。"

小张听了经理的话，并没有停止说话的意思，而是越说越起劲："也不知道出什么事情了？好像我听说是跟女朋友闹分手，其实我们一起工作一两年了，我也多多少少了解他跟他女朋友的情况，两人大学就开始好上了，但大学毕业后，现实问题就摆在了面前，房子、车子、钱，这些都是问题。小李跟我一起进的公司，那会儿跟他女朋友感情还很好呢，结果不到半年，就听闻有个富二代在追他女朋友，刚开始，他女朋友坚定拒绝，可后来，兴许是被这个世界迷惑了，竟然决定要和小李分手，这不，小李这两天正痛苦着呢。"

经理已经看完了文件，签了字，但他又注意到小张所说的话，经理似笑非笑地看着小张：“看来，你在办公室人缘不错嘛，同事的事情你都知道得一清二楚。”听到第一句话时小张还笑呵呵的，但听到第二句话，他就脸红了，这才意识到自己不该在领导面前说小李的这些事情，现在，领导算是对自己有看法了。

通常情况下，那些随意说同事的隐私的下属，在领导面前，无非只有两个标签：说三道四、不可靠。如果你连自己的工作都没做好，就去说这些事情，那领导更有理由责怪你：“不好好工作，却是乱嚼舌头根子。”到时候，只会让领导心生厌恶。

在日常交际中，人们总因为事业或生活遭遇一些烦心事，如事业遭遇“瓶颈”；家庭不和睦；儿女升学问题，等等。通常情况下，人们总会将这些事情埋藏在心底，不愿意在被人知道。当然，有时候，人们也会因心里太过苦闷，而向身边的人吐露几句，以解内心苦闷情绪，这时我们作为听者，应该善于了解对方的苦衷，对于一些问题，不宜多问。

对方的软肋是提问的禁区

我们都知道，人体有许多要害部位，甚至有些地方一旦受到了重击就会失去性命，比如说软肋。什么是软肋？软肋就是别人的短处，或者是别人最不愿意提到的话题，那些事情就是当事人身体里最脆弱的肋骨。在生活中，可以说每个人的心里都有那么一根不想被人伤及的软肋。就好像每个人都有软肋一样，其实每个人都是有缺点的，难以做到十全十美，在他的工作或生活中，总会出现一些缺憾。在日常交际中，大多数人最不愿意和别人提到的就是自己的缺点和短处。每个人都想在人前保持完美的形象，这是不可侵犯的，他们不允许任何人抹黑自己的形象，尤其是说到自己的短处或软肋。因此，每一个人都应该记住：对方的软肋是提问的禁区。

19世纪30年代，美国经济大萧条。一个17岁的女孩好不容易找到了一份工作——在一家高级珠宝店做营业员。虽然工资不高，但是女孩非常珍惜这份工作，因为她必须依赖这份工作来贴补家用。

圣诞节前夕，珠宝店里的生意非常忙碌，女孩正在整理柜台上的戒指时，进来一个中年男人，衣衫褴褛，满脸落魄，贪婪地盯着那些高级珠宝。

突然，电话铃响了，因为着急接电话，女孩一不小心碰翻了一个盛放珠宝的碟子，六枚精致的钻石戒指，瞬间全部落在了地上。女孩急忙俯身寻找，但却只找到了五枚，第六枚怎么也找不到了。

这时，她看到那个男人正朝门口走去，顿时，她知道第六枚戒指在哪儿了。

当男人的手即将触碰到门把手时，女孩柔和地喊了一声："对不起，先生！"

男人身形顿住，转过身来，双方对视，足足有一分钟的时间，然后声音颤抖地问："什么事？"

女孩没有说话，男人的手不自主地伸进口袋，粗声粗气地再次问："什么事？"

女孩低着头，神色黯然地说："先生，这是我的第一份工作。唉！现在这个年代，找一份工作可真难，您说是吗？"

男人不语，也低头沉思了良久，忽然一个温和的微笑浮现在他的脸上："是啊！的确如此。但是我相信，你在这里一定会做得不错。"说着，男人向前走了一步，把手伸向女孩说："我可以为你祝福吗？"

女孩立即伸出了手，温柔地微笑着，紧紧握住了男人的手，用十分柔和的声音回答："也祝你好运！"

随后，男人转身离开，女孩目送他的身影消失在大门外，然后转身回到柜台，轻轻放下手中的第六枚戒指。

那男人毋庸置疑是一个贼，但是女孩却用一种十分巧妙的提问保全了他的颜面，最后不仅找回了戒指，还得到了对方的祝福。试想一下，当时女孩不顾一切大喊起来，被逼得走投无路的男人说不定会做出什么穷凶极恶的事情，最后危及自身的安全。所以无论什么人，心中都有善恶，都需要颜面，假如你能既指出对方的错误，又保全他人的面子，那么对方心中的善良就会被唤醒，就会用善意来回报你的好心，从而皆大欢喜。

王小姐是一家公司的员工，从事文秘工作。她是一个聪明伶俐的小女孩，总能给予别人真诚和无私的帮助。但是，像这样一个有着很多优点的小女孩，却无论如何也不能得到别人的喜欢，相反地，还有不少人在远远地躲着她，在一些朋友聚会中也会故意“忘记”招呼她。这主要是因为王小姐的性格比较爽朗，经常喜欢开一些过分的玩笑，常常让朋友们感觉下不了台。

有一次休息的时候，她的一个同事神秘地说：“你们看看这张照片是谁的？”等大家挤过来看的时候才发现是一个橘子皮，顿时感觉索然寡味，都退回到了自己的座位上，而王小姐却大呼小叫地说：“你拿李建的照片做什么？”这下子，李建感觉受到了莫大的侮辱，气的涨红了脸，而一些好事的同事就给李建起了个“橘子皮”的外号。从此之后，李建见到王小姐就远远地躲开。

还有一次，一个同事穿着一身新西装来到公司，别人都微笑友好地夸奖道：“您今天可是真精神啊，这件衣服很适合你。”这时候王小姐有口无遮拦地说：“你这件衣服也太不上档次了吧，是不是今年的款式还说不准呢。”那位同事对服装是十分讲究的，听王小姐这么一说，脸色顿时变得铁青。

王小姐不仅对同事这样，对老板也同样如此。有一次，老板和客户签协议，客户看到老板龙飞凤舞的签名之后，夸奖道：“您的签名可是真气派呀！”老板刚想谦虚几句，没想到王小姐却不知趣地抢过话头：“我们老板练了三个多月了，能不气派吗？”此言一出，让老板和客户都陷入了巨大的尴尬之中。

王小姐之所以不被朋友们所欢迎，原因就在于她不懂得如何去尊重别人的软肋，以为讲一些肆无忌惮的话能够活跃气氛，无伤大雅，而最终的结果却表明了她的做法和想法是错误的。每个人都有自己的性格，各自所敏感的东西也不尽相同，我们在交际中一定要注意尊重对方的人格，在谈吐之间尽量不要涉及对方的敏感地带。我们应该记住：无论在哪里，攻击对方的软肋，谈论对方的缺点，那都是致命的错误，可以直接导致沟通失败。尤其在办公室里，本来是非问题就比较多，如果你不在这里好好工作，而是胡说八道，谈论他人的软肋，那无疑是自毁前程。或许，你会觉得私底下与同事说很安全，错了，跟同事说，你的那些话一样会有机会传到领导耳朵里，因为职场无朋友。你以为很好的同事，其实恰恰就是出卖你的人。

《菜根谭》里有这样一句话很有道理："径路窄处，留一步与人行；滋味浓时，减三分让人尝。"这句话的意思就是在告诉我们，言语沟通时的提问要先考虑一下别人，一定要坚持一个原则，不能够在别人面前口无遮拦，更不能为了一时的心直口快而侵犯别人的隐私，触及别人的敏感区，让别人下不了台。

所以，在日常交际中，我们提问应该遵循以下三个原则。

（1）可以适当地开玩笑，但是不能以讽刺他人为目的。玩笑话一般能起到活跃气氛，缓和人际关系的作用，但是有些人在开玩笑的时候不懂得适度的原则，喜欢讽刺、攻击、责怪他人，尽管可能会引起短暂的笑声，但却给被嘲笑者的心理上留下巨大的阴影，甚至会造成意想不到的后果，让本来十分宽松的气氛显得过于紧张和难堪。

（2）任何的谈话都不要涉及他人的隐私。无论处于任何场合，也无论对方和自己多么熟悉，都不要在交谈的内容中涉及对方的隐私。俗话说"言者无意，听者有心"，有时你一句无心的话，在别人听来可能就是一种讽刺和侮辱的声音，从而对你产生极其恶劣的印象。

（3）千万不要拿别人的短处来说事。在社交场合总有那么一些人，喜欢把别人的生理缺陷和生活缺陷当谈资，作为炫耀自己的一种方式。比如说“你的头上没有头发，是不是想无法无天啊？”“你那几个月不洗的臭脚可以熏死一屋子人啊”等，这样就会让别人对他产生很大的厌烦情绪，从内心里也不愿意和这种人打交道。

下篇

实践篇

第09章　领导提问艺术，令下属无话不说

领导在与下属的沟通过程中，为了有效地促进交流的顺利进行，势必会经过提问这一环节，提问也是讲究技巧的，沟通是两个人的互动，也就是彼此交换想法和意见，共同体验谈话带来的愉悦感。那么，如何才能恰到好处地提问，令下属向你展露真心呢？

问题更具体，令下属更容易回答

著名主持人蔡康永曾说：“问的问题越具体，回答的人就越省力；回答的人越省力，他就越有力气和你聊下去。”虽然，这是他主持节目多年的经验之说，但却是非常适合领导使用的。在日常工作中，比如，需要询问下属“你喜欢去什么样的国家旅行”，这个问题肯定比不上“你在旅行时被骗过钱吗？”而“你喜欢什么样的工作”肯定比不上“你喜欢会计这份工作吗？”领导在向下属提问的时候，所问的问题要具体，太空泛了很容易令对方无从回答，造成这样的情况，那么，交流就会受阻碍。其实，换个角度，将问题问得更具体，实际上也是为自己留“后路”，你可以通过提问来引起一个话题，而这个话题恰好是你能够掌控的，无形之中，你就暗暗掌握了话题的主控权。但是，在这样一个沟通过程中，对方却没有不快之感，这才是

提问的高明之处。

领导向下属所提出的每一个问题，要具体集中，不能含混不清，不能太宽泛。如果所问的问题太宽泛，会导致对方不知道该从何处回答，而且，还有可能造成你的问题无趣，导致话题直接走入死胡同。

大多数的记者都善于提问，而且，他们很清楚自己的目的，一位记者讲述了自己提问的一次经历："有一次，我采访一些到日本打工的农民，我猜想下面的观众一定想知道他在日本工作和生活的情况。这一类的问题是一定要问的，但是，如果我这样问'你在日本怎么样？'那么，采访者可能不知道该如何回答，于是，我换了一个比较具体的问题'你在日本有没有最难忘的事情，给我们讲讲好吗？'如此一来，对方只需要讲一两件事情，我们就了解了他在日本工作和生活的情况。"从记者的经历，我们不难看出，提问变得越具体，对方就越容易回答，同时，我们越容易掌握沟通的主动权。

领导在与下属沟通的时候，善于提问是很有必要的。一个好的问题可以引发出一个愉快的话题，而一个愉快的话题可以促进此次沟通的成功。当然，提出的问题尽量具体，做到有的放矢，切不可漫无边际、泛泛而谈，面对不同的谈话对象需要提出不同的问题。有时候，对方有可能是一个很健谈的人，如果你只是泛泛而问"今天过得怎么样"，他可能就会从早餐开始一直谈到今天的天气、交通状况等，如此漫无边际的谈话，从中你既不会得到自己需要的信息，也不会感到愉快，只会感到相当烦躁。

某商场，一位大叔正在电风扇专柜前驻足。一位销售小姐走上前问：销售人员："大叔，这几天天气热起来了，您今天来是想看看电风扇吧？"大叔回答："对呀！""那您是想看台式的还是落地式的呢？"销售小姐继续问道，大叔想了想："放在客厅用，落地式应该好一些吧？"销售小姐点点头："对，在客厅用落地式的比较适合，因为它外形美，有气质，还具有装饰房间的功能。来，落地式风扇都在这边，您是需要我为您有针对性地介绍还是想自己先慢慢挑选一下？”

潜能大师安东尼·罗宾曾说过：“对成功者与不成功者最主要的判断依据是什么呢？一言以蔽之，那就是成功者善于提出好的问题，从而得到好的答案。”销售小姐具体的提问恰到好处地引导了话题，而且，从顾客的回答中，销售小姐了解了其要求，从而灵活运用了销售策略。如果销售小姐泛泛而问：“大叔，请问您需要点什么？”如此笼统的话题，不仅顾客不好回答，销售小姐本身也难以掌握话题的走向。

1.提问越具体，越容易掌握话题的走向

如果你向下属提出“你喜欢什么样的工作”，由于话题本身的笼统性，下属有可能会给出你意想不到的答案，比如，“我喜欢做自由职业者”“我不太喜欢现在这份工作”，如此一来，势必会造成沟通的尴尬。这样的提问，领导者无疑是自讨苦吃，或者下属给予一些模糊的答案，如“我不知道”“都很不错啊”，如此敷衍的答案也没法让你清楚地判断下属心里到底在想什么。所以，向下属提问，问题越具体，领导者就越容易掌握话题的走向。

2.通过提问营造和谐气氛

在沟通一开始，领导可以以提问制造出双方都想谈话的气氛，引导下属走入自己所谈论的话题中，这时，下属会有一种终于找到了了解自己的人，以为自己碰到了职场知己，而他也感觉到与你谈话是轻松的。

3.学会提出让下属更省力的话题

有的问题太泛泛而谈，让人难以回答；有的问题太笼统了，答案并没有在自己掌控范围之内，那么如何提出让对方更省力的具体问题呢？在现实工作中，领导者可以尝试这样的发问方式：“先问两三个像是非题或选择题的具体问题，把下属有兴趣聊的范围给搜索出来，再用申论题往下问。”

提问需做好铺垫，层层递进

在与下属的沟通过程中，需要领导经常提问，而如何提问则成了非常关键的问题。在很多时候，我们所提的问题并不是直接提出来的，而是需要设置铺垫的。简单地说，提问需要逐层递进，才不会显得突兀。一个好的问题提出来，不仅有助于下属对于问题的理解，而且可以充分调动下属的积极性思维，活跃谈话气氛，让下属积极地参与到话题中。不过，在现实工作中，我们常常发现领导在提出一个问题后，下属可能会目瞪口呆，一时回答不上来，其实，这并不是下属没有能力回答，或者说下属笨，而有可能是领导提出的问题和答案之间的思维跨度极大、关联性不是很强，当然，下属就回答不上来了。就像是一个人在上楼梯，如果楼梯都找不到或者楼梯台阶太高了，他又怎么上去呢？所以，领导在与下属沟通的时候，要学会提问，在提问之前要有所铺垫，注意思维的连贯性，注意引导，为下属设置好台阶，这样，下属才容易回答你的回答。

在日常工作中，上下级之间的沟通是必不可少的，而让下属说得越多，领导了解下属真实心理的机会就越多，而当领导完全了解了下属的所思所想，方能为已所用。如何让下属说得更多，那就是善于提问。提问，它是社会交际中常见的一种活动，如何使沟通按照自己计划的进程发展，使对方说出自己想要得到的回答，这取决于人们提问技巧的高低，对此，提问的一个重要作用就是让对方为自己解疑释难。有时候，为了能够详细地了解对方的真实情况，我们需要先提出简单的问题，以此做好铺垫，再增加问题的难度，触及问题的实质，达到自己的最终目的。这样的提问方式，也就是“逐层递进、由浅入深”，而如此的提问方式大多见于课堂中。

小宋是中学政治老师，他常常这样说：“我们在提问时，要分层提问，化难为易，化大为小，把课堂提问当作一门艺术，这样，我们才能够运筹帷幄地统领全局。另外，这样的提问方式也能够很好地结合学生的实际，进行有计划、有步骤的系统化的提问，以层层深入地引导学生向思维的纵深发展。”

在一次政治课上，小宋在讲到“商品”这个概念的时候，他设计了一连串问题来启发学生层层地深入了解。一开始上课，小宋就提问：“同学们，我们的吃、穿、用的物品是哪来的？”学生异口同声地回答：“市场上买的。”小宋老师接着问：“那市场上出售的商品又是从何而来？”有学生回答：“劳动而来的。”小宋老师继续问：“所有的物品都是劳动产品吗？所有劳动产品都是商品吗？”学生们摇摇头，却又说不上来，小宋老师问：“原因是什么呢？”这样几个问题一一回答下来，使得“商品”的外延范围越来越小，逐渐显示出了内涵。最后，小宋老师轻易揭示了：“商品就是用来交换的劳动产品。”课程结束后，小宋老师总结说：“这样的提问方式，循序渐进，能够带领学生轻松地跨越思维的台阶，学生比较容易接受。”

领导向下属提问，其实就恰似于老师向学生提问。在提问的时候，需要有所铺垫，你的问题提出来才不会显得突兀。比如，领导一开口就问“这事你怎么办成这样”？而在这之前，没有任何的提示、铺垫，或许，那些反映不够快的下属会摸不着头脑，不知道你问的就究竟是什么。

一位主持人回忆了自己的一次采访经历：“在一次采访中，我们要通过散装水泥谈到节约型社会，如果一上来就大谈如何建设资源节约型社会，感觉很空洞，观众也不会喜欢，因此，我们就先从解释散装水泥说起，最后升华到提倡资源节约型社会，这样就很自然地达到了目的。”所以，在日常工作中，领导提问要善于掌握谈话的真正目的，提问方式须由浅入深，由表及里，如此一来，才能够获取自己想要的信息。

1.由浅入深

在正式提问的时候，需要做到由浅入深，任何谈话在最初谈话时都会从一个很浅显、很小的点开始，一点点地深入。比如，许多主持人在采访名人的时候，有可能第一句话只是："你最近在忙些什么？"以最浅显的最近动态，慢慢延伸，再聊到其关于感情、工作方面的话题，从来没有一个主持人开门见山就问："听说你的公司最近亏损了，到底是怎么一回事，能给我们说说吗？"这样的提问对采访者显得不够尊重，另外，观众也不太容易接受这样的提问方式。其实，这种由表及里的提问方式，恰恰是领导者需要学习和借鉴的。

2.由表及里

在询问到某一大问题的时候，领导不要着急触及问题的实质，而是先从表面下手，先询问下属几个简单的问题，等铺垫做得差不多了，再问及问题的实质，这样，会显得你的提问不那么突兀，而且自然，下属也就容易回答了，整个谈话也能顺利进行了。

尖锐的问题，请委婉提出

在现实工作中，面对一些尖锐的问题，领导者又该如何提问呢？有的领导者在这时依旧把自己的姿态摆得很高，以审判者自居，于是，把那些限于不幸或处于难堪境地的下属当作应该谴责的对象。他们在提问的时候，语气总是处处露锋芒，提出一些尖锐的问题，诸如，"听说你的公司倒闭了？""你在吸毒吗？""你离婚了吗？"等。虽然，在他们内心深处并没有太大的恶意，但是，如此尖锐地提问会让下属感觉自己是在接受"审问"，同时，那些尖锐的词语或者带着审判意味的语调都会令下属感觉很受伤。作为领导者，即使只是毫不在意地提出了一个问题，但所造成的后果却是严重的，下属有可能会因为这个问题而受伤，心生不快。其实，沟通的目的在于更好地了解彼此，把自己的想法和意见有效地传递给对方，在这一过程，不要给语言穿上"刺猬服"，也不要咄咄逼人，而是需要把温暖传递给对方，减少问题的尖锐度，让对方不会觉得难以承受，这样他会明白你是在关心而不是审问。

古人曰："曲径方能通幽。"提问也是一样的道理，在现实生活中，许多领导热衷于直截了当地提问，不修饰、不绕圈子，虽然，这样提问比较真实，但是，它使得问题太尖锐，不具备实际操作性。提问的目的是引起谈话双方的兴趣，为话题做好铺垫，这样才有助于话题顺畅地进行下去。而提问最为关键的一点是，营造出和谐的谈话氛围，直截了当地提问极有可能伤了下属的面子，而尖锐的问题只会令下属感到难堪，破坏了原有的和谐气氛。因此，在提问的时候，领导者不妨绕个圈子，采用迂回的提问方式，否则，你难以将话题继续下去。

孟子这样问齐宣王："假若一个人，把妻室儿女托付给朋友照顾，自己到楚国去了，等他回来时，妻子儿女却在挨饿受冻，对于这样的朋友，你该怎么办呢？"齐宣王回答："和他绝交。"孟子继续提问："假若管刑罚的官吏不能管理他的部下，怎么办？"齐宣王回答说："撤掉他！"孟子又问："假若一个国家搞得很不好，那又该怎么办？"这时，齐宣王只好看看左右，也不再说其他了。

在这里，孟子并没有直接问齐宣王："假若一个国家搞得很不好，那又该怎么办？"这样的问题太尖锐，会扫了齐宣王的面子，况且，即使这样直白地提问了，自己也获取不到想要的信息。所以，孟子先以绕圈子的方式提出两个设问，诱使齐宣王作出了肯定的回答。然后，孟子再委婉地提出应该怎样处置不会管理国家的国君，这时，齐宣王无言以对，最后只能接受孟子的建议。齐宣王作为一个国君，孟子的建议并没有使他感到难堪，这样的语言表达方式十分适合上司向下属委婉建议。

陶行知说："发明千千万，起点在一问。禽兽不如人，过在不会问。智者问得巧，愚者问得笨。人力胜天工，只在每事问。"其中，"问得巧"就是将那些尖锐的问题"柔"化，或曲解，或迂回，或绕圈子，不露锋芒地获取信息。

一位刚刚进城的年轻人走进了咖啡厅，刚一坐下，他就拿起桌上的餐巾围在脖子上，老板看见了，吩咐一个服务员："你过去告诉他，他好像弄错了。"服务员走了过去，对年轻人说："对不起，先生，您是要刮脸，还是要理发呢？"年轻人听了这话立即拉下了脸，头也不回地走了。

服务员这样的提问虽然采用了迂回的方式，但是，似乎圈子绕得太远，而且，不太符合场合礼仪。想想，谁会跑到西餐厅来刮脸或理发，这种看似委婉的提问，在年轻人听来却异常尖锐，好似话语中带着某种讽刺和嘲弄。所以，即使绕个圈子提问，领导者也需要注意交际场合，否则，问题会变得更尖锐，不仅令他人感到难堪，同时，还让自己下不了台。

一个问题可能有多种提问的方式，简单地划分无外乎两种：直问和曲问。直截了当、单刀直入地提问叫直问；从侧面或反面迂回地提出问题，叫曲问，问在此而意在彼，它不从常规出发，而着眼于提问的方式，可以很好地照顾对方的心理。不可否认的是，新颖别致的曲问，成为领导者日常交际中常用的一种提问方式。

那么，在现实生活中，领导者该如何将尖锐的问题委婉地提出呢？

1.试着了解他人的处境

沟通是建立在平等的基础之上的，作为领导者，没有必要带着某种优越感去看待别人，一旦你有了某种优越感就会导致沟通的失败。所以，面对别人的不幸遭遇，或者面对别人难以开口的问题，不要粗鲁地带着尖锐词语直接质问，而是采用谈话的方式，试着了解对方的处境。当你发现自己所提的问题比较尖锐的时候，尝试着倒推两三步，试着去理解对方所处的境地，尽量把问题变得圆润而委婉。

2.把刺耳的字眼换成"具体陈述"

在提问的时候，尽量把那些对方听来觉得刺耳，有审判意味的字眼，改成用一些具体陈述。比如，主编在询问下属关于抄袭这种敏感话题的时候，可以这样说“某学术期刊上面有篇论文跟你上个月交上来的那篇，内容上有重叠的部分，大概有五千字”。虽然这种“具体陈述”的提问有点麻烦，但却显得很具体，听起来没有直接指责的意味，只不过告诉对方你在就事论事而已。

3.必须提出尖锐的问题，可以适当借助“抽象的第三方”

当然，如果是遇到公事上的问题，你必须提出尖锐的问题，这时候，建议你摆出抽象的第三方来当挡箭牌。比如，谈到公司里某些贪污的新闻的时候，领导可以摆出第三方势力来提醒那些下属，如“你就任即将满三年了，媒体记者们在报道你的政绩时，恐怕也一定会提到，一直都没有得到你亲口澄清，有关两年前的那则受贿事件的传闻”，当然，这招也可以用在你向上司提出问题时。

遇什么样的下属，提什么问题

提问是开启交流对象的钥匙，但是，这并不代表领导者可以任意提问，凡事都有一定的限度，提问也是一样。作为领导者，你所提的问题应该有分寸，因人制宜，分清状况，这样，自己才能从中获取想要的答案。有时候，即使是同一个问题，往往也会因人而异，毕竟，人们会从多角度、多侧面地去思考。因此，作为领导，提问的时候，需要“因人而异”，面对不同的下属，给予不同的提问，这样，我们才能获得一些有价值的信息。有人说：“只要你掌握了一定的问题尺度，即使你没有各种专长，也足以应付各种各样的人。因为如果不能回答对方，你可以一直提问。”通常情况下，沟通就是从提问开始的。

俗话说：“到什么山头，唱什么歌。”提问也是一样，对不同的人，应该问不同的话。如果下属是一个喜欢钻研房地产的人，那么，你可以这样提问：“最近房价怎么样？我还想买套房子呢。”若是遇到一个医生的客户，你可以问：“近来乙型肝炎好像又开始流行，你们大概忙于给一些人打预防针吧？”遇到卖电器的老板，你可以询问：“哪种牌子的抽油烟机最实用？”的确，我们完全可以通过提问来打开交谈之门，不过，我们需要掌握问题的分寸，最好是问对方所知道的问题或最内行的问题。

哈里森是一名电机推销员，前不久，一位工程师到车间视察，用手摸了一下之前哈里森推销给他们的电机，感觉很烫手，他便断定哈里森推销的电机质量肯定很差。于是，等到哈里森再次登门拜访的时候，工程师直接下了逐客令：“哈里森，你又来推销你那些破烂！不要做梦了，我再也不买你那些玩意儿了！”哈里森并没有正面反驳，而是提问：“好吧，斯宾斯先生！我完全同意你的立场，假如电机发热过高，别说是买新的，就是已经买的也得退货，你说是吗？”斯宾斯回答说：“是的。”

哈里森继续提问：“当然，任何电机工作时都会有一定程度的发热，只是发热不应该超过全国电工协会规定的标准，你说是吗？”斯宾斯先生点点头，回答说：“是的。”哈里森笑了，问道：“按照国家技术标准，电机的温度可比室内温度高出42℃，是这样的吧？”斯宾斯表示了赞同：“是的，但是，你们电机的温度比这高出许多，昨天还差点把我的手烫伤了！”哈里森似乎很满意这样的答案，又提出了问题：“那么，请问一下，你们车间里的温度是多少呢？”斯宾斯先生回答说：“大约24℃。”哈里森十分高兴：“车间是24℃，加上电机所的42℃，一共是66℃，请问，斯宾斯先生，当你把手放进66℃的水里会不会被烫伤呢？”斯宾斯点点头，哈里森达到了自己的目的，说道：“那么，请你以后千万不要去摸电机了，我们产品的质量是绝对没有问题的。”

相信，我们都猜到了结局，是的，哈里森凭借着自己善于提问的技巧，他又成功地做成了一笔生意。而且，在哈里森与斯宾斯先生交谈的过程中，哈里森完全明白斯宾斯所担心的是哪些问题，所以，他每每提问的时候，总是诱导对方作出肯定的回答。这样一来，哈里森就完全掌握了话题的主动权，因此，他最后达到了自己的目的，赢得了胜利。

阿美是一家房地产公司总裁的公关助理，奉命聘请一位特别著名的园林设计师为本公司的一个大型园林项目担任设计顾问。但这位设计师已退休在家多年，且此人性情清高孤傲，一般人很难请得动他。

为了博得老设计师的欢心，阿美在正式拜访之前做了一番调查，她了解到老设计师平时喜欢作画，便花了几天时间读了几本中国美术方面的书籍。这天，她来到老设计师家中，刚开始，老设计师对她态度很冷淡，阿美就装作不经意地发现老设计师的画案上放着一幅刚画完的国画，阿美边欣赏边询问："老先生，您是学清代山水名家石涛的风格吧？"这样，就进一步激发了老设计师的谈话兴趣。果然，老设计师的态度转变了，话也多了起来。

在日常交际中，有的问题是我们需要避免提问的，因为它没有分寸，有失礼仪，自然不能引起对方的兴趣，甚至还有可能因此而得罪了对方。在这点上，领导者要记住，提问要因人而异，看清状况再提问，这样，胜算会比较大。

另外，在提问的时候，领导者还应该避开以下问题：

1.对方不知道的问题不宜提问

有时候，当我们不能确定对方能否回答自己的问题，那么，我们最好选择不提问。比如，你向一个老师提问："今年你们学校考上了多少个重点生？"这个问题对方很可能就回答不出来，因为一般的老师谁也不会去费神记这个数字，对方的回答很有可能就是："不太清楚。"这样使对方感到有失体面，我们自己也会感到没趣，诸如此类的尴尬提问就应该努力避免。

2.同行不宜过多地提问

现代社会是一个竞争的社会，任何人都不愿意将自己的情况告诉一个有可能成为竞争对手的同行。如果你向一个同行询问经营或管理方面的问题，无疑是自讨没趣。

3.政治问题不宜提问

如果对方不是一位政治家，我们最好不要就某个重大的政治问题向他提问。因为对于普通人来说，他们对政治的看法是有很大分歧的，对方即使有一定的立场，也不会回答你所提的这类问题。

4.应该避开敏感话题

在任何时候，我们都应该避开一些交流的敏感话题，比如，女孩子的年龄、对方的收入等。凡是对方不愿意被别人知道的事情都应该尽量避免提问，提问的目的是引起双方的兴趣，如果你的问题让对方感到没有任何兴趣，那问题就是白问了。

5.提问不宜“打破砂锅问到底”

提问也可以体现一个人的修养问题，对于某些问题不要刨根问底，否则就显得自己很没有修养。比如，你问对方住在哪里，对方回答说“上海”，这时候你就不宜继续问下去了。如果对方愿意让你知道，他会主动谈论，否则，对方就是不想让你知道，那么，你自然就没有继续追问的必要性。

巧用开放式或封闭式提问

通常情况下，领导会用到开放式的提问、封闭式的提问，这两者却是各不相同的。开放式提问是指比较概括、广泛、范围比较大的问题，这样的提问对回答的内容限制并不严格，给予了对方充分自由的发挥余地，这样的提问比较宽松、不唐突，显得非常得体。其特点就是经常会用在访谈的开始，可以在短时间内缩短双方的心理距离、感情距离，不过，由于话题太松散和自由，难以挖掘。而封闭式提问则是指出答案有唯一性，范围比较小，这是有限制的问题，对回答的内容有一定的限制，在提问的时候，提问者往往会给对方一个框架，让对方在可选的几个答案中进行选择，这样的提问能够让回答者按照指定的思路回答问题，而不至于跑题。虽然，开放式提问与封闭式提问各不相同，但并意味着领导提问更倾向于谁，而是看哪种提问方式更适合，就选择哪种提问方式。

小王是一个推销员，经常是天南海北地跑。有一次，他出差到了杭州，工作任务是与商家洽谈一笔生意。

到了约定的时间，小王来到酒店，双方代表面对面落座。小王注意到对方是一个不苟言笑的人，而且，见到小王来了，他还在低着头看报纸。小王觉得比较闷，就主动向对方打招呼："最近杭州天气比较热啊？"没想到，那位谈判对手头也不抬，冷漠地回答："杭州都是这样的天气。"小王并没有放弃想交流的欲望，他继续问："听口音您不是本地人吧？""噢，山东枣庄人。"对手抬起头来，警觉地看了小王一眼。"啊，枣庄是个好地方！读小学的时候，我就在《铁道游击队》的连环画上知道了。两年前去了一趟枣庄，还在那边玩了两天呢，很不错，真是个好地方。"听了这话，那位枣庄人精神为之一振，马上放下报纸，先是递烟，又与小王互赠名片。两人越聊越高兴，晚上相约一起进餐。就在当天晚上，双方就谈成了互惠互利的一笔生意。

在这个案例中，小王向谈判对手提问"最近杭州天气比较热啊？""听口音您不是本地人吧？"通过这个提问引发了一个关于回忆枣庄的话题，这其实就是一个开放式的提问，其目的是借助寒暄来制造出有利于谈判的和谐气氛。通常情况下，领导是可以通过提问来达到巧妙寒暄的目的的，比如，询问对方的兴趣、爱好，或者询问一下时事新闻，等等，这些都可以调动对方想诉说的欲望。等到气氛差不多了，再切入正题。而在寒暄时的提问，大多是宽泛的，对回答的内容没有限制，而提问者本身也没有明确的目的。

另外，开放式提问还经常用于面试的时候。当职员来公司面试的时候，作为面试官，会经常问一些比较宽泛的问题，希望从面试者的回答中听出端倪，以此来判断对方这个人。比如，他们会问"以往工作您的职责是什么？”“你能为我们公司带来什么？”“你为什么来应聘这份工作？”“你对加班有什么看法？”等，这样提问的目的是想弄清楚对方对某些事情的真实看法，以此作为判断这个人的依据。

早上，小李刚到公司，就有人通知他去王经理的办公室。小李还没来得及擦干额头上沁出的汗水，就急匆匆地赶去了。到了办公室，他发现王经理正在慢悠悠地喝水，王经理吩咐：“才到办公室，先坐下歇歇吧。”小李坐下了，王经理问道：“你今天有时间吗？”小李想了想昨天剩下的工作，或许自己上午就能处理完，就点头回答说：“有。”王经理笑着说：“很好。”说着，拿出了一大叠文件，对小李说：“这里是上个季度的报表，希望你能尽快整理出来，我相信，你肯定会乐意帮我这个忙的，是吧？”小李哑口无言，这可明明是经理分内的工作，但每次经理都能以如此特别的“提问”令自己毫无招架之力。小李能怎么说呢？直接说“不愿意帮忙”，这可会得罪领导，那只好哑巴吃黄连，答应下来了。

在王经理与小李的交流过程中，王经理只是提了两个问题“你今天有时间吗？”“我想你肯定会乐意帮我这个忙，是吧？”前一个问题的答案无非就是两个，“有”或是“没有”，通常领导问这类问题的时候，大多数的下属都会回答“有时间”。后一个问题更封闭，针对下属的身份，似乎这个问题的答案只有一个，那就是“乐意帮忙”。封闭式的提问会引导对方朝着自己的思路思考，并回答出自己所能预测到的答案，这对于上级驾驭下属是一条很有效的途径。

开放式提问与封闭式提问是相对的，它限制了对方的答案，或者说，对方只能在有限的答案中进行选择。比如，“你是不是觉得和大公司合作比较可靠？”“你今天有时间吗？”“我能否留下产品的相关资料呢？”等，对于这些问题，对方只能回答“是”或“不是”，“对”或“错”，“有”或者“没有”等有限的答案，这样，作为提问者，就可以占据沟通中的主动位置。

当然，对于开放式的提问，并无任何的技巧性，只要你的问题不是太唐突，基本上都是可以发问的。而对于封闭式的问题，则需要一些技巧，下面我们就来看看如何进行封闭式提问。

1.暗示你所想要的答案

在沟通过程中，要想得到对方肯定的答案，我们所选择的提问方式也很重要。其实，许多研究口才心理学的专家建议：将你所想要的答案暗示在话语里，对方的回答绝对是肯定的答案。比如，如果你问对方："这个东西你喜不喜欢？"对方的回答有可能是："不。"那么，当你将答案暗示在话语里，你就应该这样问："我想你一定喜欢，是吧？"那么，对方的回答肯定是"是"。

2.积极营造出回答"是"的谈话氛围

在谈话中，我们一定要制造出说"是"的谈话氛围，尽量避免对方否定我们的提问，因此，我们在提出每一个问题之前都应该再三思考，不得信口开河。比如，询问一位下属："这项工作还是跟上个月一样难，是吗？"对方的回答应该是肯定的："是。"

第10章　营销提问艺术，问题对了自能轻松成交

营销是通过提问而成功。什么是营销？是用我们的产品和服务帮助客户解决他的问题，在满足客户需求的同时，获取利润的双赢法则。通过提问，首先，我们可以锁定客户的需求，包括收集客户的背景信息，挖掘客户的问题和需求，发现客户的独特买点。其次，我们还可以树立顾问的销售形象，因为我们掌握客户的信息越多，所提供的解决方案就越有效，就越能表现我们对客户的关心。

循序渐进，问得客户

爱德华·豪丹尼特说："问问题很简单，但拥有正确询问的思想才能解决问题。"假如你是一位营销人员，那你与客户之间的互动情况怎么样呢？你是否在营销过程中不断地回答客户的问题？回答问题使你有怎样的感受？你的回答使你轻松地赢得客户了吗？既然没有成功地赢得客户的满意，那为什么不从回答问题转变为问问题呢？所谓营销，不只是卖出东西，而是用产品或服务去满足客户的需求。但是，我们未必知道客户的需求是什么，假如我们一定要知道，那办法只有一个，那就是提问，只有这样，我们才会赢得

客户。正如培根所说：“谁问得多，谁就学得多，那么他拥有的就更多。”

王女士在回家路上进入一家面包房买蛋糕，她想买巧克力蛋糕。不巧的是，那家店没有巧克力蛋糕了，但王女士又不愿意等。于是她来到了不远处的另外一家面包房，恰巧这家店也没有巧克力蛋糕了，不过这位聪明的营业员非常幸运地赢得了王女士这位顾客。

营业员问王女士：“这位太太，我想冒昧地问一句：您一定要买巧克力蛋糕有什么特殊的原因吗？”王女士回答说：“哦，我儿子喜欢吃巧克力蛋糕，今天是他的生日，我希望他能够开心。”营业员继续问：“是每年过生日都买巧克力蛋糕吗？”王女士回答说：“是的。”营业员笑着说：“哦，我理解您对孩子的那份爱心。但是，我的意思是为什么不尝试一下其他口味的呢？比如苹果蛋糕、草莓蛋糕，或者其他的？每天的生活总是在变化，我们吃的为什么不可以变化呢？您说是不是呢？”王女士一想也是，为什么一定要认准巧克力的呢？于是就说：“那就来个苹果蛋糕吧，我儿子也喜欢吃苹果的。”

就这样，这位营业员促成了王女士的服务。

尤金·尤涅斯库曾说：“答案不能给人启示，给人启示的是问题。”营销人员在进行提问的时候，必须思考两个问题：第一，我提问的目的是什么？即我为什么要提出这个问题，想得到什么样的结果，不能漫无目的地对客户进行提问，浪费双方的时间；第二，我采用什么样的方式进行提问，也就是如何表达问题，不同的表达方式，得到的结果可能也是截然相反的。成功的营销人员，往往都会充分意识到这两点，将提问做到恰到好处，让结果得到满意答复。

客户：“你们的灯漂亮是漂亮，正所谓好看不一定中用，但漂亮的灯具质量不一定好。”

营销人员：“您的说法有道理。人不可貌相，灯具自然也是一样。确实被我们很多中看不中用的东西害得有点担心了，您现在有这样的忧虑是正常的，您是担心你买到的产品质量不能使你满意，是吗？……但是，请您放心，质量是产品的生命，也体现出我们的责任。您觉得我们会做‘一锤子买卖’吗？您也知道，这年头，市场竞争非常激烈，我们要想生存必须重视产品和服务质量，否则根本没有立足之地。我们的企业之所以能够生存下来，而且有所发展，重视质量就是我们最大的法宝。假如我们欺骗客户，您认为我们还可以发展吗？您现在还有什么不放心的呢？”

客户：“你这样说，我就放心了。不知道你们的服务怎么样？”

营销人员：“您是担心自己有服务需求时得不到及时的服务吗？这您就放一百二十个心吧，您听说过我们的顾客有抱怨过我们的售后服务吗？我们是非常重视顾客的售后服务的。”

客户：“那好，成交吧。”

在营销过程中，我们要强调自己的特色。当然，首先我们需要明白我们店的特色是什么？我们产品的特色是什么？我们自己的特色是什么？当然，我们可以通过提问来征询客户的意见，比如，“我们不是规模最大的，不过我们是脚踏实地工作的人；我们不是价格最便宜的，不过我们是非常重视质量的人；我们不想说自己的服务是最好的，不过我们是尽自己最大努力用心做事的人，您觉得呢？”

1.提问前调整好自己

在见客户之前，调整好自己的情绪，使自己处于自信和激情状态，然后进行一系列积极的自我对话：“我愿意”“我可以”“事情本来就是这样”“这是一种挑战”“我自信我能把握住”“我能够”……与此同时，提升自己的沟通能力，尤其是提问能力。当然，你还需要熟悉产品，没有专业性你自然会心虚，若你还一味地适用技巧的话会使技巧蜕变为伎俩和手段，无法赢得客户的信任。

2.了解客户的情况

当我们了解到客户的情况之后，就会显示出专业性，有利于提供建议。

同时发现赞美点，适时适当地给予赞美，增进亲切感，并对自己的产品进行针对性宣传。通常客户都有正常人的心理需求，只要我们问对了问题，就能适时满足客户心理。

3.对客户疑虑，适时提问

客户会有诚信度、款式、价格、服务以及后续问题及服务响应方面的疑虑。这时我们可以通过提问来解答："您对我们店的产品有怎样的感觉？""您以前购买过灯具吗？""有怎样的感受和想法？""在装修方面，您最关心的是什么？""为什么特别重视这一点？""以您目前的了解，我们的服务有哪些方面让您觉得还可以？""您能具体地说一下您的想法吗？""除了关心这个，还有其他方面吗？"

4.影响客户的感觉

在提问过程中，我们可以重复对方的感觉：您是说……是吗？您的意思是……我可以这么理解吗？或者，说出顾客曾经的感觉及其变化：确实我们也有老顾客提出这样的看法，感到……确实有一些顾客一开始有这样的感觉……再者，提供改变顾客感觉的正确处理信息：它的价值取决于几个因素：口感是否好？质量是否优质？安全性是否可靠？售后服务是否有保障？

六大提问法，助你突破营销的"瓶颈"

有需求才会有市场，客户是否存在需求，是营销是否成功的关键。客户的购买需求既多种多样，又千变万化。当然，客户需求又是极富弹性的。所以，我们要想准确把握销售对象的购买需求，并非轻而易举，只能通过一些提问来获得。在营销过程中，通过有效的提问，不仅可以与客户形成互动，而且还能够增强客户的兴趣。不过，有效的提问是需要一定方法的，下面我们就介绍营销的六大提问法，帮助你突破销售的"瓶颈"。

1.请教式提问

在生活中，每个人都有虚荣心，他们都渴望被尊重。在中国，请教是社会关系中师生关系的体现，特别是一些有地位的人，比如领导，甚至公司中一些有地位或者有头有脸的人物，他们内心深处都渴望被人尊重。当然，大部分的客户都希望充当“老师”的角色。

营销人员：你好，李经理，我是某某培训人力资源管理公司的小张，昨天在商界杂志上看到你的一篇关于人才培训培养的文章，我真是受益颇多，可以耽误你几分钟吗？我想请教你几个问题。

李经理：是吗？好的，没问题，你说。

营销人员：你在文章中提到，人才的培训必须以问题为突破口。我十分赞同你的观点，但是我有一个疑问。就社会目前的情况而言，让老师带着学员的问题和需求培训都相对比较困难，李经理，不知道你的看法如何？

李经理：是的，这也是我最大的困惑。我准备自己组建培训团队，来确保培训可以按照问题、办法、实践、检验的四部流程，让培训走向实效。

营销人员：你的想法很有建设性，我非常赞同。那么，李经理，你是否思考过，让你的学员在听课的时候，也能充当“老师”这一角色呢？

李经理：学员充当讲师？他们有这个水平吗？

营销人员：我们公司最近研究出一种新的培训模式，学员是演员，进行现场实战演练式的培训，然后学员提出自己的问题与需求，让讲师安排培训内容，这样可以大大提高学员们的接受效果。

李经理：是吗？

营销人员：是的，我们已经与多家企业达成了长期合作的协议。我认为，我们的培训模式整合与你的培训思维不谋而合，你觉得呢？

李经理：是的，我也考虑这些方面，只是苦于没有时间和精力去实际操作这些。请把你们培训模式和合作方式传真一份给我，我先看看。

在案例中，营销人员充分利用人性的趋向性，在沟通开始阶段，采取这种请教式的提问，充分抬高对方的价值，让对方心甘情愿地回答他的问题。在这种和谐友好的气氛中，营销人员最终达到了自己的目的。

2.限制式提问

限制式提问，实际上就是把答案限制在一个很小的范围之内。不管客户回答哪一个，都对提问者是有利的。也就是说，在限制选择的提问中，必须要使所提出的问题明确而具体，效果才会更加显著。

"太好了，李总，那明天上午是九点钟还是十点钟，去亲自拜访您好呢？"

"好的，李总，我是通过传真方式还是通过邮件方式，将详细的资料传给你呢？"

"好的，李总，你是今天有时间还是明天有时间，我们好派人到你们那儿亲自检查一下门窗安全问题？"

这种提问方式，通常是运用在沟通基本达到高潮期，需要客户作出某种选择和决定的时候，主动为客户做主，使其没有拒绝的机会。尽管，这种提问方式对营销人员是非常有利的，不过在运用方法上，必须是自己在已经充分掌握主动权的基础上，且自己所问的问题一定是对方有能力作出明确的回答，否则，对方会感到压迫，导致谈话进入僵局。

3.探求式提问法

探求式提问方法，就是通常我们常说的6W2H的原则，向对方了解一些基本的事实与情况，即What（什么）、Why（为什么）、How（如何）、When（何时）、Who（谁）、Where（在哪里）、How much（多少、多久）。

"我可以请教您几个问题吗？"

"我可以向您咨询一些情况吗？"

"我可不可以这样理解您的意思……"

探求式提问仅仅能够帮助我们获取那些让客户愿意从正面回答的提问，

而且一定要把握语言语气的运用，不要弄巧成拙，最好请教式提问的方法一起运用。当客户自然地回答“可以”，就代表着已经获得可以探求式提问的许可，而且这个权利是客户授予的。

4.引导式提问

对营销人员而言，最痛苦的事情是客户不愿意将自己真正的问题和需求说出来，这时就需要用到引导式提问。所谓引导式提问，就是学会借力打力，先通过陈述一个事实，然后再根据这个事实发问，让对方给出相应的信息，客户内心的想法就是一座宝藏，一旦被激发出来，我们就能顺理成章地开采成功，假如无法激发出客户的内心深处的想法，就不容易把握客户最后的决定。

营销员：你好，张女士，我是某某物业管理公司，打扰您一下，不知您是否注意到最近的新闻以及小区告示?

张女士：注意到了，最近好多小区都发生了入室盗窃案，好吓人。你们社区管理部门一定要搞好治安，否则好麻烦。

营销员：是的，这方面我们一定要做好，不过也需要你们的配合。

张女士：我一个弱女子，如何配合呢?

营销员：很简单，小偷入室盗窃，主要通过撬锁入室内，你要检查一下你们家锁质量是否过硬，是否有报警的功能。

张女士：这个我不清楚，我也不知道质量到底怎么样。

营销员：这样吧，你确定个时间，我们帮你联系一家专业检测公司和报警器安装公司，到你们家去看看，怎么样?

张女士：可以，那太感谢你了，明天下午怎么样?

营销员：可以，那就明天下午3点钟吧。

这种引导式的询问方法，要比直接询问对方领导的信息有效得多，因为里面阐述了一定的利害关系以及其他企业的举证的论据，这样对方一旦拒绝，就会考虑到意外的情况了。

5.建议式提问

在营销过程中，可以时常采取一些主动性的建议式提问，从而了解客户真实信息，探求客户的真实反映，而且还可以坚定客户的购买信心。不过在进行主动性建设式提问时，最好语气不要过于僵硬，仿佛是一种商讨，语气平和，让对方感觉到你在字里行间应该这样询问，而是为他们考虑或为他们着想，关心他们，才提出如此问题。

“你看，我们应该赶快确定下来，您认为呢？”

“是的，您在护肤品选择方面认识得十分深刻，你是希望选择些保湿效果明显的，这样有利于滋养皮肤，我说对吧？”

“现在洗发水不仅要洗着舒服，而且还要有养发护发功能，是吧？”

“为了能够护发养发，就要合理地利用各种天然的洗发水，您认为是吧？”

采取主动性的建议式提问，往往是一个小小的问题，能够感动对方，赢得对方的信任和认同，又可以巧妙地介绍或复述本产品的功能买点，给对方留下深刻的印象。

6.肯定式提问

营销人员和客户沟通中，假如提出问题时采用一种肯定性的语言，往往可以有效帮助对方作出正面的回答，按照你的指引方向作出回答。比如，“您一定很愿意在人才管理方面获取更多的经验与方法，是吧？”“您一定愿意接触更多的企业家，拓展自己的人脉，是吧？”“您一定认为健康与美丽一样重要，不是吗？”“您一定认为在整个家庭中，您肩负责任最大，承担得最多，是吧？”

营销提问技巧，问对了才成交

营销就是发现顾客的需求，满足顾客需要的过程，所以提问十分重要。

在家具城，有位小姐看中了一套组合家具，导购问："小姐，这家具，您要吗？"顾客的回答结果可想而知。问客人"这个东西你要不要"？答案就像是：有一个问题，不管你问任何人，答案就是"没有"，而这个问题就是"你睡着没？"人生所有的沟通都是为了有一个很好的结果，难道不是吗？由此可见，提问是需要技巧的，在营销中更是如此，问话问得巧，不仅可以占尽优势，同时也能够更顺畅地达到自己想要的结果。

张先生想买张床，她走进了家具店，朝着对面专柜走了过去。导购小姐看有客人来看床，就十分热情地走了过来。看到张先生的眼睛盯在柜台一新款的床，马上打招呼："先生你好，是买床吧？"

张先生点点头："是啊。"导购小姐说："先生，您看看这款床……现在购买还有大礼包赠送哦。"张先生询问："多少钱？"导购小姐回答："3980元。"张先生笑着说："我再看看。"说完就走了。

张先生逛到了另外一个柜台，小伙子热情招呼："先生来看床啊？"张先生点头："是啊。"小伙子开始发问了："您买床是自己睡还是家人睡啊？"张先生回答说："老人从老家过来了，想给他买张床。"小伙子笑了："哦，您是买床给老人家啊，给老人买床我给您推荐一款，老人家的腰椎好不好？"张先生说："有些腰椎病。"小伙子："哦，老年人的腰椎功能会随着年龄的增长而退化，对腰椎间盘老化的老人来说，睡硬板床更好，可消除负重和体重对椎间盘的压力，使症状缓解……"小伙子领着张先生看一款硬板床，让他躺在上面试了试，张先生感觉效果还不错。

张先生问多少钱，小伙子回答："现在特价，只要1680元。"张先生一听价格还可以接受，不过并没有马上购买，而是说："我转转看，差不多的话就过来买。"结果他又转了转，转的过程中按照小伙子的那些标准，去找更合适的，甚至问有没有缓解腰椎功能的……可惜最后没有更合适的，张先生就回来找到那个小伙子开票成交了。

营销过程中，许多营销人员认为说很重要，力求说得好听，说得天花乱坠。其实，说在营销过程中并不是最重要的。在实际销售中，一些导购抓住一个顾客就开始滔滔不绝，说自己的产品如何如何好，唾沫横飞，容不得客人插嘴。结果呢，顾客根本不吃这一套。

在实际营销过程中，应该使用哪些技巧呢？

1.连续肯定法

营销人员所提问题便于顾客用赞同的口吻来回答，营销人员让顾客对其推销说明中所提出的一系列问题，连续地回答“是”。然后，等到要求签订单时，形成有利的情况，便于让顾客作一次肯定答复。

“很乐意和您谈一次，提高贵公司的营业额对您一定非常重要，是不是？”

“是。”

“好，我想向您介绍我们公司的产品，这将有助于您达到您的目标，生活会过得更好。您很想达到自己的目标，对不对？”

“对。”

营销人员运用连续肯定法，要求有准确的判断能力和敏捷的思维能力。每个问题的提出都要经过认真的思考，尤其是注意双方对话的结构，使顾客顺着我们的意图作出肯定的回答。

2.诱发对方的好奇心

在见面之初，营销人员直接向可能的买主说明情况或提出问题，故意说一些可以激发他们好奇心的话，将他们的思想引到你可能为他提供的有益地方。

比如，营销人员给一个曾拒绝自己多次的顾客递上一张纸条，上面写着：“请您给我十分钟好吗？我想为一个生意上的问题征求您的意见。”这张纸条上的问题诱发了顾客的好奇心，到底这位营销人员会向我请教什么问题呢？同时也满足了顾客的虚荣心。

结果，营销人员应邀被引入办公室。

当然，假如诱发顾客好奇心的提问方式变得不切实际，使用这种方法就很少会使人受益。而且一旦顾客发现自己上当了，那营销人员的计划就会全部落空。

3.刺猬效应

在各种促进买卖成交的提问中，刺猬技巧是卓有成效的。所谓刺猬效应，其特点就是我们用一个问题来回答顾客提出的问题，我们用自己的问题来控制自己和顾客的交谈，把谈话引向销售程序的下一步。

顾客：这项保险中是否有现金价值？

营销人员：您很看重保险单是否具有现金价值的问题吗？

顾客：绝对不是，我只是不想为现金价值支付任何额外的金额。

对于这个顾客，如果我们一味地向他推销现金价值，你就会坠入陷阱里。这个人不想为现金价值付钱，因为他不想把现金价值当成一种利益。这时候营销人员须向他解释“现金价值”这个名词的含义，提高顾客在这方面的认识。

4.单刀直入法

这种方法要求营销人员直接针对顾客的主要购买动机，开门见山地向对方推销，令对方措手不及，然后“乘虚而入”，对其进行详细劝服。

营销人员站在大门的台阶上，当主人把门打开时，营销人员问道：“家里有高级的食品搅拌器吗？”男主人怔住了，这突然的提问使他不知道如何回答才好。他转过脸和太太商量，太太有点窘迫但又好奇地回答：“我们家有一个食品搅拌器，但却不是非常高级的。”销售人员回答说：“我这里有一个高级的。”说着，他从提包里掏出一个高级食品搅拌器。结果，这对夫妻接受了他的营销。

假如这个营销人员一开口就说：“我是北京某某公司的销售员，我想问一下你们是否愿意购买一个新型的食品搅拌器？”这种提问的营销效果可想而知。

5.以话学话

这种提问方式就是首先肯定顾客的观点，然后在顾客见解的基础上，再用提问的方式说出自己要说的话。

比如，经过一番劝说之后，顾客说："嗯，现在我们确实需要这种产品。"这时营销就应该抓住机会接过话头："对呀，假如您感到使用我们这种产品可以节省贵公司的时间和金钱，那么还要待多久才可以成交呢？"这样，自然而然，顾客就会选择购买。

电话营销，灵巧提问

在电话营销过程中，更要学会引导话题的走向，才能获得你想要的信息，实现高效的沟通。很多人在打通电话后进行一番不痛不痒的闲侃之后，忘了自己的本意，只好再补充一个电话，或者被对方牵着鼻子走，一番长篇大论或无关紧要的争辩之后，无功而返。怎样避免出现这种情形呢？打电话之前就要确定好自己的主题，话题要一直围着自己的主题转，更要善于引导对方，引导对方的思路朝着自己预定的方向前进。怎样引导对方？

案例一：

营销人员：您好，张总，我是一家财务软件公司的小李，很高兴，你能接听这个电话。

张总：有什么事吗？

营销人员：是这样，我们公司最近新代理一种能够提高库存、财务方面的管理软件，听说你们公司目前还没有使用这方面的软件，是吧？

张总：你听谁说的，我们偌大的公司怎么可能不使用财务管理软件，你搞错了吧。

营销人员：是吗，您使用的是什么品牌的财务软件呢？

嘟、嘟……对方已经挂断电话了。

案例二：

营销人员：您好，张总，我是一家企业管理咨询公司的小宋，想请教您几个问题？

张总：什么问题？

营销人员：是这样的，李总，经常有许多公司向我们打来电话，向我们公司咨询关于库存管理、产品分类管理以及账务管理方面的问题，还请求我们给他们提供这方面人才。张总，不知您在这方面有什么更好的观点与意见？

张总：这个很简单，我们有专人负责仓库管理这块，产品分片分区管理，财务也有专人负责。只是，我也有些困惑，就是他们办事效率十分低，我需要个什么报表，往往不能够及时统计出来，造成信息不顺畅。更麻烦的是，一旦出现人员流动或者调整，往往一段时间内也是经常出现纰漏。不知道你们有什么好的解决办法没有？

营销人员：张总，我请问下，您目前使用的是什么管理软件？

张总：管理软件？管理软件目前好像用不到吧？我们一直采用的人工做账。

营销人员：是的，向我们打来咨询电话那些公司，也是喜欢采用人工做账，只是没有您分配的那么细致，有条理性。不过，他们现在这些问题，都解决了，而且效率也提高了很多。

张总：是吗？怎么解决的？

营销人员：他们使用一种叫作×××的财务管理软件，不仅节省了人力，而且每天都能够了解今天的产品进、销、存，畅销产品、滞销产品比例、进出账情况，欠账、拖款情况等。

张总：是吗？有这样的软件？哪里能买到？

营销人员：这样吧，张总，我下午两点到你们公司去下，您在吗？我把软件带过去，顺便给您的员工讲解如何使用这个软件，怎么样？

张总：好啊，非常感谢。

同样的目的，不同的表达方式，得到的却是不同的结果。在前面一个案例中，我们可以清楚地看到小李说话的目的，不过很遗憾，他没有把握好提问的方式，让顾客听着很不舒服，即便有需求，也不会选择从他那里购买。后面一个案例，小宋的目的同样是让张总认识到使用管理软件的重要性，达到推销软件的目的，可是这个电话销售通过不同方式的提问，让张总愿意接受问题，愿意回答问题，而且愿意提出自己的观点，表达出自己的想法。这样小宋才能有效根据对方的回答，把握有理有据的对答方式，来攻破对方的思维方式，达到预期的效果。

对于电话营销人员来说，通过采取有效的询问方式，可以启发客户心智，引导客户积极参与到沟通中，达到自己营销的目的。在许多营销书籍中，把提问的方法分为开放式和封闭式两大类别，但是很遗憾的是，这两种方法在实战应用方面分析的都比较笼统，而且缺少现场情景环节把握，造成营销人员在营销过程中无法淋漓尽致地发挥。

营销电话导入话题是最困难的，客户有一种自然的排斥心理，要把握一定的沟通技巧，才能避免被对方牵着鼻子走。那么，营销人员究竟通过哪种询问方法才能很快赢得客户好感，并尽快进入主题呢？

1.开场白

首先，简单的招呼之后，清晰说出自己的企业和名字，企业名称有一种隐约的话题导向，比如，保险公司肯定不会销售纸笔。有些客户一听公司名称，马上挂断电话，这种很少能成为潜在客户，相反，只要没挂断电话的，就对你的公司或你的目的有一点兴趣。

2.电话拜访理由

以自信的态度清晰表达出电话拜访的理由，会让对方感觉到你的专业可信赖。主要是谈业务还是约见，是做调查还是介绍新的产品服务，一定要有一个详细、确定的理由，千万不要说是做某项调查的，最后卖起产品来了，会引起客户的反感。

3.用询问的方式引导客户的注意、兴趣及需求

好的营销者善于提出问题，比如，我们常常接到推销保险的电话，结束寒暄后，对方往往会提出“您有保险吗”？如果回答“有”，对方可能接着提问“是哪方面的，大病的，意外的还是养老的？是消费型的还是分红型的”？

推销员提出什么样的问题，顾客就会作出什么样的反应。问题能引导顾客的注意力和兴趣。专业的电话销售人员总是倾向于向客户提问题，而较简洁介绍自己的产品。问一个有利有效的问题，问能够稳定顾客思维方式的问题。选择哪些问题来询问更能引导谈话呢？

（1）开放式问题。开放式问题，是指为了引导对方能开口而选定的话题，目的是了解对方。如果你想多了解一些客户的需求或真实想法，就要多提一些开放式的问题，比如，“什么”“哪里”“告诉”“怎样”“为什么”“谈谈”等。比如，在保险业务中提问“您觉得自己缺少哪方面的保障”？

（2）封闭式问题。封闭式的问题，是指为引导谈话的主题而特别选定的话题，目的是知道确切答案。希望对方的回答于限定的范围。封闭式的问题经常体现在“能不能”“对吗”“是不是”“会不会”“多久”等疑问词之间。比如，对方回答“我需要考虑一下”。就可以这样询问对方“方便知道多久之后您会答复我们吗”？

有效提问，问出顾客真正的需求

在营销过程中，我们不仅需要多介绍我们产品的优势，同时要善于提

问，问出顾客真正的需求，才好“对症下药”，成功销售产品。俗话说：“到什么山唱什么歌，见什么人说什么话。”我们在提问时要考虑对方的年龄、身份、文化素养、性格特征等。因为提问对象，有的热情爽快，有的性格内向，有的大大咧咧，有的审慎多疑，性格不同，气质迥异。假如不顾这些特点，仅用一个腔调，一种方式提问，就会碰壁。

王小姐在商场门口被某知名电子词典柜台的导购小姐拦住，随后开始了自己的“演说”：“我们电子词典的质量……这款电子词典的屏幕是多么的先进……采用什么样的技术……它的词汇量……它的设计做工……售后服务……”差不多整整“演讲”了五分钟，在王小姐想说话的时候，导购小姐不容分说，把背好的产品知识又给她“演讲”了一遍，简直是唾沫横飞。

王小姐最后说：“我不需要。”导购小姐惊讶地说：“这么好的产品，您怎么不需要呢？”王小姐仍在拒绝，导购小姐不死心：“您有小孩吧，给小孩子买个也是很不错的。”王小姐有些生气：“我还没孩子呢。”导购小姐最后来了一句：“那您给朋友的小孩买一个吧。”王小姐转身，头也不回地走了。

这样的销售提问方式，即便顾客想购买产品也会产生反感。在这里，需要提醒各位营销人员：在没有足够了解顾客需求之前，先不要忙着推销自己的产品。

王先生购买的产品出现了问题，营销人员给他换货之后，王先生仍然不满意，要求公司赔偿他的损失。这时，假如营销人员这样说：“等公司的决定下来，我会把补偿直接打到你的账户上。”王先生肯定会觉得这是在推卸责任。于是，这位营销人员说了软话：“您先消消气，喝点水，我一定能够帮你处理好的，请您高抬贵手，好吗？”实际上，在这时候说点软话会起到相反的作用。

聪明的小张是这样处理的，他先问王先生：“您以前在工作中也会出错吧？”王先生一愣：“是的。”小张问：“那你出错的时候，你们领导怎么对待您呢？”王先生回答说：“领导会先批评我一顿，然后让我下次好好做。”小张问：“我知道现在犯错的是我，您怎么做都不为过，但咱们能不能找个合情合理的方法来解决这个问题呢？”果然，此话一出，顾客再也不说什么了，只能同意。

在营销对话中，为什么你总是感觉被动？原因通常是你总是在说，而你的客户总是在问。有很多营销人员被培训要时刻迎合客户的需求，而不是引导客户的需求，现象就是客户一个劲儿在问，导致营销人员疲于应付，狼狈不堪。营销人员们虽然累，但内心却非常开心。他们以为客户的问题都老实交代了，结果自然水到渠成。他们想得太简单了，客户一直在提问，实际上是在探你的底牌，而你不知道客户真正关心的是什么，主要的问题在哪里，只会被客户牵着鼻子走。而且，你一直在说，没有问，给客户的感觉是你在对他进行强迫式推销，一味地施加压力。客户之所以愿意和你谈话，是期望你可以在你所擅长的专业方面给出建议。就像医生一样，对现状进行诊断，而诊断的最好方式就是有策略地提问。

1.测试对方的回应

当你非常用心地向客户解释一番之后，你了解客户听进去了多少，听懂了多少，他的反应如何吗？一般的营销人员通常滔滔不绝一大堆之后，就用句号结尾，马上停止，没有下文。

这个时候客户的表现通常是“好，我知道了，改天再聊吧”或“我考虑一下再说”等。如果你在论述完之后，紧接着提问“您觉得怎么样呢？”或“关于这一点，您考虑清楚了吗？”效果会好很多，客户至少不会冷冰冰地拒绝你，提问给了客户阐述他的想法的机会。

2.掌控对话的进程

对话的进程决定了营销的走向，通常情况下，在以客户为中心的顾问式营销循环中，包含着两个相辅相成的循环，分别是客户的心理决策循环与营销员的销售行为循环。在每个阶段，提问都推动着营销对话的进程。

在开场阶段，通常需要以好奇性提问开头，如“我可以请教您一个问题吗？”利用状况性提问收集客户信息，如“您是怎样进入这个行业的呢？”“您的产品目前销售状况如何？”等。

在确认需求阶段，可利用诊断性提问建立信任，确立具体细节，如“您是需要大型的服务器还是小型的办公电脑设备？”可利用聚焦性提问确认，如“在某某方面，您最担心的是什么呢？”

在阐述观点阶段，提问的作用在于确认反馈和增强说服力。确认的提问如“您觉得怎么样呢？”增强说服力一般可利用三段式提问的方式，后有专门的论述。

在谈判成交的阶段，提问的作用在于处理异议和为成交做铺垫，处理异议的部分见下，成交阶段通常用假设性的提问方式试探，例如，“如果没有其他问题的话，您看什么时候可以接受我们的服务呢？”

3.处理异议

为什么会产生异议？一方面源于人类本身具有的好奇心；另一方面由于你没有说清楚，客户没有完全听明白。从好奇心角度来说，假如你碰到一个“打破砂锅问到底”的客户，那你可要注意应付了。而如果我们不善用提问，只会一味地说，将一直处于被动的地位。当客户提出一个问题，你可以尝试反问他：“您这个问题提得很好，为什么这样说呢？”这样你就可以“反守为攻”，处于主动地位。

当客户没有完全听明白的时候，他通常表现为沉默不语、迟疑不决或逃避、假装听明白了。这时候对方会以“不需要”“考虑看看”“把资料留下来，以后再说”为借口。你提问的作用关键是探询客户了解的程度。例如，“对于这一点，您的看法如何呢？”或“那没关系，您为什么这样说呢？”多问几个“为什么”，然后在最棘手理解的环节利用渗透性提问，如“还有呢”等，以获取更多信息。

第11章　谈判提问艺术，问到重点才能解决问题

在谈判过程中，为了有效地促进交流的顺利进行，必须经过提问和回答这一环节。那么，适当的提问以及灵活地回答对方的问题，这就是说话之道了。沟通是两个人的互动，也就是彼此交换想法和意见，在谈判过程中，我们应该有效提问，巧设圈套让对方甘于中计。

提问是引导谈判顺利的捷径

提问是引导谈判顺利进行的好方法，谈判者只有做到切中实质、有的放矢地提问才能达到预期的效果。在谈判过程中，任何提问都必须紧紧围绕着特定的目标展开，这是每一个谈判人员都必须记住的。所以，与谈判对手沟通的过程中一言一行都是要有目的地进行，千万不要漫无目的地脱离最根本的谈判目标。

小李是一位大型机械设备厂的销售员，他曾经5次打破公司的销售纪录，其中有3次他的个人销售量占全厂销售量的百分之五十以上，他是怎么做到的呢？小李说自己成功销售的秘诀就是常常进行有针对性的提问，然后让客户在回答问题的过程中对产品产生认同。

小李说，自己在日常销售过程中经常会问这样一些问题：

您好！我听说贵公司打算购进一批机械设备，能否请您说明您心目中理想的产品应具备哪些特征？

我们公司非常希望与您这样的客户保持长期合作，不知道您对我们公司以及公司的产品印象如何？

您认为造成这些问题的原因是什么呢？

您可能对产品的运输存在着疑惑，这个问题您完全不用担心，只要签好订单，一个星期之内我们一定会送货上门。现在我想知道，您打算什么时候签订单？

我很想知道贵公司在选择合作厂商时主要考虑哪些因素？

您是否可以谈一谈贵公司以前购买的机械设备有哪些不足之处？

如果我们的产品能够达到您要求的所有标准，并且有助于贵公司的生产效率大大提高，您是否有兴趣了解这些产品的具体情况呢？

如果您对这次合作满意的话，一定会在下次有需要时首先考虑我们，对吗？

提问的类型是多种多样的，提问的重要作用在于：可以引起对方的注意，为对方的思考提供既定的方向，从而可以获得自己不知道的信息、不了解的资料；可以传达自己的感受，引起对方的思考；可以控制谈判的方向，让话题趋向结论。

不过，在提问时我们还是需要注意几个问题：

1.掌控好提问的速度

提问时若语速太快，容易让对方感到你不耐烦，甚至有时会感到你好像是在以审问的口气对待他，从而引起对方的反感。相反，假如说话太慢，则容易让对方感到沉闷、不耐烦，从而降低了提问的力量。所以，提问的速度应该是快慢适中，既让对方听懂你的问题，又不至于让对方感觉拖沓、沉闷。

2.给对方足够的回答时间

提问的目的是让对方回答问题，并最终受到己方满意的效果。所以，谈判者在提问时应给对方足够的时间答复。同时，自己也可以利用这段时间，对对手的答复以及下一步的提问，进行必要的思考。

3.注意对方的心情

谈判过程中，需要尽量创造出一个融洽的谈判气氛，不过谈判者受情绪的影响在所难免，需要随时留心对手的心情。在对方看起来心情较好的时候，提出相应的问题。因为在对方心情很好的时候，经常会轻易满足你所提出的要求，而且还会变得粗心大意，很容易暴露一些相关的信息，这时我们就可以抓住机会而有所收获。

4.尽可能保持问题的连续性

在谈判过程中，双方都有各种各样的问题，不同的问题存在着内在联系。因此，在提问时假如要围绕着某一个事实，则提问者应该考虑前后几个问题的内在逻辑关系。不要正在谈这个问题，突然又提出一个与此无关的问题，让对方无所适从。而且，这种跳跃式的思维方式会分散对方的精力，让各种问题纠缠在一起，最后也理不出个头绪来。而在这样的情形下，你的提问自然不会获得对方的圆满答复。

提问也需要遵从礼仪规则

在商务谈判中，提问技巧经常是谈判者用来弄清某些事实，把握对方思想脉络，表达自己意见或调整自己谈判策略的重要方式。而恰到好处的提问不但可以启发对方思维，激发对方的兴奋点，控制交谈言语的方向，同时还可以表达自己的感受，帮助自己获得新的信息和资料，这在商务谈判中起着非常重要的作用。不过，谈判者提问必须问得恰当而又礼貌，充分体现出对对方的尊重，对方才会乐于回答你的问题，才有利于谈判的顺利进行。

提问的方式要委婉，语气要亲切平和，用词要通过大脑思考，不能把提问、查问变成审问或责问、咄咄逼人的提问，容易给人一种居高临下的感觉，对方一旦产生了防范心理将不利于谈判。

1931年，王若飞因叛徒出卖而被捕。敌人把他和一个江洋大盗关押在一起。这个江洋大盗做过旧军阀的排长，入狱之后横行霸道，人人忌惮，称呼他为“张排长”。

两个人终于见面了。张排长的口气中带有傲慢和挑衅：“早就听说你的大名，但是现在咱们同处一室，俗话说‘一山不容二虎，’你说咱们两个谁做这第一把交椅呀？”

王若飞并没有因为对方的无礼而恼怒，而是谦和地说：“说我是老虎未免太抬举我了点，我充其量不过是一头笨牛而已呀。”

张排长对王若飞的回答感到很惊讶，同时，也放松了许多，说“你也太谦虚了点吧，你不是只虎，他们能那么害怕你？”

王若飞依然摇头，说道：“您是一只真正的老虎，还是让我做头牛吧？”

张排长更加疑惑了：“你们共产党人打仗的时候没有一个后退的，个个都像是一只刚从山上下来的猛虎一样，怎么会是‘笨牛’呢？”

王若飞继续心平气和地解释说：“对于敌人来说我们的确是猛虎，但是我们共产党人的目的是为人民服务的。对于人民来说，我们就是一头被驯服的老实勤恳、做事从不讲价钱的牛！”

张排长说：“照你这么说，我觉得我也是共产党了。你们打土豪、分田地，我是杀富济贫替天行道，但是为什么很多人却说我是江湖草莽智慧打家劫舍呢？”

王若飞解释说：“我们的形式可能有些相似的地方，但是目的确实不一样的。我们是为了推翻这个不合理的社会制度，让人们都能翻身当家做主人，重点不是眼前的一顿饱饭，而是子子孙孙的幸福。”

张排长彻底折服了，向王若飞拱手说道：“尽管兄弟是个粗人，但是现在了解了共产党的真实面目，对你十分佩服。日后若有需要的地方，定当肝脑涂地，如果不嫌弃的话，我们交个朋友怎么样？”

在案例中，双方通过一问一答的方式，逐步建立起和谐的关系。提问的内容和角度需要慎重选择，既需要有针对性，同时也不要使对方为难。不要提一些让对方难以回答的话题，假如你提出的问题让对方面有难色或露出不悦的神情，那就必须追问而且需要及时地变换话题。而已方对需要向对方提问或查问的问题，应该事先列好提纲，越详细越好，假如不做准备，贸然提问，这是不尊重对方的表现。

1.谈判时提问使用商务语言

在谈判时语言必须坚持文明礼貌的原则，符合商界的特点和职业道德的要求，不管交谈中出现什么样的情况都不能使用粗鲁、污秽的语言或攻击性的语言。而且用语必须清晰易懂，口语尽量标准化，不能用地方方言或黑话、俗语等与人交谈。

2.注意提问的语调

在谈判时语言应注意抑扬顿挫、轻重缓急，避免挤眉弄眼、语不断句、大吼大叫等，谈判者应该通过语调的变化显示自己的信心、决心、不满、疑虑和遗憾等内心情绪。同时，要善于通过对方不同的语调来洞察对方的情感变化。

3.提问时语言应当准确、严谨

尤其是在磋商的重要时刻，更需要严谨、精准的语言准确地表述自己的观点和意见。有时若是需要使用某些专业术语，则应以简明易懂的惯用语加以解释，所有语言都要达到双方沟通、保证谈判顺利进行为前提。在谈判过程中所使用的语言，应丰富、灵活，富有弹性，对于不同的谈判对手，应使用不同的语言。

假如对方谈吐优雅，较有修养，己方语言也应非常讲究，做到语出不凡；假如对方语言比较朴实，己方用语也不要过多修饰；假如对方语言爽快、直接，己方语言也不必太过委婉。谈判者要善于按照对方的学识、气质、性格、修养和语言特点及时调整己方的语言，这是快速缩短谈判双方距离，实现平等商讨的有效方法。

以提问化解对方的敌意

提问是谈判中获得对方信息的一般手段。通过提问，除了可以从中获得众多的信息之外，还常常能发现对方的需要，知道对方追求什么，这些都对谈判有很大的指导作用。另外，提问还是谈判应对的一个手段，是谈判者机警的表现。在商务谈判中，精妙的提问不但可以获取所需的信息，而且还能够促进双方的沟通。所以，谈判者总是不停地向对方提出各种问题，以试探虚实，获取信息。有时候，在谈判过程中，因为种种原因导致对方面色不佳，不愿意回答我们的问题，甚至不愿意继续沟通下去，这是一个非常关键的时期，稍微不慎就使整个谈判陷入僵局。这时，我们也可以通过提问来化解对方的敌意。

有一次，原一平去拜访一位客户，在拜访之前。他了解到这位客户性格内向，脾气古怪。见面后，为了营造轻松的气氛，原一平微笑着打招呼：“你好，我是原一平，明治保险公司的业务员。”客户情绪似乎很烦躁：“哦，对不起，我不需要投保，我向来讨厌保险。”原一平继续微笑着说：“能告诉我为什么吗？”客户忽然提高了声音，显得很不耐烦：“讨厌是不需要任何理由的！”

原一平知道客户发飙了，但是，他依旧笑容满面地望着他：“听朋友说你在这个行业做得很成功，真羡慕你，如果我在我的行业也能做到像你这样，那真是一件很棒的事情。”听到原一平这样一说，客户的态度稍有好转：“我一向讨厌保险推销员，可是你的笑容让我不忍拒绝与你交谈，好吧，说说你的保险吧。”

在接下来的交谈过程中，原一平始终面带微笑，客户在不知不觉中也受到了感染，谈到了彼此感兴趣的话题时，两人都大笑起来。最后，客户微笑着在订单上签上了名字，与原一平握手道别。

原一平，这位只有1.53米，整体毫无气质和优势可言的保险推销员成功了。尽管客户非常不耐烦，但原一平还是微笑着发问：“能告诉我为什么呢？”在这个案例中，他不仅仅擅长提问，更擅长以自己的微笑去打动对方。微笑，适时为他的提问增添了几许感染力，以至于客户也说：“我一向讨厌保险推销员，可是你的笑容让我不忍拒绝与你交谈，好吧，说说你的保险吧。”自然而然，他办成了自己想办的事情，最后他成了世界闻名的推销员。

斯科特先生是一家食品店的老板，库尔曼曾向他推销自己所在保险公司有史以来最大一笔寿险：6672美元。当库尔曼向斯科特先生问道：“斯科特先生，您是否可以给我一点时间，为您讲一讲人寿保险？”斯科特说：“我很忙，跟我谈寿险是浪费时间。你看，我已经63岁，早几年我就不再买保险了。儿女已经成人，能够好好照顾自己，只有妻子和一个女儿和我一起住，即便我有什么不测，她们也有钱过舒适的生活。”

换了别人，斯科特这番合情合理的话，足以让他心灰意冷，但库尔曼不死心，仍然向他发问：“斯科特先生，像您这样成功的人，在事业或家庭之外，肯定还有些别的兴趣，比如对医院、宗教、慈善事业的资助。您是否想过，您百年之后，它们能否正常运转？”

见斯科特没说话，库尔曼意识到自己问到了点子上，于是趁热打铁，说下去：“斯科特先生，购买我们的寿险，不论你是否健在，您资助的事业都会维持下去。7年之后，假如您还在世的话，您每月将收到5000美元的支票，直到您去世。如果您用不着，您可以用来完成您的慈善事业。”

听了这番话，斯科特的眼睛变得炯炯有神，他说：“不错，我资助了3名尼加拉瓜传教士，这件事对我很重要。你刚才说如果我买了保险，那3名传教士在我死后仍能得到资助，那我总共要花多少钱？”库尔曼答：“6672美元。”最终，斯科特先生购买了这份寿险。

可以说，以上这个案例是一次成功的谈判。在实际谈判中，最忌讳的是当我们说出自己的某些想法或观念之后，所遭遇的是对方冷漠的态度，这时整个谈判将陷入一种僵局，假如在这时不及时缓和气氛，或者说几句话暖场，那我们的谈判有可能会遭遇失败。在这个案例中，库尔曼也遭遇了这样的窘境，不过，信心十足而又机智的他并没有引导谈判走向死胡同，而是转换了一个话题。

库尔曼开始意识到对于像斯科特这样成功的人士，跟他们谈寿险所带来的收益并不会使之心动，而他更注意到，像这样的成功人士都会有一些特别的兴趣，比如慈善，假如自己向他解释购买了寿险还可以帮助自己继续做慈善事业，那岂不是把话说到了对方的心里吗？于是，他通过提问聊到了慈善问题。果然，之前一听说销售寿险而表现冷淡的斯科特在听到了购买寿险可以帮助自己做慈善事业后，开始表现出极大的兴趣。在库尔曼的心理诱导下，斯科特开始重新审视购买寿险这件事，当然，最终库尔曼做成了这笔交易。

1.提问题要恰当

假如按问题规定的回答方式能够得到使对方接受的判断，那么这个问题就是一个恰当的问题，反之就是一个不恰当的问题。所以，在协商阶段，谈判者要想有效地进行协商，首先必须确切地提出争论的问题，尽可能避免提出含有某种错误假定或敌意的问题。

2.问题要有针对性

也就是说，一个问题的提问要把问题的解决引到某个方向上去。在协商阶段，一方为了试探另一方是否有签订合同的意图，谈判者必须根据对方的心理活动运用各种不同的方式提出问题。比如，当对方不感兴趣、不关心或犹豫不决时，我们应问一些引导性问题："你想买什么东西？""你愿意付多少钱？""你对于我们的消费调查报告有什么意见？"等。提出这些引导性的问题后，对方可根据买方的回答找出一些理由来说服对方促成对方与自己成交。

3.提问必须要谨慎

谨慎运用问题，可以促使我们能轻易地引起对手马上注意和使之对问题保持持久的兴趣。此外，经常地提出问题，你的对手会被导向你所期望的结论。由于提出问题是一个具有相当力量的谈判工具，因此在应用时必须审慎明确。问题决定讨论或辩论的方向，适当的发问常能指导谈判的结果。发问还能控制搜集情报的多少，并可以刺激你的对手慎重地考虑你的意见。为了答复你的问题，你的对手不得不想得深入一点，从而他会更谨慎地重新检测自己的前提，或是再一次评估你的前提。

商业谈判六大提问技巧

商务谈判中一个重要的策略就是多听少说，而多听少说的一个关键技巧就是善于提问。毕竟"发问是商务谈判中的相互沟通的基本方法"。在商务谈判中，谈判者对谈判的关注也经常表现为发问。在大多数商务谈判中，提问是推动谈判层层深入的重要手段。比如，"我喜欢这种茶叶，多少钱一斤？""贵方报价高出我的接受能力，是否可以做些调整？""贵方是否愿意按低于市场价格25元一斤成交？"通常情况下，提问可分为开放式和封闭式两种。开放式提问可以让对方在回答问题时不受约束，畅所欲言，经常用于营造谈判氛围；封闭式提问，语言直接，明确具体，它常用于具体业务内容的洽谈。

在实际谈判中，商务谈判中的提问又大致分为六种：一般性提问、引导性提问、探寻性提问、澄清性提问、迂回性提问和借助性提问。一般性提问，如“你认为如何？”等；二是直接性提问，如“谁能解决这个问题？”等；三是诱导性提问，如“这不就是事实吗？”等；四是探询性提问，如“是不是？”“你认为呢？”等。

在《左传》中，记载了这样一个故事：当时，秦国与晋国正在交战，结果秦国大获全胜，还俘虏了晋惠公。秦国答应议和，晋国当即派了阴饴甥前来谈判。

秦国国君说：“晋国意见一致吗？”阴饴甥回答说：“哪里会一致呢？小人们以失去自己的君主为耻，为自己的亲属伤亡而痛苦，这些人不怕征税修治甲兵的困难而拥立太子为国君，声称宁肯屈事戎、狄之国，也一定报这秦国之仇。而君子又明白自己的罪过，他们不怕征税修治甲兵的困难而等待秦国的命令，说宁死也不生二心，一定会报答秦国的恩德，所以，双方的意见不一致。”

秦国国君继续问道：“晋国认为他们的国君的前途会怎么样？”阴饴甥回答说：“小人们感到悲观失望，认为他不会被赦免；君子们相信秦国会宽恕，认为国君一定会回国。对此，小人们说：我们加害过秦国，秦国岂能放国君回来？君子说：我们已经知道自己的罪过了，秦国一定会放国君回来的。认罪了就放过他，没有什么比这更宽厚的恩德了，没有比这更威严的刑罚了，他们会怀念秦国的恩德。经过这次战争，大家都认为秦国可以做诸侯的盟主了，假如秦国不放我们的国君回来，不让他君位安定，就会把感恩的人变成怨恨的人，秦国不会这样的。”秦国国君听了，说道：“这就是我的想法啊！”于是，对晋侯改用诸侯之礼。

在这里，阴饴甥所使用的就是诱导性提问，“哪里会一致呢？小人们以失去自己的君主为耻，为自己的亲属伤亡而痛苦……”“小人们感到悲观失望，认为他不会被赦免；君子们相信秦国会宽恕，认为国君一定会回国。对此，小人们说：我们加害过秦国，秦国岂能放国君回来？”秦国虽答应议和，但对作为战败方的晋国来说，势头远远低于对方。但是，在议和的整个过程中，阴饴甥这位使臣却表现得临危不乱，不卑不亢，并以小人和君子作比喻，既表示“一定报仇”，又表示“一定报德”；一边为君王的前途担心，一边又对秦国寄予了厚望。如此，不卑不亢地表现了晋国敢于抗秦的决心，同时，恰到好处地表现了愿与秦国议和的意愿。

1.一般性提问

一般性提问，就是一种普通提问，它只是为了获取信息，没有特别含义。比如，“宋先生，您是第一次来杭州吧？”“假如发现产品质量有问题，我们该怎么办呢？”“索赔时，我们只需要提供一份货单就够了吗？”

2.引导式提问

引导式提问，指提出一个新问题，引出一项新的谈判内容。比如，“很高兴我们已经就技术方面进行了很好的洽谈，现在我们开始谈谈产品，好吗？”在实际谈判过程中，有些引导式问句具有强烈的暗示性，要求谈判对方可以产生与我们相同的看法，但并不要求对方一定作出直接的回答，比如，“今天您先休息好吗？我公司副经理张先生今晚6点想邀请您共进晚餐。明天我们再开始洽谈业务。”

3.探询式提问

在谈判过程中，在回答或处理对方所提问题或要求之前，向对方提出问题，以征求其意见和想法。比如，“我们有各种各样的桌子，不知你对哪种产品感兴趣？”针对对方的叫苦而提问，探求其真实的想法和要求，比如，“那好，你认为什么价格才可行呢？”提出假设要求，借以了解对方虚实，比如，“那么，假如订货数量很大的话，你们可以降价多少？”

4.澄清性提问

针对对方的表述、发问等某一内容，向对方提问，要求其加以解释、说明。比如，“对不起，张先生，你说引进技术，这‘技术’是指什么？”针对对方的表述，向对方表明自己的理解，再向对方提问求证。比如，“平安险不包括由于自然灾害引起的单独损害，我这样理解正确吗？”

5.迂回性提问

迂回性提问，就是将我们的意见摆明，让对方在此基础上进行回答的提问。因其具有一定的强迫性，所以应特别注意语调要委婉，措辞要得体。摆明至少两种可能性，供对方选择回答，这是一种选择性的提问方式。先假定对方的想法、建议、要求等是正确的，再提出一个与之相悖的问题，让其自感理屈，这是一种以退为进的提问方式。或许，当我们的某一项谈判要求得不到满足时，就提出一个对对方不利的要求，间接向对方讨价还价，希望对方能够作一些让步。

6.借助性提问

借助第三者的口气或借助第三者的意见而提出的问句。有的是为了委婉，以便于沟通；有的是为了借助权威，以增强说服力。比如，“李先生，听说你对我们的电子产品感兴趣，但我公司经营的电子产品种类很多，你具体对哪种型号感兴趣呢？”“专家支持这种方式，不知贵方有何看法？”

晓以利害，顺势说服对方

在实际谈判中，我们经常运用提问作为摸清对方真实需要、掌握对方心理、表达自己观点从而通过谈判解决问题的重要手段。如何提问是很有讲究的，重视和灵活运用提问的技巧，不但可以引起双方的讨论、获取信息，而且还能够控制谈判的方向。提问是谈判中经常运用的语言表达方式，合适的提问往往可以引导谈判者寻找很多机会，并打破僵局，促使谈判走向成功。有时候，我们可以通过提问晓以利害，顺势说服对方。

谈判是一个双方沟通的过程，为了避免沟通时出现障碍，保证顺畅、融洽，不妨在谈判中运用提问，即采用带有征求询问性质的提问来表达自己的要求，因为问话包含着征求询问的性质，是表示尊重对方的意思，最能博取对方的好感。

某男与女孩要结婚了，女孩决定操办一个豪华婚礼，男人却持不同意见，但直接表达恐怕引起对方不满。于是，男孩给女孩算了一笔账："完全按照女孩的意愿，酒席32万元，新房装潢和家具等12万元，蜜月旅行、喜车、喜糖、鞭炮、礼品等二十几万元，加起来要六七十万元。"然后告诉对方："现在有12万元的存款，每月结余大概一万多元，一年大概存14万元。你看咱们是不是5年后，35岁积攒下存款再结婚？"女孩沉默了。"要不先贷款，然后再用5年的时间还贷？"女孩子也不满意。这时男孩趁势说道："35岁结婚太晚了，背着贷款也不舒服，你看咱们是不是实际一点，看看哪里可以节省点？"女孩轻易就同意了。

在实际谈判过程中，作为谈判者，我们需要认清这样一个问题，那就是在任何时候，当我们想要对方按照自己的思路走，那首先应该放下自己的观点和思想，按照对方的思路走，趁机寻找到击破对方心理的空隙，这样我们才能达到自己的最终目的。

谈判中，双方需要了解对方的实力、要求，掌握各种有关的信息和背景资料。当谈判者对对方的情况不完全了解和对自己掌握的情况要求证实时，可以直接采用提问的方式，获取自己想要得到的信息。

某客户准备为自己的饭店购进一些桌椅，于是，他和家具公司的销售经理谈判。

客户："我觉得那套棕色木质家具看起来比较大方，而且我一直比较喜欢木质的东西……"

销售经理："请问您的饭店大厅有多少平方米？"

客户："我的饭店有100平方米，买二十套这样的桌椅应该能放得下。"

销售经理："您看一下这套家具的宽度，放在100平方米的饭店大厅里会不会让剩余的空间太狭窄了，其实主要是我们这个展厅比较大，很多人一进来就相中了这套家具，实际上那套小巧玲珑的家具更适合现代餐厅布局的特点，而且价格也比刚才那套实惠很多。"

客户："你说得对，我还是买这套小一点的吧。"

这则案例中，这位销售经理并没有唯利是图，而是从客户的实际情况出发，及时通过提问提醒客户：购买贵一点的那套木质家具是不适合的。这位谈判者这样说，会让客户从心里感激他，并觉得他是一个具备难得的品质的人，自然毫不犹豫地达成谈判目的。的确，伟大的销售员总是在第一时间考虑客户的要求，晓以利害，顺势说服对方，一旦你掌握了这种方法，你的工作就能够更顺利地进行，并且你做成的不只是一笔生意，还赢得了一名忠实的客户。忠实客户给你带来的利益是不可估量的。

面对着号称百万雄师的曹军，孙权想与之决战，但又举棋不定。诸葛亮说："曹军势不可当，不如投降算了。"孙权非等闲之辈，乃争强好胜、不甘居人之下的一代英才，听了诸葛亮的话，火一下子就蹿了上来，反问道："那刘豫州为何不降呢？"诸葛亮说："刘使君乃汉室之胄，雄才大略，英才盖世，岂能甘心投降，任人摆布呢？"诸葛亮见孙权抗曹之火被激将起来，这才详尽地向孙权分析了孙刘联军抗曹的有利条件，最终坚定了孙权抗曹的决心。

诸葛亮并没有说东吴如何兵精粮足、人才济济，也不说地势如何险要，而反说曹军如何势大，假劝孙权投降，通过晓以利害，顺势说服对方，这样就激起孙权争胜、不甘寄人篱下之心，完成其联吴抗曹的任务，我们他用的就是激将法。

除了在提问时晓以利害，我们还需要掌握合适的提问时间。

1.在对方说话停顿、间歇时间提问

在谈判中假如对方发言冗长，或不得要领，或纠缠细节，或离题太远，影响洽谈进程，我们可以在对方停顿时趁机提问：“这些细节问题我们以后再谈，请谈谈你的主要观点，好吗？”“第一个问题我们已经听明白了，那第二个问题呢？”这样的提问既不失礼，同时还可以帮助对方切回正题，继续谈判。

2.在谈判议程规定的辩论时间提问

智慧的谈判者在辩论前的几轮商谈中，总是细心记录，深入思索，抓住谈判桌上的分歧进行提问。不问则已，一问就问到了点子上。而且，在提问时需要注意问话的速度应适中，选择对方心情好的时候，然后给予对方足够的答复时间。

3.在对方发言完了之后提问

当对方正在发言时，己方要认真倾听。即便发现了问题，你很想提问也切忌不要打断对方，可先把发现的和想到的问题记录下来，等待对方发言之后再提问。这样不但反映了己方的修养，而且可以全面地、详细地了解对方的观点和意见，避免操之过急，曲解了或误会了对方的意思。

4.在自己发言前后提问

当轮到自己发表意见时，可在谈自己的观点之前，对对方的发言进行自问自答，比如，“您刚才的发言说明什么问题呢？我的理解是这样的……对这个问题，我说几点想法。”在充分地表达了自己的意见之后，为了让谈判沿着自己的思路发展，可以这样提问：“我们的基本观点和立场就是这样，您对此有什么看法呢？”这样的提问就是明显的承上启下，有较强的互动性，结果就容易使谈判顺利进行下去。

第12章　社交提问艺术，快速建立良好朋友关系

在日常交际中，提问绝不仅仅是你问我答这么简单，如果认真研究，其中涉及心理学、社会学等诸多方面的知识。如果想修炼成为一个提问高手，我们要善于站在一个崭新的角度去审视提问的本质，从而掌握提问中真的要点和技巧。

激发对方好奇心

有这样一个故事：小A上中学时，有一天回家竟然看见妈妈正被一个男人殴打，他仔细一看，这个男人是妈妈的上司。情急之下，小A朝那个男人扑了上去，男人被扑倒了，后脑却狠狠地撞上了桌角，死掉了。故事讲到这里就停止了，可是不断有人问：“妈妈后来怎么办呢？”“小A有被发现杀了人吗？”“后来怎么发展下去的？”很多人听了这个故事都会充满好奇，想知道后来怎么样了。对此，我们可以总结说：“人必须知道很多事情后来是怎么发展又怎么结束的，因为这是人从原始时代开始，向同伴们学习生存之道的方法。”每个人都有好奇心，仅仅是利用了“悬疑式”说话方式激发了大家想听下去的欲望。

著名节目主持人蔡康永说：“勾引别人继续听你说话，就很像电视剧勾引观众继续看下去用的招式。”电视剧每播出一段，就要进一段广告，而且在进广告之前，画面会停止在最精彩的一刻：男主角赏女主角一记耳光，或者用已经扣动了扳机的手枪指着女主角，或者男主角被坏人打下了山崖。这些悬疑而精彩的故事情节，引发了观众的好奇心，他们都想知道“后来怎么样了”，好奇心促使他们继续看下去。

小张是某家房地产公司的销售员，每天的工作就是带着不同的客户到不同的地方去看房子。刚开始的时候，小张的业绩几乎为零。后来，他开始学习提问的技巧，在不断的实践中，慢慢摸索出适合自己的提问方式，那就是让客户去提问。

这天，小张接待一个新客户，客户是一个典型的80后，比小张还小几岁。见到客户的时候，小张说：“我像你这个年纪的时候，才刚来北京，从车站出来的时候，我看到高楼大厦，头晕目眩，不知道怎么在北京生存下来，这时我遇到了一个朋友。”说到这里，小张停顿了一下，没再说下去了，他知道客户一定会着急知道后面的故事。

果然，客户问：“后来发生什么事情了？”如预期的一样，成功地引发了客户的好奇心。小张说：“后来，我在朋友那里借住了两天，在他的帮助下，找到了现在的这份工作。”客户回答说：“原来如此。”似乎客户对小张的回答很是满意。

小张说：“像你这样年纪轻轻就能够买房的，一定是非常有才能的人，你喜欢什么样的户型呢？”接下来，小张便陪着客户挑选户型，并成功地卖出一套房子，而且还和客户成了无话不聊的好朋友。

悬疑式说话方式取自于悬疑式小说，悬疑小说是一种具有神秘特性的推理文学，可以唤起人们的本能，刺激人们的好奇心。无论是悬疑式说话方式还是悬疑式小说，它们的目的都是给听者或读者留下悬念，让他们心中产生无数个问号“后来呢”、“主人公后来会怎么样”等，然后引领他们一步一步地揭开悬念。说话者可以对环境特定场景的描述，引起读者的警觉，继而不由得为主人公的处境担忧起来，总想知道“后来怎么样了”，憋在心里的一口气要待到整个事件水落石出才能吐出。

希区柯克，著名导演，其悬念电影大量闻名世界，其悬念电影比较注重故事的发展过程，注重渲染各种气氛，让观众以更为紧张的心理状态去关注主人公的个人命运，对人类的心理世界有着深刻的体悟为他们的各种遭遇担惊受怕。由此可见，悬疑式说话最大的特色，就是在于对环境气氛的渲染，它的目的就是让听者兴奋起来，愿意继续听你的话。

1.巧妙设置悬念

悬疑式说话最大的特点就是设置悬念，注重调整叙述事情的顺利，注重渲染说话气氛，激发听者的好奇心，并迫不及待地想了解后来的情况。如果你对朋友说“今天我在商场看见了刘德华”，旁边的人一定会问“后来呢？”他们想知道你有没有跑过去要签名？刘德华本人帅不帅？刘德华去商场干什么呢？

2.如何设置悬念

当然，设置悬念的具体方式有很多种：以环境叙述为悬念，“大年夜那天冷极了，下着雪，天快黑了，我看见一个小女孩光着脚走在街上”，这时候对方一定会问：“这个小女孩是干什么的？”“还下着雪，她怎么会光着脚？”“大年夜，她为什么不赶快回家过年？”把人物放进这样一个典型的环境中，便紧紧地扣住了对方的心弦；以某场面或某一段情节为悬念，“周瑜施毒计，要诸葛亮10天造好10万支箭，诸葛亮却说只用3天，还立下了军令状”，诸葛亮后来成功了吗？这自然引起对方继续听下去的欲望。

3.中途停顿

悬疑式说话的另一大特点就是渲染气氛，这就需要调整语气，适时停顿。如果你像在读课文一样讲述某件事情，对方也许会听得昏昏欲睡。所以，蔡康永建议，当你向朋友转述一件事情的时候，说了几句话或者描述了一个情节，可以先停顿一下，看你朋友不会不问你“后来呢”“然后呢”。

4.如何练习悬疑式说话

要练习这种悬疑式说话，其实很方便。我们建议大家在叙述事情的时候，最好中途停顿，看朋友有没有追问“后来呢”。如果朋友这样追问了，那表示你的叙述事情的方式是吸引人的；如果你停顿了，朋友并没有追问，反而把话题转移开了，这表示你设置的悬念有偏差。这时候，我们也提议：“你可以找机会换种方法，把同一件事用别的顺序再讲一遍，看你朋友这次会不会问‘后来呢’？”

问对方想听的，而不是自己想说的

心理学家认为，人和人之间的情感沟通，是由于来自双方的共鸣。假如双方对同一事物有着相同或者相似的内心体验，那么就会产生共鸣。通常情况下，共鸣主要由两个方面组成：一是双方都感兴趣的话题，或对方想听的话；二是一方真心投入，用热情带动另外一方。当然，这种因沟通产生的共鸣也是符合吸引力法则的。满足感吸引更多的满足感，缺乏更多的缺乏，人与人之间的情感沟通决定着双方关系的亲密度，而情感沟通的要点就在于双方产生共鸣。

有一位年过花甲的老太太去参加一个聚会。她精心地对自己进行了一番打扮，头发纹丝不乱，项链耳环都是经过仔细的挑选之后才戴上的，就连指甲上也仔细地涂上淡淡的色彩。或许因为年纪太大的原因吧，满脸的皱纹和打颤的左手无法掩饰。

有一位年轻漂亮的女士对这位老太太有些轻视，向同伴们低声笑道：“看这位老太太的脸和核桃皮似的，还要打扮成这样，岂不成了老妖精了吗？”她的伙伴们听到之后，肆无忌惮地在客厅之中大声地笑了起来。这位漂亮女士的评价固然是没有错的，却让当事人听了感到不舒服。

老太太微笑着走了过来，尽管她的表情比较慈祥和善，但是张开涂着口红的嘴巴的样子实在是有点丑陋。她对这位年轻的女士说：“漂亮的女士，实在是没办法，我已经患了帕金森综合征两年了，无论怎么打扮都不能掩饰现在的苍老和丑陋。”

漂亮的女士一时愣住了，不知道说什么好。她的心里在为刚才的失言而懊悔。

老太太又说道：“其实我知道我的装扮很显眼，但是我又不想慢怠和我见面的人。在我很小的时候我的母亲就教育我说要用合适的装扮表示对别人的尊重，这些年来我一直不敢忘记这条原则，因此也得到了朋友们的认可。

漂亮女士愕然了，脸上有些发烧，对这位老太太也肃然起敬，向她表示诚恳的道歉。两个人开始了友好的交谈，在聚会结束的时候，两个人好像相识多年的老朋友一样握手告别，依依不舍。”

每一个人都希望得到谈吐优雅的评价，而不愿意让人嘲笑为花瓶，当然，在这个案例中，漂亮女士并没有说出老太太想听的话。有着好口才的人，就会产生吸引人心、无法抗拒的力量，这种力量却并不是漂亮的外表所能比拟的。在生活中，我们对于漂亮的女人只是短暂的赏心悦目，而善于言谈的人却能深深地铭记于心。漂亮的容貌只是外表，引起的不过是感性兴奋，而口才则是来源于内心，内在的东西才更能打动我们的内心。

我们每天都要和形形色色的人打交道，面对的脸色也是不尽相同的。上司的脸色也好，同事朋友的脸色也罢，都要擦亮眼睛去观察，做到心中有数。看清楚了对方的喜恶之色，才能做到“对症下药”。如果忽视对方的心情而我行我素，就不免陷入出口成祸的尴尬。在江海之中航行，顺风行船是很重要的，在人际交往上，也要注意避免顶风而上。无论对方是你手足般的兄弟还是知心换命的朋友，都不能因为彼此之间的过于亲热和熟悉而忽略察言观色的必要性。哪怕你有急事需要对方帮忙，也要缓一缓，等到对方的心情平和之后再去商谈，才能取得好的结果。如果对方正处在怨恨烦恼之中，你却不识相地凑上前去，对方很可能会迁怒于你，让你下不了台，甚至自取其辱。

瓦莲金姆·列昂节耶娃是苏联五六十年代最著名的女主持人，她在全国人民的心中享有很高的声誉，这和她在电视主持中能够随机应变、应付各种突发现象是分不开的。有一次，她主持少儿节目，还没有开口，那只准备给观众们欣赏的鹅就大声地叫了起来，全场一片哗然，身后的电视台领导脸色也变了。这时候，瓦莲金姆·列昂节耶娃赶紧说了一句："小朋友们，你们听见了吗？咱们今天请的客人已经等得不耐烦了，那么节目就开始吧！"观众笑得前仰后合，领导们的颜色也由阴转晴，演出得以顺利进行。

有一次，瓦莲金姆·列昂节耶娃邀请一个嘉宾向观众介绍摔不碎的玻璃杯，在事先准备的时候比较顺利，谁知在正式播出的时候却被她摔得粉碎，全场观众的脸上出现了鄙夷的神色，而嘉宾更是感到难堪。列昂节耶娃却不能把所有的罪过推卸给别人，她机智而又幽默地说了一句："看来发明这玻璃杯的人没考虑我的力气。"让嘉宾很体面地下了台，也让全场观众发出了会心的笑声。

一个人的面部表情是内心活动最真实的写照，表现出了一定阶段的喜怒哀乐。透过人的表情就能准确地掌握出对方的内心波动和情绪变化，因此，在交际之中一定要学会察言观色的本领。不同的时间，不要的环境，每个人的心情也不尽相同，我们只有学会察言观色，才能洞悉出一个人的内心世界，说出对方想听的话，做到表达技术和能力的提升，获得别人的信赖和尊重。

1.想办法制造共鸣

产生共鸣的因素很多，有些是比较显而易见的，比如，对方的兴趣爱好、值得骄傲的事情；有些则是隐藏的，是需要进一步挖掘的，比如，对方的人生观、价值观、世界观等。只要我们善于倾听，留心观察，就一定能从对方的只言片语中找到某些共同的地方，想办法制造共鸣。

2.给予对方满足感

在对方回答问题之后，我们可以从回答中找出有价值的信息，然后就不停地就这个信息询问对方，让对方感觉自己被重视，引起对方的共鸣，并给予他满足感。比如，“你刚才说到……能再多说一些关于这个的消息吗？”“你是否帮我回顾一下，究竟发生了什么？”“你能就你刚才提出的观点给我一个具体的案例吗？”

提问之前，先来点儿赞美

心理学认为，人们之所以对他人有好感，无外乎两种情况，一种是相似性，一种是赞美。相似性是指双方在生活习惯、观念思维等有类同点，赞赏就主要来自语言的赞美。美国有一名学者这样提醒人们：“努力去发现你能对别人加以夸奖的极小事情，寻找你与之交往人的优点，那些你能够赞美的地方，要形成一种每天至少一次真诚地赞美别人的习惯，这样，你与别人的关系将会变得更加和睦。”在日常交际中，要想建立良好的人际关系，恰当地赞美他人是必不可少的。

成功大师戴尔·卡耐基曾做过推销员，那确实是一段难忘的经历。当时，卡耐基对发动机、车油和部件设计之类的机械知识毫无兴趣，这样一来，他完全无法掌控自己推销产品的实质。

有一次，店里来了一个顾客，卡耐基立即走上去向他们推销货车，不过，他说的话却往往连货车的边都沾不上。顾客觉得卡耐基是一个疯子，这时，老板气愤地走过来，大声吼道：“戴尔，你是在卖货车还是在演说？告诉你，明天再卖不出去东西，我会让你滚蛋。”这下，卡耐基着急了，如果丢失了这份工作，将意味着自己无法生存了。

于是，卡耐基立即说：“老板，你是最仁慈的老板了，有了你，我才吃上了面包。你放心，为了你让我可以吃上面包，我会好好干的，而且，瞧你今天穿得多精神啊！相信你今天的生意会一帆风顺的。”被赞美了几句，老板的气也消了，就不再说解雇的事情了。

在这里，卡耐基的赞美有点夸张“老板，你是最仁慈的老板了，有了你，我才吃上了面包，你放心，为了你让我可以吃上面包，我会好好干”，话语里带着夸张的成分，好像如果没有了老板，自己将无法活下去似的。虽然，这样的赞美是夸张了点，但恰恰体现出老板对自己的重要性，而这正是老板所希望听到的。于是，在这样一句赞美的话之后，老板气也消了，再也不提解雇的事情了。从这里不难看出，在适当的时候，来一两句夸张的赞美也是很有必要的。

事实上，每个人都希望自己能受到别人的赞美，得到他人的肯定，但是，由于人与人之间交谈的时间并不多，而且，人们普遍不善于发现他人值得赞美的地方，于是，很多时候，就会出现一些问题：要么赞美不当，要么缺少赞美。其实，只要我们用心观察，就会发现每个人身上都有我们值得赞美的地方。有的人很聪明，有的人很友好，有的人善良，有的人漂亮，我们要明白，即使一个人浑身上下充满了缺点，但是，在他身上依然有闪光点，而我们需要做的就是去发现这些闪光点，再逐一去赞美对方这些优点，这样才能很好地打动对方。

在生活中，我们要善于发现他人身上值得赞美的地方，发现了就要大声赞美，这样我们才能打动他人的心。

1.从细节处赞美

那些有经验的人常常会抓住某人在某方面的行为细节，巧言赞美，这样就很容易赢得对方的好感。因为细节的赞美，不仅给对方带来心理上的满足，而且，还会增进彼此的心灵默契程度。你能观察到对方那些尚未被人发现的细节优点，就表明那些赞美是发自你内心的，如此自然而又真诚的赞美足以打动人心。

2.挖掘他人身上的闪光点

每个人都有自己的长处，我们在赞美他人的时候，关键在于你是否“慧眼识珠”，能否发现对方身上的闪光点。有的人常常埋怨别人身上没有优点，不知道该赞美什么，其实，这恰恰说明了你缺乏发掘闪光点的能力。

3.赞美的角度要新颖

每个人都有许多优点和长处，我们对他人的赞美要独具慧眼，善于发现对方身上的“闪光点”和“兴趣点”，从新颖的角度赞美，这样将达到事半功倍的效果。

幽默提问，给生活加点快乐

一位青年非常被贵族看重，因此为了可以和这位青年拉上关系，贵族便说：“我有个女儿，十分好，情愿许配给你。”听了这句话，青年深深地鞠了一躬，回答说：“我出身贫寒，能够攀附高门，当然非常荣幸，等我回家和妻子商量一下，怎么样？”当沟通出现障碍的时候，这位青年幽默地表达自己的想法，这样既不会得罪这位了不起的贵族，而且他所提的问题也会让这位贵族对他更加器重，虽然这位青年拒绝了他，但贵族不会生气，只是感到一种惋惜。可以说，幽默提问为沟通疏通了管道，得以让彼此之间的交流畅通无阻。在日常交际中，当我们与他人沟通的时候，难免会遭遇阻碍，这时假如我们幽默一下，那就可以为沟通疏通管道，让双方之间的交流更加和谐。

有一次，作家刘绍棠到一所大学演讲时，对于学生提出的各种问题，他都作了十分坦率的回答。

这时，有一位女同学递上了一张纸条，上面写着：“既然文学要真实地反映社会生活，那你为什么总是唱赞歌，不唱悲歌呢？难道社会就没有阴暗面吗？”看到这样尖酸刻薄的问题，刘绍棠思索了一下，便向那位女生问道：“你喜欢照相吗？”见那位女生直点头，刘绍棠反问道：“你脸上有光滑漂亮的时候，也有长疮疤不干净的时候，你为什么不在脸上生疮疤的时候去照相呢？”这样一反问，引得周围的人都情不自禁地笑出声来。

对于那位刻意刁难的女同学提出的问题，刘绍棠并不着急回答，而是提出一个对方感兴趣的问题，再进行适当的反问。在这个反问中，刘绍棠把文学作品的表达与年轻人的照相作类比，在幽默的语言中，把自己想要表达的意见融入类比中，让人在笑声中领悟，给人印象深刻。

约翰是一位著名的记忆专家，据说，他有一套独特的方法来与听众打成一片。比如，他经常会在会议或演讲开始之前，向来宾们一一问候致意，请教他们的尊姓大名，再一一叫出每个人的名字。假如他记错了，那就付5美元给那个他忘记名字的人。不过，通常情况下，约翰都不允许自己出错。对此，那些经常听他演讲的人对他的记忆力真是又困惑又佩服。

但是，有一次，他遇到了一点小麻烦。正在他演讲的时候，坐在大厅前排的一个小伙子不等他解释完培养记忆力的问题，就站起来大声说：“约翰先生，你怎么会记住这么多名字呢？”约翰回答说：“先生，我可以用三个字来回答你的问题——用、大、脑！”结果，那小伙子还没喘一口气，立即说了一句：“那是我的想法，而你用的是什么呢？”

约翰差点被问倒了，不过，他毕竟是一位机智的人，他几乎毫不停顿地说：“我说的大脑是指脚后跟，明白吗？脚、后、跟。”顿时，下面的听众笑得前仰后合。

当沟通的管道遭遇阻碍的时候，我们就需要想办法进行疏通，得以让沟通继续进行。在这个案例中，假如约翰真的被问倒了，像一只木鸡呆站在台上，那么他这个记忆专家就要贻笑大方了。

在生活中，我们都有这样一个常识：当下水道遭遇阻碍物的时候，我们所想的办法是软化阻碍物，这样才可以疏通管道，使管道正常运作。在日常交际中，其实也是一样的道理，我们需要用一个特别的办法让对方接受这样的疏通管道的方式，而幽默恰恰是这样一个绝妙的办法，因为幽默，我们总是轻而易举地化解尴尬或难堪，让和谐的气氛重新回到我们身边。

话题陷入误区，巧提问化解

在生活和交际场合中，我们从来不希望操纵别人，但是遇到产生分歧的事情而自己的见解又是正确的时候，就要懂得如何说服对方。只有俘获了对方的耳朵，才能让他心甘情愿地沿着你的思路思考问题。高明的说话者，并不是在交谈之中滔滔不绝毫无重点地卖弄自己的知识和学问，而是懂得抓住事情的关键所在，用三言两语化解危机，用一句问话就能击中要害，从而让对方进行深刻的考虑，更加积极主动地按照你所说的思考和行动。

汉武帝是一个有着雄才大略的皇帝，在文治武功方面取得了很大的成就。但美中不足的是，他十分怕死，热衷于长生不老之类的学说，对相术之类的东西更是深信不疑。朝中的大臣十分反对他的做法，但又慑于他的权势而不敢言。

有一次，在朝会上，汉武帝对众大臣们说："相书上说，人中如果长到一寸的话，就能活到一百岁，我觉得这个说法很有道理。"群臣们沉默不语，东方朔却不由得笑了起来。汉武帝认为他是在嘲讽，顿时龙颜大怒，问道："东方朔，你是在嘲笑朕吗？难道朕说得不对？"

东方朔连忙从群臣之中走出来，跪在地上，对汉武帝说："启奏陛下，微臣并不敢嘲笑您，只不过是笑彭祖脸长罢了。"

汉武帝不明白是怎么回事，就问道："这与彭祖有什么关系？"

东方朔回答说：“彭祖是上古时期最长寿的人，活到了八百八十岁，按相书上所说，那么他至少要有八寸长的人中，这岂不是说他的脸至少要长一丈吗？微臣想到长寿之人竟是这般模样，就忍不住笑了起来。”

汉武帝听罢，默然不语。从此之后再也不提相术之类的事了。

在大臣们看来十分头痛的问题，而东方朔用一句问话就解决了，充分证明了这位略显滑稽的大才子是一个不折不扣的口才专家。一句话击中要害，让汉武帝不再痴迷于相术。这种说话的方式比苦口婆心地劝说要强百倍。

无论是将错就错还是曲解词意的提问方法，目的都是转移对方的注意力，在最短的时间之内抹掉对方心灵上的不快，消除尴尬的局面，从而将意外的紧张和不快迅速地转化到轻松欢快的场景中。

杨先生是山东人，正在和一个客户谈生意。由于是初次见面，一时间难以找到合适的话题，就开始东拉西扯地聊起了各地的风土人情。通过交谈杨先生得知客户是烟台人，顿时倍感亲切，有一种他乡遇故知的感觉。在两个人的谈话中就很自然地多了几分热情，少了一些客套，心情也放松了许多。

“中原地区是一个好地方，历史悠久，文化灿烂，有着很多的风景名胜，又是交通枢纽，更为难得的是民风淳朴，不像南方，南方尽管是发达地区，但是那里的人都有一种市侩气，尤其是南方的女性，虽然有过不少有名的人才，但是大部分人却失去了江南水乡的清纯，都很虚荣，成了地道的拜金主义者……”

没想到的是，客户的脸上呈现出不悦之色，并且有些生气地说：“拙荆就是南方人呀。”

一下子，气氛尴尬了许多，杨先生意识到了自己的口无遮拦给对方带来不小的伤害。但是杨先生毕竟是交际场中的高手，见状赶紧说：“夫人是南方人吗？实在是太巧了，我就是在南方出生的呀。”

尽管说谎不是好事，但是为了化解一下尴尬的气氛，善意的谎言还是可以理解的。杨先生这样就为自己对南方的理解找到了借口，然后又追加了几句南方人的优点："南方人追求金钱是有目标的表现，在生活上，性格细腻的女性最适合做终身的伴侣。"听完杨先生的话，对方的脸色就转怒为喜了。

我们与形形色色的人交往，时不时受点儿冲撞和冒犯也是正常的。这时候你采用什么方式去应对，是对你处世水平的考验。在交际活动中，常常会有第三者说出一些让人感到惊讶或者气愤的话。他们怪异的言谈举止，带来交际各方的误会，导致了交际场合的尴尬。在这个时候，我们应该开动脑筋，用打圆场的提问，制造轻松的气氛，或者用擦边球的形式来强调言语唐突者的合理性，让各方都能有一个台阶下，达到"你好我好大家好"的目的。这样，就会得到别人的感激和敬佩，获得良好的人际关系。

在一次同学聚会上，久别重逢的同学们十分高兴，亲热地聊起了天。或许是酒喝多了的缘故，一个男士对着一名女士信口开河地说："当初你追求我的时候，我拒绝了你，现在你是不是还耿耿于怀呀？"这本来是一句玩笑话，虽然有些过火，在同学聚会的欢快气氛中也是无伤大雅的。但是，这位女性可能是因为心情不好，听到之后竟然勃然大怒，指着那个男士大骂："你神经病啊！你也不撒泡尿照照你那副德行，哪个人会瞎了眼追求你这种长相谦虚心理龌龊的人？"她的声音很大，压过了别人的谈话，顿时热闹亲切的场景一下子冷了下来，大家都感到异常尴尬。这时候，另外一个女士站了起来，笑着说道："多年不见，我们的公主脾气还是没变呀，她喜欢谁，就说谁是神经病，说得越是刺耳，就说明喜欢得越厉害，我说得没错吧？"这番话说完，大家就很自然地想起了美好的大学生活，不由得七嘴八舌地相互开起玩笑来，刚才的不快就像没有发生一样，一场风波就在短短的几句话中得以平息。

无论是在什么场合下，没有一个人愿意被别人刺伤面子，从而下不了台。但是，很多尴尬的场面出现，往往是因为事先的难以预料，由外在的因素而导致。在别人的面子受到伤害的时候，如果你能够采取正确的方法，比如一个巧妙的提问，给他一个台阶下，帮助他挽回面子，那么他就会对你感激不尽，从内心里愿意和你交往。

从对方情感入手，就能调动一切气氛

有一则英国谚语说：“要想知道别人的鞋子合不合脚，穿上别人的鞋子走一走就知道了。”也就是说，我们要想真正地了解对方，就需要站在对方的角度来思考。只有从对方的角度思考，才能投其所好，找到对方内心的情感需求，然后以这种情感为话题的切入点，逐层扩展，进行提问，直到能够以感情打动对方。根据科学研究，80%的人与你截然不同，也就是说，我们在向对方提问的时候，站在我们面前的这个人很有可能在思维、行动等方面都与我们大不相同，所以只有理解他们，提出打动对方感情的问题，才能达到较好的提问效果。

一个有着非凡口才的人，之所以能够获得对方的感激，是因为他知道对方的内心需求，对对方的性格爱好也有深刻的理解。在言语上也能表达出对对方的性格和爱好有着最深刻的了解，从而在言语之中表现出对对方的尊重和欣赏。会说话的人能够用语言把别人抬到很高的位置，让人感受到尊重之后，更能产生一种感激之情。

很多人在求人办事的时候，有着坚持不懈的精神，却忽视了正确的方法，使用死缠烂打坚持不懈的方式，不仅把自己搞的筋疲力尽，还会在死缠烂打之中让别人产生厌恶的情绪，从而对他退避三舍，绕道而行。因此，我们不提倡软磨硬泡的方式，而应该从对方的兴趣入手，来寻找共同的话题，最终双方达成共识。

在20世纪80年代初，引滦入津工程因为炸药供应不足，始终在面临停工、延误工期的困难处境。负责这一工程的领导者心急如焚，于是派李连长到东北某化工厂，希望能得到对方的援助。李连长接到任务后，昼夜兼程千余里赶到化工厂供销科，可只得到这样一句答复：眼下没货！于是他连忙找厂长，可无论自己怎么劝说，厂长始终不为所动，硬邦邦地对他说：“眼下没货，我也无能为力。”

这时，厂长劝李连长不要再磨了，并给他倒了一杯茶水，李连长并不死心，他喝了一口茶，就在这时，他脑袋里突然有了主意，于是开口说道：“这水真甜啊！天津人可是苦啊，喝的是海河槽，各洼淀中集的苦水，不用放茶就是黄的。”这时候，他又一眼瞥见厂长戴的是天津产的手表，于是说道：“您戴的也是天津表？听说现在全国每10块表中就有1块是天津的，每4个人里就有1个用的是天津的碱，您是办工业的行家，最懂得水与工业的关系。造一辆自行车要用一吨水，造一吨碱要用160吨水，造一吨纸要用200吨水……引滦入天津，解燃眉之急！没有炸药，工程就得延期……”

李连长的语言很动情，同时也十分有道理。厂长理解了他的急切心情，便与他聊了起来，问：“你是天津人？”“不，我是河南人。也许通水时，我也喝不上那滦河水！”经过这一番对话，厂长彻底折服了。只见他抓住电话立即下达命令：“全厂加班3天！”3天后，李连长拉着一车炸药胜利返程了。

李连长无论怎么劝说，厂长都不为所动，眼看自己这一次任务就要面临失败。这时候，聪明的李连长放弃了直接表达想法的方式，他知道自己再说下去，厂长肯定会恼火的，所以，他独辟蹊径，开始借题发挥起来，先是对茶水细细地评价一番，又说到了正在饮用黄水的百姓。然后，他看到了厂长手上所佩戴的天津手表，适时地以手表联系了天津的企业，阐述了水与工业的关系，一句“引滦入天津，解燃眉之急！没有炸药，工程就得延期……”不仅说得十分动情，而且也很有道理。厂长理解了他的心情，主动与他攀谈起来，经过一番对话，厂长折服了，而李连长也顺利完成了任务。

在交谈过程中，一旦自己的话不被对方所喜欢，或者自己的表演成了独角戏，那么交流就无法顺利进行下去了。作为谈话的一方，我们应该尽可能地避免冷场的出现，而应积极营造愉快轻松的谈话氛围，从对方情感入手，调动对方的情感，就能调动一切气氛。

第13章　老师提问艺术，引导学生构建思维能力

俗话说：“学起于思，思起于疑，疑解于问。”教学是一门艺术，而老师提问是组织课堂教学的中心环节。精彩的提问是诱发学生思维的发动机，能够开启学生的大门，提高课堂教学效率以及师生情感的交流，从而达到优化课堂教学的效果。

精心设计问题，一问激起千层浪

爱因斯坦说：“提出一个问题往往比解决一个问题更为重要。因为解决问题，也许是技能而已，而提出新的问题，新的可能性，从新的角度去看旧的东西，却需要创造的想象力，而且标志着科学的真正进步。”提问，对于老师课堂教学而言，亦如此。老师在教学过程中，经常会有这样的疑惑：一样的问题，这样问，学生只会发呆；那样问，学生似乎马上就明白了。有的问题抛出去，一石激起千层浪；有的问题丢出去，却是一潭死水。出现这种情况的症结在于是否善于提问，老师是否科学地设计出灵巧、新颖、容易激发学生思考的问题，是其教学是否成功的一个关键。

精巧而有吸引力的提问，不但能够激发学生的学习兴趣，促进思维、培

养能力，而且也是提高课堂教学效果最直接最有效的手段之一。对于老师而言，如何根据教材、教法的不同和学生的实际情况，精心设计问题，做好课堂提问，是每一位老师长期探讨的课题。

这是小学三年级下册课文《雪儿》教学时的一个片段：

老师：大家读完第2个小节后，说说这是一只什么样的鸟？（第1问）

学生：这是一只受伤的鸟。

老师：你从哪里看出它受伤了呢？（第2问）

学生：我从“翅膀受了伤”这句话可以看出它受伤了。

老师：对。你还从哪里可以看出来呢？（第3问，重复第2问）

学生：我还从“它的身子很脏，眼睛里充满哀伤”这句话看出它是只受伤的鸟。

老师：作者看到这样一只受伤的鸟，表露了怎样的心情？（第4问）

学生：他很难过。

学生：他很心痛。

老师：是的。到小作者手里，它变成了一只什么样的鸟？（第5问）

学生：变得雪白雪白的了。

老师：作者是如何做的呢？（第6问）

学生：他和爸爸给它洗了澡，敷了药，取名为“雪儿”。

老师：这样做的目的是为什么呢？（第7问）

学生：让雪儿在家里安心养伤。

老师：“从此，我每天和雪儿一起到阳台上去看蓝天。”小作者和雪儿一起去看蓝天的时候，在想些什么呢？（第8问）他会想些什么，小鸟又会想一些什么呢？（第9问，对第8问进行澄清）

在这个案例中，在短短150个字的段落，这位老师提问了9次，其中重复提问1次，澄清问题1次。从表面分析，这是老师与学生不停地对话。不过，只要我们认真观察，超过大部分的问题都是能够从课文中直接找到答案、不需要思维加工的问题。这是一种高频率、低水平的提问方式，问题小，简直是串讲串问。随着老师的提问，学生只能被动地亦步亦趋地前进。而且，这样一对一的问答形式只能让少数的学生受益，大部分的学生仍处于发呆的状态。

1.提出针对性的问题

老师提问，抓住了重点，也就抓住了方向。重点问题解决了，教学的任务也就基本完成了。比如，老师在引导学生学习朱自清的《背影》这篇文章的时候，就可以设计这样的问题：朱自清笔下对父亲的背影描写有几次？作者有几次相应的流泪？这样学生很容易从文中找出相应的句子，概括出来之后能够看出父与子之间内敛而深厚的感情，从而引导学生抓住文章写作的最大特点。

2.提出启发性问题

学生对每篇课文的学习，并非一开始就感兴趣，所以老师提问要针对学生的心理特点，采用不同的方式调动他们思想的积极性。在课堂上，老师可以设计一些学生感兴趣的问题，使他们思维活跃，思路开阔，可以根据自己的知识向问题辐射而去。这样的提问有助于调动学生的思维积极性，培养学生的理解力和想象力，促使他们自然地了解到文章的内容与主题，收到良好的教学效果。

3.提出连续性的问题

一节课教学重点的突破，常常不是一两个问题就可以解决的，而是需要老师在课堂上连续发问，层层递进。这样一来，前一个问题就是后一个问题的前提，后一个问题就是前一个问题的继续，每一个问题都是训练学生思维发展的一步阶梯。在这个时候，老师应该减少无效、无谓、无用的提问，节约出一定量的课堂教学时间。

4.注意提问的停顿

老师提出问题之后要注意停顿，通常情况下，课堂提问是由少数学生发言回答，假如提出问题后马上指定学生回答，甚至先叫人再提问，那学生思考就不带有普遍性。这种提问方式只能使回答问题的学生认真思考，却不能顾及全体学生。

5.提出灵活性的问题

课堂提问只是一味地直来直去，学生就会感到寡然无味，而且在一定程度上妨碍了他们思维的发展。假如老师将问题转换成灵活的方式提出，就会促使学生开动脑筋。灵活的提问，可以变换提问的角度，让思路“拐一个弯”。从问题的侧面或反面，寻找思维的切入口。

6.提问要善于融合知识

课堂提问，目的是使学生在掌握知识的同时，训练和提高思维能力，所以老师应善于从不同的角度来启发学生，可以使学生掌握解决同一问题的多种解答方法，一方面可以拓宽思维的空间，另一方面又可以培养发散型思维能力。

有效提问，课堂提问八大法

有效的课堂提问是老师提高教学效率的关键所在，它主要是通过师生在课堂上的提问与回答之间的互动，从而促使学生获得普遍进步，实现个人的充分发展。对于老师而言，有效的提问可以驾驭参差不齐、瞬息万变的学情，可以激发学生的思维，调动学生学习、探究的兴趣。老师有效的提问，一方面可以让学生有所悟、有所获，另一方面又能使学生感受到一种身心的愉悦和享受，从而使课堂教学事半功倍。

这是四年级下册《天鹅的故事》第五节的教学片段：

老师：老天鹅用的是自己的——

学生：身体。

老师：它用的是自己的胸脯和翅膀，这都是血肉——

学生：之躯。

老师：文中有一句“像石头似的”，这是一个——

学生：比喻句。

老师：把老天鹅的身体比作了——

学生：石头。

老师：石头有生命吗？

学生：没有。

老师：知道疼痛吗？

学生：不知道。

老师：那老天鹅呢？

学生：知道疼痛。

老师：把有生命知道疼痛的老天鹅比作了一块——

学生：石头。

老师：比作了一块没有生命、不知——

学生：疼痛的石头。

老师：它这样做是以什么为代价？

学生：生命。

老师：可是当时它顾及了吗？

学生：没有。

老师：叫疼了吗？

学生：没有。

老师：顾及自己的生命没有？

学生：没有。

老师：老天鹅这种行为可真让人——

学生：感动。

老师：可真——

学生：……

老师：可真勇敢，连自己的生命都不顾，奋不——

学生：顾身。

老师：义无——

学生：反顾。

从表面上看，师生之间的问题可以说对接得非常好，最大限度地节约了时间，而且达到了一呼百应、配合默契的效果。但是，提问和解答之间没有时间差，说明问题没有难度；众口一词，这说明老师在设计问题的时候，完全摒弃了学生之间的差异性。换言之，老师这样的提问方式只会培养一群“应声筒”。

1.提问突破法

是否抓住关键问题进行提问突破，决定了老师课堂教学是否成功。在课堂提问环节，老师要抓住一个关键问题打开一个缺口，让知识倾泻而出，以提升学生的思想，这就要求老师要真正地了解书本，才能找到关键问题的所在，用一句形象的话来说叫“牵一发而动全身”。比如，在讲解《祝福》这一课的时候，老师为了抓住关键问题可以这样问：“假如我们把祥林嫂的悲惨遭遇画成十幅图，你能否给十幅图各起一个标题？”这样的设计还是比较合理的，一下就可以将祥林嫂的一生整理了，并为后面分析作一个充分的准备。

2.循序渐进提问

老师在进行提问的时候，有些问题不能一步到位，就像登山一样，要步步为营，拾阶而上，才能站立山顶领略无限风光。比如在《灯》一课时，可以这样提问：联系了有关灯的哪些事？突出了灯的哪些特点？灯象征了什么？一步步提问，逐步推进设计提问，这样才能达到一种很好的提问效果。

3.较难问题暂时搁浅

这种提问方式对于解决难以回答的问题特别有效果，明知道问题学生难以回答，不过还偏要提出较难的问题，暂且搁浅，等待一段时间，不要求学生马上回答，而是思考后再回答，就好像猜灯谜，暂时不揭开谜底，让学生反复琢磨，给学生充分思索的时间。这样一旦公布答案后，学生印象会非常深刻，而且很长时间不会忘记这个问题。

4.引导性提问

对于有的问题，老师提出后学生回答不上来，最后造成僵局。这时老师可以改变角度，提出与之有关的其他问题，诱发引导、点拨提示。例如《纪念刘和珍君》这一课，原文“至于这一回在弹雨中互相救助，虽殒身不恤的事实，则更足为中国女子的勇毅，虽遭阴谋秘计，压抑至数千年，而终于没有消亡的明证了”。这时老师可以问“这句是复句还是单句”？假如学生一时回答不出来，则可以提出一个相关的启发性问题：“为”与哪个词搭配？这样问题就迎刃而解了。

5.将问题化整为零

老师在课堂教学过程中提问大了不容易回答，这时就应该将问题化整为零，提出一个小小的问题，然后逐个破解问题。例如《纪念刘和珍君》第七部分第二段中心意思不容易理解，那老师可以这样设计问题：本段有几个句子？每一句表达了什么内容？其中关键句是什么？然后再问全段中心思想是什么？这种方法在那些尤其复杂的问题中可以发挥很好的作用。

6.多方面提问

老师提一个问题要求学生多角度回答，发散其思维，以拓宽学生思路。假如让学生以《流水》为题写一篇议论文，为了启发学生的思路，老师可以这样设计问题：可以从哪些角度来立题？流水具体对我们有哪些启示？这样发散的问题不会禁锢学生的思维，而且学生的思维能够拓展开。

7.连珠炮似提问

连珠炮似提问要求老师提出问题后迫使学生马上回答，而且问题一个接一个，步步紧逼。例如《边城》的第二段，对于翠翠胡思乱想，老师可以这样设计一连串问题：为什么她会有这样的想法？学生回答后，老师再追问：假如你是翠翠，你是否产生过这种想法？你不这样想，会怎么想呢？这种提问方式很合适，可以形成课堂学习的高潮，制造浓厚的学习氛围。

8.深层次提问

如果老师所提的问题过于简单，学生根本提不起兴趣。这时候，老师可以提出较为深层次的问题，引导学生思维，就好像一块石头投入平静的水中，激起层层波浪。在教学过程中，有的文章看起来比较平实，实际上主题是独具匠心，采用深层次提问，就能显示出主题的独到之处。比如，《娘子关前》可以这样设计提问：诸多材料组成一个有机的整体，选材与组材上有哪些诀窍？

巧设妙问，激活学生思维

一堂课的优劣成败与老师能否巧设妙问激活学生思维，诱导学生一步步质疑—析疑—释疑有着密切的关系。在老师课堂教学中，提问是一种技巧，更是一门艺术。如何巧妙设问，才能激活学生的思维，调动学生学习、探究的兴趣，让他们在课堂上争相恐后地表现。宋代著名教育家朱熹说：“读书无疑者，须教有疑；有疑者，却要无疑，到这里方是长进。”学生在平时的学习过程中，读书往往是一读而过，不留痕迹，主要是因为他们读书不会生疑，所以他们不能正确地理解文章的真谛，自然体会不到文章的妙处。老师在教学过程中，需要通过提问来提高学生的思辨能力和语言表达能力，是否提出高质量的问题，并达到预期效果，是评价一名老师教学水平高低的标准之一。

老师：在我们眼中，天游峰又高又险，扫起来太难了，太累了。老人觉得累吗？从哪看出？（第一次提问）

学生：“不累，不累，我每天早晨扫上山，傍晚扫下山，扫一程，歇一程，再把好山好水看一程。”

老师：自己读一读这句话，思考：你体会到了什么？（第二次提问）

学生：老人扫石阶其实非常辛苦。课文开头说天游峰是武夷山的第一险峰，共有九百多级石梯，像一根银丝从空中抛下来。可见要扫这么陡这么险的山是多么不容易啊！

学生：天游峰一上一下一千八百多级，常常使游客们气喘吁吁，大汗淋漓，甚至望而却步，半途而返。可是老人每天都要一级一级扫上去，再一级一级扫下来。他扫的时候还弯着腰，十分辛苦。

学生：他虽然很累很累，却说‘不累，不累’，而且说得轻轻松松，自在悠闲，从这儿可以看出他很乐观，很开朗。

学生：老人扫一程，歇一程，再把好山好水看一程，可见他非常爱天游峰，爱这儿的山山水水，不愿意离开这里。

学生：我想到我们的教室和包干区就那么一点地方，有的值日生就怨声载道，老人要扫一千八百多级石阶，还没喊一声累。他真不简单，我敬佩他！

老师：同学们都开动了脑筋，讲得非常好。看第十自然段，说说老人为什么会说得轻松自在？（第三次提问）

学生：扫了20年，习惯了。

学生：我读完课文想，老人觉得不累，是因为他喜欢他的工作，喜欢天游峰。

老师：是啊，老人把自己喜欢的感情融入其中，不觉得累。（板书：喜欢），带着喜欢的感情读。

老师：这个问题揭示了一个小秘密——老人对天游峰的爱，对扫路工作的热爱。

……

老师：（动情陈述）老人热爱山里的生活，他愿与大山为伴，“我”被老人的话深深地感动着，于是紧紧握住他的手，说出了一句话，如果是你，你会怎样来说这句话呢？（第四次提问）

学生：（因紧张而略微有些生硬）：30年后，我再来看您！

老师：（走到学生面前，亲切地说）：相信自己，你一定能行，再试一试！

学生：（这次很有感情）30年后，我再来看您！

老师：说得真不错！谁愿意和老师一起试着说给大家听一听！

老师：（轻步来到一位学生面前，像老朋友似的紧紧握住他的手，忘情地说）30年后，我再来看您！

学生：（激动得小脸绯红，脱口而出）30年后，我照样请您喝茶！

老师：（朗声大笑）哈哈哈哈！

在案例中，老师提出第一个问题：“老人觉得累吗？从哪看出？”在关键内容处提问，围绕重点、难点来提问，引发学生深入地解读文本，把握文本的深层意蕴；第二个问题：“你体会到了什么？”这个是在问题精简的情况下，让提问更明确；第三个提问：“说说老人为什么会说得轻松自在？”这是一个无效的提问，不能引起学生的深入思考；第四个提问：“如果是你，你会怎样来说这句话呢？”在蕴含文句处提问，利于学生更深层地理解人物的个性特点。

1.把握好问题的“度”

老师提出的问题应难易适中，适合大多数学生。老师要做到这一点，首先应该熟悉教材，研究学生情况，把握教材的重点、难点，根据学生的知识水平和心理特点，找准诱发他们思维的兴趣来精心设问、发问。提问要避免过分简单，若一味地问“好不好”“是不是”“对不对”等无效的问题，那就无法拓展学生的思维，时间长了，学生会感到索然无味。

当然，提问过于宽泛，难度太大也不行。假如一个问题问得学生摸不着头脑，学生回答不上来，而且还会感觉到莫大的压力，从而抑制了思维，兴趣也会消减，最后使课堂气氛也陷入难堪的境地。

2.提问要兼顾优差生

老师在提问的时候，假如一味地只顾优生而忽视差生，那就很容易挫伤部分学生的积极性，时间长了，就会产生两极化现象。所以，老师应根据学生实际情况，设计不同层次的问题，由简单到复杂，由容易到困难，面对不同层次的学生，采用不同的提问方式，转换问题的角度，让学生能够充分展现自我。

3.提问要把握“量”

在教学过程中，老师应该避免满堂问。老师在提问时，要问得适时，问得好，问得有趣，问得有价值，真正体现学生的主体地位和老师的点拨作用。老师要善于抓住机会，设置矛盾，当学生着急解开这些矛盾的时候，也就意味着对思维的训练对课文重点、难点的理解顺利完成。一节好的课堂教学，仅靠一两个提问是不够的，提得过多也不行，老师应根据教材特点，学生的实际水平，设计出一系列有计划、有步骤的既科学又系统的提问。

4.亲切提问

老师居高临下的提问会让学生产生一种距离感，甚至害怕自己的答案是否会令老师满意，是否遭到同学的讥笑。所以，在课堂提问中，老师要注意自己的语言措辞及语气语态，有一种亲和力，拉近与学生心灵之间的距离，这样才能进行平等的思想交流。不管学生回答的满不满意，老师都应该尽量避免言语的刺伤、态度的轻慢，应充满激情，充满期待，鼓励学生回答问题。

掌握课堂提问艺术，轻松做导师

在实际课堂提问过程中，许多老师并未真正掌握提问的技巧，他们的问题要么过于简单，竟问一些“是不是”“好不好”之类的问题，表面上营造了热烈的课堂气氛，实际上却只是流于表面，华而不实，压制了学生思维的积极性；而有的老师提问超出了学生的知识范围，问题太过困难，抑制了学生思考的热情和信心；有的老师不善于了解学生的思维过程而适当引导，学生思维水平不容易提高。由于未能真正掌握课堂提问艺术，所以整个课堂的教学效果不显著。实际上，课堂提问是一项设疑、激趣、引思的综合性艺术，老师要重视课堂提问的艺术性，把握提问的“度”和时机、对象，充分发挥课堂提问的效能。

老师：“这充满自信、豁达开朗的笑声，一直伴随我回到住地。”谁来谈谈对这句话的理解？（第一个提问）

学生：笑声怎么可能随着我回到住地呢？我认为这笑声其实就是指老人的性格。

老师：什么性格？（第二个提问）

学生：充满自信、豁达开朗的性格。

老师：“自信”应该能够理解吧，“豁达开朗”是什么意思？联系整篇课文想一想。

学生：“豁达”应该是大度吧？

老师：对！联系老人说一说。（第三个提问）

学生：老人在那么危险的石阶上扫路，工作量那么大，那么累，已经退休了，可他一点都不在乎，不去计较。

学生：“豁达开朗”就是乐观。这么险，这么苦，他都不抱怨，默默地奉献着，而且说自己呼吸的是清爽的空气，还有花鸟做伴，自己舍不得走。没有乐观的精神，谁会这么做呢？

老师：精彩呀！ 正因为老人有这种豁达开朗的心胸，他才会在这武夷山的第一险峰上风里来，雨里去，日复一日，年复一年地辛勤劳作。正是这种平凡而又伟大的品质深深地打动了作者的心，也让我们接受了一次难忘的

心灵洗礼。我想，大家肯定也有很多想法，把自己的想法写下来好吗？（第四个提问）

（学生写感受。）

老师：咱们来交流一下。

学生：俗话说："干一行，爱一行。"《扫山路的老人》这篇课文，我才真正理解了这句话的意思。

学生：读了《扫山路的老人》我懂得了：人不能太计较自己的得失，不要老是抱怨什么，而要脚踏实地，一步一个脚印地好好工作。

学生：既来之，则安之！

学生：自信快乐生活，踏踏实实做人。

学生：乐观一些，生活永远都会对你微笑！

在这个案例中，第一个问题："谁来谈谈对这句话的理解？"这是效果一般的提问，可以让学生主动质疑，培养学生的问题意识；第二个问题："什么性格？"这是在关键处跟踪提问，有利于突破难点；第三个提问："对！联系老人说一说。"这是有效提问，抓住关键词提问，一石激起千层浪；第四个问题："我想，大家肯定也有很多想法，把自己的想法写下来好吗？"这里是由拓展处设计提问，面向全体预设开放性的问题。

1.精心设计问题

课堂提出的问题需要老师进行精心设计，问题设计要巧妙合理，构思巧妙的问题可以激发学生的思维，启发学生去探索，去发现，从而获得知识。所以，老师在设计问题时要言简意赅，十分恰当，而且要有一定的思考价值。问题的设计要有明确的目的，老师应进行充分的备课，做到适时适度，灵活多样。

2.情境提问

苏联教育家达尼洛夫设计了"老师提出问题—学生积极独立活动—老师把学生引入下一个问题"的教学模式。创设情境提问，就是使学生产生疑问，渴望从事活动、探究问题的答案。大量教育实践证明，这是激发学生学习积极性的有效方法和手段。为了让学生能顺利地回答问题，老师要提供学生必要的智力背景，给学生创造一定的作答条件：或知识铺垫，或启发学生根据已知的去开拓；或进行示范讲解，这样的提问方式给师生发挥创造性提供了广阔天地。

3.注意提问时的仪态举止

在提问的时候，老师要尽量站在学生的旁边和中间，而不是站在他们的对面，要让学生自然地把老师当作交流的对象。同时，在提问时要注意自己的表情、语气和手势，注意倾听，保护学生的自尊心。对于学生的回答，适时适度地评价要以鼓励为主。同时，老师的提问要尽可能地避免让学生摸不着头脑，可超前性追问或再次递进提问，让学生感到柳暗花明又一村，营造宽松和谐的课堂气氛，让每个学生有话想说，有话能说，有话尽情说。

4.提问以鼓励为主

从心理学角度分析，假如一个人总是处于一种兴奋的、愉快的状态，他的思维就会有超常的发挥，他接受外界信号的速度就会十分快速。作为老师，在课堂上必须营造出一种宽松和谐的气氛，让学生每时每刻都处于一种轻松自如的情绪中，这样一来，学生的记忆与思维都能得到最大限度的发挥。当学生对某些问题感到疑惑的时候，老师应适时点拨、解惑；当学生对某个问题考虑成熟，无法表达的时候，老师需要帮助学生梳理思路，运用恰当的语言表达出来。

5.积极评价学生的回答

老师在课堂教学中，提问要突出重点，尽可能将问题集中在那些牵一发而动全身的关键点上，问在最需要、最值得问的地方，以突出重点，攻克难关，提高课堂效率。老师要适当选取一些多思维指向、多思维途径、多思维结果的问题，引导学生纵横联想所学知识，寻找多种解题途径，从而深入地理解知识，准确地掌握和灵活地运用知识。所以，在课堂上老师要审时度势，及时、积极地评价学生的回答，明确观点，从而优化学生原有的知识结构。

课堂有效提问，避开误区

众所周知，课堂提问是启发式教学的重要方法之一，它可以启发学生的思维，激发他们的求知欲，促使他们参与学习，帮助他们理解和应用知识，所以被广大老师所提倡和运用。但是，由于诸多方面的原因，现在依然有一些老师在实际教学过程中陷入提问的误区，以至于无法实现教学预期效果。比如，有的老师对已经回答过的问题重复提问，或者过多地提问，甚至一直追问，直到得到自己想要的答案为止，等等。当学生回答之后，有的老师错误使用非语言信号、使用不恰当语言、用语言强化学生的误答，等等，这些都是老师比较容易陷入的误区。

授课刚开始，老师问：读了这篇课题，你有什么问题？（或你想知道什么？）

学生就会按套路质疑，诸如“是什么”“为什么”“结果怎么样”之类。

初读课文之后，老师问：文中哪些词你不理解？

学生一一说出，老师便带着大家查查词典、联系上下文逐个词解决。

再读课文后，老师问：课文是按什么顺序写的？可以分成几段？每段都写了什么？等学生议论纷纷之后，老师再作出评判。

对于低年级课后的识字，老师会问：这里有个新部首，你认识吗？这个字是什么结构？这个字怎么写？你能给它找个朋友（词组）吗？看看它在田字格中的位置，书写的时候要注意什么？

在案例中，老师陷入了“机械发问”的误区。每当老师习惯性地提出上面类似的问题，整个教室便会呈现出精神涣散的局面。显而易见，学生对这些程式化的提问感到厌倦、乏味，对老师的指导并不接受，程式化导致了第一教学的低效率。

1.对已经回答过的问题重复提问

老师在课堂提问中，假如出于某种合理的原因，比如为了强调，那可以对已经讨论过的内容进行再次提问，否则是不必要的。比如，“他们应该为这次登山做些什么物资准备呢？”“他们应该带哪种食品呢？”许多老师有这样一种误解，总以为课堂教学是一项有目的、有组织、有计划的活动，只要将预设好的问题依次解决，那学生就可以掌握知识，形成能力，从而实现教学目标。

2.紧紧追尾，直到得到心目中的答案为止

老师在进行提问设计的时候，心中往往会有一个标准答案，而且教学往往是围绕那些标准答案而开展的。所以，为了按照自己预先设计好的模式进行教学，有的老师在提出问题后喜欢对学生进行追问，直到标准答案出现为止。比如，“还有哪些与他们行为相类似？”“还有呢？”“对，还有吗？”“那么，那些登月的俄国人可以称为什么？”“非常正确”。很多时候，学生的一些回答是比较有趣的，但老师却对其闻而不问，一直等到学生说出标准答案，这会使课堂教学失去本来的生命活力。

3.问题过于浅层次

许多老师设计的问题仅仅停留在知识、理解、应用和分析的水平上，而很少涉及综合和评价性的问题。比如，“为什么他们会在大风雪中失踪呢？”“他们有没有足够的资金？”“他们登上山顶了吗？”这些问题根本不利于学生思维能力的发展。

4.错误使用非语言信号

在现实课堂教学提问中，有些老师错误地使用了一些非言语交流对学生形成一种暗示。例如，面部表情：用皱眉头来暗示“回答得不好”；姿势：

使手指作响来暗示“讲快点”，用头部转动来暗示“这样简单的问题还胡乱回答，看你能答些什么”；非言语语调：用叹气来暗示“我从未期望你能作出正确回答”，用吸气来暗示“你的回答毫无意义”。一旦老师皱眉，学生便会领悟到自己回答得不好，于是索性不回答了。

5.提问过多

许多老师认为，没有提问或提问很少就是在灌输，从而把课堂教学过程中是否提问以及提问多少作为评价教学水平高低的重要标准。有的老师平均一节课要提问30多个问题，而且有些问题其实并不是真正意义上的问题，因为这些问题根本不需要思考就能回答。问题数量太多，容易使课堂教学成为老师提问表演的舞台。

6.转向提问

在课堂教学实践中，有些老师喜欢故作神秘，把一个已被学生正确回答了的问题再向他人提问。比如，老师：“A，他们有没有足够的资金？”A（迅速地）：“没有！”老师：“B，……”B：（……停顿……）“嗯……（心想： 我确信A是正确的……）……（再想）……”老师：“C，他们有没有足够的资金？” C：（想：“B平时一般都能答对问题……他都不知道……难道……”）：耸了耸肩。老师：“D，……”D：（他很聪明，早就看穿了这一点，等叫到他时，他故意拉长声音）：“没——有——”类似这样的转向提问，简直是浪费课堂宝贵时间。

7.对学生进行反问

老师不仅应该注重学生回答能力的培养，还应该培养学生的提问能力。“最精湛的教学艺术，遵循的最高准则就是让学生自己提出问题。”所以，当学生向老师提出问题时，老师不应对其进行反问。例如，学生：“他们手无寸铁，连一部卫星电话都没有吧？明知无力与大自然抵抗，为什么还要逞匹夫之勇呢？我想，他们在出发之前难道就没想过自己会遇难吗？”教师：“你说呢？”学生：“我不知道。”

8.使用不恰当语言

有的老师在课堂提问中却常常使用一些不恰当语言，特别是模棱两可、含糊不清和讽刺的语言。例如，模棱两可、含混不清的语言：“哦，我觉得这个答案或许更合适吧。”讽刺的语言：“好，看来他对登山运动了解不少，而事实是这样的吗？”

对第一种模糊的语言，不管是在老师提问，还是在老师对学生的回答作出评价时，都不能使用，因为这种语言不仅不能准确、科学地传递信息、表情达意，而且还会造成误解、曲解，使学生茫然不知所云，感到困惑不解，最终还是不知道哪个答案更合适；第二种语言，讽刺学生学习上的某种失误，这应是老师最为忌讳的，当学生在答问中出现失误时，老师应该做的是尊重学生，帮助学生克服失误，找到正确答案。

第14章　面试提问艺术，掌握主动占取先机优势

面试时，面试者与求职者间的问答对话，是主要的沟通。美国加州大学圣地亚哥分校的人力资源网站指出，在面试提问之前，收集的资料主要包括：确认应聘者在履历表上所写的信息；了解应聘者的工作能力；评估应征者与企业或部门的文化是否契合；了解应聘者更换工作的动机。有效掌握面试提问艺术，掌握主动占取先机优势。

求职面试中提问九大法

现代社会，市场竞争非常激烈，一波又一波的就业高潮快速袭来。在这个过程中，求职的人增多，职位空缺却减少。作为面试官，如何从众多求职者中，找出最合适的人才？大量事实证明，在面试时问对问题会成为关键。可以说，在整个面试环节中，面试者与求职者的问答对话，才是重头戏。当然，面试官作为提问的一方，在面试之前，应该尽可能地收集资料，这样才能令自己提出的问题有的放矢，问对位置。通常情况下，面试官在面试提问之前所需要收集的信息就是尽可能地了解求职者的情况。比如，确认应聘者在履历表上所写的信息；了解应聘者的工作能力；评估应聘者与企业或部

门的文化是否契合，如工作步调、工作风格；了解应聘者更换工作的动机，等等。

面试官：王小姐，很感谢你应聘渣打银行，我想知道你的家庭背景，请您介绍一下好吗？

王小姐：当然，我家在广东，我自己也在广州居住了18年，直到我进入深圳大学。父亲是某电影制片厂一位导演，母亲是厂里的一名工作人员，负责印刷厂里的剧本、杂志等。我有个妹妹，一直在中学读书。

面试官：那么王小姐，您为什么要来深圳大学呢？广东的大学很多啊？

王小姐：首先这个学校是新办的，富有创新精神，深圳特区也对我充满了吸引力。

面试官：那么，您又为什么来渣打银行应聘呢？

王小姐：其实，这是个偶然的机会。在学校时无意中在就业指导中心看到贵行的招聘信息，于是我马上决定来应聘，毕竟渣打银行名声在外，它是香港第二大银行；全世界每个角落均有渣打分行，业务遍布全球。当然，我认为自己有这个能力胜任这个职位，我以我的英语水平和曾做过秘书工作的经验，对自己充满了信心。

面试官：您说您做过秘书，什么时间？您能告诉我一些这方面的情况吗？

王小姐：去年暑假我在深圳工商联合会当了几个星期的会长秘书，主要帮他整理文件，处理书信，收集资料。

面试官：您觉得那里工作如何？

王小姐：最困难的是人际关系，秘书身处老板与下属之间，有时很难处。

面试官：为什么？您能给我们举个例子说明一下吗？

王小姐：领导作出指示，要下属去实现，不过下属所做的事不那么符合领导的意图。

面试官：我希望您说得具体些。

王小姐：有一次，快下班了，有人来洽谈，不过职员要下班，便拒绝了他。然而很重要的是这个人是董事长请来的。事后，董事长批评了他们，但他们责怪会长对他们太严。

面试官：您是说他们太懒了。

王小姐：我认为他们的工作态度不合适。

面试官：但是，王小姐，秘书从不涉及人事关系，那是人事经理的事。秘书管的工作是什么？

王小姐：我想是接电话，处理信件，接待来访。

面试官：还有提醒您的领导应该干什么。

王小姐：噢，秘书不属于人事管理人员，是领导的左右手，辅助领导履行职责。

在这个案例中，当面试官听王小姐说自己以前做过秘书工作，便针对秘书工作展开一系列问题。面试官应该根据面试者说的结果，给对方一个真实的工作场景，来判断结果的准确性。比如应聘者说："我在原来的公司是销售冠军，销售排名几乎第一"，这时面试官应该追问："你以前是在什么情况下做销售做得好呢？公司的环境怎么样？产品怎么样？需求怎么样？"然后再追问："你采取了哪些措施保证销售额？是经常拜访客户，还是……"最后问结果，"你们公司有几个销售人员？有什么指标来判断你是最好的销售之一？你的销售到底是第一还是第二？具体销售额是多少？"

1.封闭式提问

比如面试官询问："你是否能在压力下工作？"只有"是"或"否"两种可能答案。比如"你可以周一来上班吗？"或你回想或证实早前面试中收集到的信息时，这就是有用的提问技巧，"你在某某公司工作了十年？"你还可以运用它来继续展开话题，假如你在同一个话题里有一连串提问的话。

2.对过去的成绩进行提问

对应聘者过去的成绩或行为的提问是在过去行动可以预测未来行为的前提下，任何特定的某个人在新工作的行为，至少能够预计与过去一样好或一样差。这些提问尽管是开放式，不过重点询问过去行为的具体例子，比如“说说在某某公司时你的情况？”“给我一个……的例子？”在面试中询问过去的成绩，这样应聘者就会早点意识到他要说出过去成绩的详细案例。

3.对应聘者的负面确认

当面试官寻求和发现应聘者负面因素的时候，可能因保持客观而高兴，并继续面试下去，又或者你所得到的答案不在预期范围之内，足以作为负面确认的根据。假如进行得好，能够帮你避免聘用不合适的人，此外，也可能发现应聘者所说的负面情况是一次性行为，不用过于担心。

4.反射陈述提问法

通过沉默这个最有效的工具来运用反射陈述是微妙的探究形式，这种提问方式是将一个重要的陈述反射或变换措辞，然后闭嘴、点头和饶有兴致地望着被面试者。

5.半正确地反问

这种提问方式用于辨别那些唯唯诺诺的人，这种提问方式是作出只是部分正确的陈述，要求应聘者赞同。比如：“我总是认为顾客服务只能在付清账单之后再提供，你认为对不对？”这个半正确发问的例子总是产生吸引人的回答。

6.开放式提问

这种提问方式是与第一种方式相对的，应聘者不能以“是”或“否”来回答，而要进行解释。比如“你如何做到在压力下工作？”这是个开放式提问，要求应聘者详细回答。这种提问方式通常是这样的“我想知道……”“你可以把……说来听听吗？”

7.负面提问

在面试中，面试官通常会被引诱相信在某个领域做得很好的一位候选人在几乎全部的领域都会做得同样好。然而，事实并非如此。当面试官发现自己被过分打动时，可以尝试询问："那非常令人敬佩，是否曾有事情做得不太好的时候呢？"或简单地问："现在你能否举个例子说说自己不那么自豪的方面呢？"

8.有效反问

对面试官而言，反问可以帮助自己冷静地控制谈话，不管对方如何健谈。比如应聘者开始大谈自己各种经验的时候，可以发问来打断他，切入其他话题，比如"时间很短，我想最好谈谈其他方面，好不好？"对方回答"好"，于是谈话得以继续下去。

9.荒谬的哄骗性提问

这种提问方式要求应聘者在两难的选项中作出决定，比如"你认为盗用公款和伪造文件哪一种罪轻点？"对于大多数面试官而言，这个技巧在探究应聘者的决策方式时非常有用，最容易和最有效的实施方式是思考出现实生活中需要谨慎考虑的两种不同情况，问题通常是这样开头："我有兴趣知道如果……你怎么做？"或"……的情况下你应该怎么做？"

电话面试，提高效率

在实际工作中经常会出现这样的情况：当筛选完简历之后，直接通知候选人来公司面试，结果经常发现来人跟简历介绍的相去甚远。这样既浪费了时间，又浪费了表情。所以，电话面试应运而生。在预约时通过电话做简单的沟通，往往可以及时将不合适的人淘汰，从而提高面试效率。当然，如何设计问题，才能在短暂的时间内达到预期目的，这是相当不容易的。对面试官而言，在电话预约时，能够从客观因素、职业发展、薪酬期望等几个大的问题对候选人进行筛选，对一些不合适的候选人，就没有必要安排面试了。

面试官：您好，请问是张先生吗？

张先生：是的，我是。

面试官：您好，我是某某公司的人力资源部的鲁先生。

张先生：您好。

面试官：您好，我在前程无忧上收到您投给我们公司的简历，您应聘的职位是业务员。

张先生：是的，我投了。

面试官：我这次打来电话，想跟您进行一次简单的电话沟通，您现在讲话方便吗？

面试官：请问，张先生，您现在是在职状态，开始正式找工作？

刚开始，面试官应自我介绍，让对方知道自己的身份以及打电话的来意。然后确定对方是否方便接听电话，假如不方便，再约时间，假如可以，那可以直接询问。之后确定对方的求职状态，假如对方正处于找工作的状态，那就进一步询问；假如对方还在职，那需要考虑岗位的招聘期限是否与之相匹配。假如相差太远的话，就说明情况，可以以后联系，并取消本次面试。

面试官：请问，小姐，您住在哪里？

应聘者：我住在……

面试官：我们公司在某某地方，距离有些远，您看这会不会给您上班带来不便？

面试官：小姐，我看您的简历上从事了这几份工作，能说一下您的职业目标吗？

应聘者：……

面试官：通过这几份工作，您感觉你有哪些该职业的专长呢？

应聘者：首先，我办事思路比较清晰，做事风格比较果断……

面试官：能举例说明一下您最突出的专长吗？

应聘者：……

面试官：能不能简单讲一讲，你从事该职业时所遇到的困难？

应聘者：……

面试官：最后一个问题，小姐，您在进行工作变更时，所期望的待遇在一个什么样的范围？

应聘者：不低于五千吧。

面试官：聊了这么多，您看您明天上午十点能到公司进行面试吗？

应聘者：好的，没问题。

面试官：我们公司的具体地址是……您可以乘坐某某路车到某某站下车。

应聘者：好的，我记下了。

面试官：记得来的时候，带上您的相关证件，带上笔，带上……

面试官通过电话预约时的简单沟通，能够将一些明显不合适的候选人淘汰，从而提升面试效率。当然，这只是面试环节的前奏，要对候选人进行更加系统的评价，还需要面对面的专业面试以及相关测评。

1.问题要进行引导

这些问题一般是面试者解释应聘者将加入什么样的公司时偶然产生的结果，面试官这样说："我们是家发展迅速的公司，总是有压力，常常要赶在最后期限和满足不断增加的顾客需求，你如何应付压力呢？"这样应聘者为了抓住机会，必须以某种方式回答。再比如面试官提问："我们公司认为顾客永远是对的，你怎么认为？"

2.问题要分层次

好问题假如表达不给力就会失去穿透力，给对方不完整或一些误导信息。分层提问能够探出完整和多层面的答案，比如"你能在压力下工作吗？"可以逐层提问："你能在压力下工作吗？""说说你在压力下工作时的情况吧？”“那么，要赶在最后期限前完成很艰难吧？”“谁负责呢？”“为什么让这种情况出现？”“问题源自哪里？”

3.帮助提问的技巧

假如你不满意对方的答案，想要更多的资料，又或者你被答案所吸引，想听更多，那可以这样说：“讲多些细节来听听，这非常有趣。”“你能举另外一个例子吗？”听到一个答案后你可以问：“你从那次经历中学到什么？”这是个非常好的分层提问技巧，使你有更多时间判断和思考。

面试有效提问的问题类型

事实上，越来越多的人认为，面试是多变的，甚至会出现一些令人意外的问题。有时候面试就好像随便聊天一样，表面上看好像与传统的一问一答面试方式没有太大的区别，其实却存在很大的区别。随便聊天的面试，最大的特点就是看上去很随和，应聘者几乎感觉不到这是在面试，而面试官就在这个轻松的氛围中提问。比如：“你是怎么来的？”假如回答：“自己开车来的。”那面试官会接着问：“什么时候学的开车？是家里人凑钱帮你买的吗？”假如是坐车来的，那面试官通常会问：“在地铁里你常看到些什么？”“你知道斯里兰卡的猛虎组织吗？”“你对世界上的恐怖组织了解多少？”“假如你是政府的官员，你认为该如何解决这些问题？”

先来介绍一下自己吧？你为什么会选择我们公司？你的薪酬要求是怎么样的？……类似这些问题在面试场合，我们经常都可以听到。不过，小娜的这次面试，也确实令人印象深刻。

事实上，小娜的面试经历是非常有限的，大学里参加的活动也不多。当时她去面试的是一家外企，在数位面试官面前，小娜感觉异常紧张，这时考官提问了：“你觉得人为什么会紧张？”小娜根本没想到面试官会问这样的问题。沉思几秒之后，小娜回答说："我觉得紧张有两种原因，一是不够自信，而另一种就是因为把自己当演员，总觉得别人在看自己，需要掩饰自己真实的一面而让自己变得不真实，成为一名演员。"面试官继续追问："那你觉得你的紧张属于哪一种呢？"小娜回答说："严格来说我的紧张和这两种情况都无关，我可能是太在乎这份工作了，所以显得格外慎重和认真，我从来不当演员，我就喜欢做真实的自己。"小娜回答完整个问题，面试官笑了，随后几个问题的交流也很顺利。

面试官最后说："我们喜欢真诚的求职者，你明天就可以来报到了。"就这样，小娜被这家外企公司录用了。

面试官要想完整收集必要的信息，可以透过不同类型的问题，技巧性地引导观察求职者。企管顾问史密斯在 *CEO Refresher* 杂志上指出，面试时可以运用的问题种类，包括以下六种提问类型：

1.是非类型的问题

这种问题只需要应聘者回答"是"或"不是"，以确认面试官手中已经收集的资料。面试官应该在必要的时候才使用这种问题，因为这种问题只是重复已有信息，不会增加公司对求职者的了解，比如："在你来北京之前，你是不是已经在那家工作十年了？"

2.开放类型的问题

面试官问这种问题的目的，是让应聘者比较深入地谈论自己。比如："为什么你想离开现在的工作？""为什么你想加入我们公司？""我们公司录用你的最大好处是什么？""在你原来的工作中，你最重要的职责是什么？"

3.情境测试问题

面试官会给予应聘者一个建设性的情境，让应聘者回答，而且从中评估对方的判断力及所掌握的知识。比如："你是一家五金行的老板，有一天，一名店员告诉你，他觉得另外一名店员会偷店里的五金用品，你会怎么处理？为什么？”使用这类问题时，面试官可以事先将假设的情境写下来，以完整陈述，陈述完给予对方一些思考的时间，以便对方有机会回问，以厘清问题，确认对方了解整个情况。

4.行为类型问题

这种问题的目的，是让应聘者以过去的行为实例回答问题，面试官可以从中评估应聘者的行为、经验及动机等。比如：“你有没有老板不在时，必须自己作重要决定的经验？你那时候是怎么处理的？”“上一次你必须在时间紧迫的情形下完成工作是什么时候？你当时怎么做的？”“你可不可以告诉我一个你不得不越权行事的经验？”“你曾经主动争取更多的工作职责吗？”“你参与规模最大的项目是什么？”

5.假设类型的问题

这种问题本身没有对错，只是让应聘者表达自己的看法和意见。比如：“有一种工作是忙的时候很忙，闲的时候很闲；另一种工作是工作量稳定，你会选择哪一种工作，为什么？”“假如你必须从两种极端中取舍，你希望领导采取放任式的管理，只有当你出现问题才给予协助；还是希望领导定时询问你的工作情形，帮助你集中注意力在工作目标上？”

6.追问类型的问题

从应聘者的谈话中，衍生出问题来询问他，以更了解应聘者。比如，当应聘者表示，他之前的工作是秘书，必须负责接听电话、打字、帮主管安排行程等，面试官可以追问：“你觉得当一个秘书，最重要的职责是什么？”“你以前的工作需不需要加班？”

适时倾听，捕捉应聘者话里的信息

不管面试官问了什么问题，最关键的是，必须认真倾听应聘者的回答，从中找出蛛丝马迹。面试官如果认真倾听，能够从一个看似平淡无奇的问题里获得应聘者的珍贵资料。比如，“到目前为止，你最喜欢的工作或项目是什么？为什么？”认真倾听应聘者喜欢的工作特质，是否和职位空缺的主要工作内容相符合。再比如，“描述一下你做过的一件复杂工作，你当时是怎么整合执行这项工作的？”认真倾听应聘者是否能有条不紊地描述一个程序的细节。

面试官：有这样一个情况，您如何处理？刚好您的领导要开重要会议，不能走开，可又有一个重要电话只许他听。

应聘者：我想应请示领导，假如他的确没有空，我可请对方晚一点再打过来。

面试官：我觉得你应该记下他的电话号码，让您的领导等一下再回复过去，否则您很可能失去了一次重要的商业机会。这一点我们是非常重视的。

面试官：我现在请您去约新公司的领导，可是我们不认识他的经理，你会如何进行?

应聘者：我会写封商业信，只需公司的名称即可。

面试官：您想书信好过电话吗?

应聘者：我觉得信比较正式，而电话更有效率。

面试官：但是您不知道电话号码。

应聘者：我在电话簿上找，没有再打114查询。

面试官：你不知道经理姓名。

应聘者：但是我可以先找他的秘书。

面试官：如果他有几个秘书呢?

应聘者：不管几个秘书，但只有一个经理。

面试官：这么一来会影响您的工作效率。您应该向您的经理询问更多的情况，它应该告诉您，这是我们西方人的概念。

应聘者：原来是这样，今天我又学到了知识，真有幸。

面试官：我希望您今天学的会对您有用。

应聘者：谢谢。

比如，面试官可以询问“你可不可以告诉我，工作中有哪一次你必须自动自发完成事情，结果怎么样？你做了哪些事情？”认真倾听应聘者如何界定“自动自发”，他是自己主动提出想法并且执行完成，还是在主管的要求下按照指示行事，只是自己必须决定一些小细节。

面试官：您刚才说家住在广州，为什么毕业后不回广州，我们在那儿也有分行，去那儿应聘不是更好吗？

应聘者：我喜欢在深圳，离家远一些，可不受家里影响，全身心地投入工作。

面试官：您喜欢这样？

应聘者：我很喜欢生活自立，所以每一次放假我都找些假期工，挣点钱实践一下。

面试官：您一共挣多少？几百？几千？

应聘者：当然没有几千那么多，不过我可以享受一次自立的快乐。

面试官：这么说你是想和家里分开过才到这里的？

应聘者：其中有这样的因素。

面试官：我想这对于中国女孩子来说很特别。

应聘者：是的，也许接触英文时间长，让我比较多地学习西方人，接受一些西方人的思想。

面试官：您什么时候才能上班呢？

应聘者：我想暑假，最快今年年底可以上班，那时只剩下论文未完成。

面试官：您觉得边工作边写论文可以吗？

应聘者：当然，我的英语水平没有什么问题。

面试官：论文一般要写什么？

应聘者：翻译，有关语言、文学等方面成果。

面试官：您在学校功课如何？

应聘者：我在深圳大学就读外语系。在大学期间每个学期均获奖学金，平时注意扩大知识面，选修了管理、法律、金融等课程。

面试官：您什么时间来深圳？

应聘者：1993年。

面试官：今年多大？已婚还是未婚？

应聘者：今年21岁，未婚。

面试官：会打字吗？

应聘者：我自学的，可以试一下。

面试官：好的，我们谈了很多，很感激你对我公司感兴趣，希望你在学校生活愉快。

应聘者：谢谢，再见。

面试官：谢谢，再见。

当面试官抛出问题之后，你所需要做的就是闭上嘴巴，打开耳朵，认真倾听对方回答，并从对方的回答之中找出有价值的信息。比如，面试官问："从我们的谈话中，你对我们公司以及这个工作有什么想法？"仔细认真倾听应聘者是否正确解读信息，还是他把公司或工作美化了，有着不切实际的期盼。

1.鼓励应聘者提问

面试官应该记住，公司在筛选应聘者，应聘者也在挑选雇主。好的面试应该是50%在评估应聘者，50%在向应聘者推销公司。所以，如何问应聘者问题固然重要，如何引导应聘者问问题也很重要。面试应该是一场双向的对话，而不是一问一答式的质询。

2.面试结束前的提问

在面试结束前，可以提问应聘者："还有没有我们没有谈到，可是会影响你决定是否加入我们公司的问题？"鼓励应聘者针对尚未弄清或者不适合的地方，尽可能提出问题。在应聘者提问后，面试官一定要回答他的问题及考量，因此公司事前必须确认参与面试官可以回答应聘者可能提出的问题，包括工作的未来发展、学习成长机会等。

3.各种能力类型的提问

面试官若想考察对方的领导能力：“请说说你最近的一个经历，你的一位老板总是在最后一刻才给你布置工作任务，你采取什么办法来改变老板的这种工作方法？”“我想知道你是怎样使某位雇员来承担更多的责任，或承担他本人认为很难的工作的？”

若是面试客户服务类型的人员，可以提问：“你认为质量和客户服务的关系是什么？”“很多人都把客户服务的重点放到处理客户投诉上，你认为这种策略的问题是什么？”“在客户服务中，公司的政策和规定起着什么样的作用？”

若是考验对方团队意识，则可以提问：“你认为一个好的团队管理者的最主要特点是什么？为什么？”“请你讲讲你在团队工作背景下遇到的最具有创造性和挑战性的事情，你用什么方法来鼓励他人和你自己来完成这件事的？”“请讲一下你对团队工作最喜欢和最不喜欢的地方？为什么？”

提问并非面试官的权利

大多数求职者在应聘时只是一味被动、恭恭敬敬地接受用人单位的询问，在整个洽谈过程中丝毫不敢向面试官提出任何问题，致使洽谈形同审讯，你问我答，气氛紧张，结果往往不佳。其实，求职者在如实回答面试官提问之余，不失时机地委婉提问，非但不会惹恼面试官，有时反而能起到活跃紧张气氛，把洽谈引向深入，加深对方了解自己的作用。须知面试求职本来就是一种双向选择的过程。只是需要提醒的是，面试“提问”，必须掌握分寸和艺术，态度要委婉诚恳，措辞应得体大方，最好是在表达完自己乐意加入的愿望之后再行提问。面试接近尾声的时候，你可能会被问道："你有什么问题要问吗？"通常的答复是："不，我想您已经什么都谈到了。"这种回答是错误的。这种错误的回答使你错过了通过问一些关键问题来表达你想为该公司工作的机会。

通常面试官会通过这样一个版块来提问，我们可以通过分析面试官的提问而提出自己想了解的问题：

1.自我介绍

一般而言，面试官首先会问一个开放式问题，给求职者机会自由发挥介绍自己。比如，"你为什么应聘这份工作？""请介绍一下你自己。""你的兴趣爱好有哪些？""应聘这份工作，你觉得自己有哪些优势和不足？""你将如何做好这份工作？"等。

2.跳槽、转行原因

跳槽、转行原因面试中也常被问及。面试的目的在于判断应聘者的稳定性，员工的高流动率会影响组织稳定，降低组织效率，增加费用支出（招聘、培训）。因此，意气用事，草率行事的求职者不受欢迎。

3.置疑

面试官常通过突然置疑的方式来考察应聘者的情商："我们觉得你太年轻/年纪太大了，不大适合这份工作，你怎么看？""说说您的缺点，好吗？""应聘这份工作，您认为您还欠缺什么？""你的专业不对口，我们为什么要录用你呢？"等。

4.陷阱式问题

陷阱式问题有时将求职者设定在一个特定的背景下："通过简历，我们发现你的专业功底很扎实，经历也很丰富，这里正好有个Case，请发表一下看法吧。"陷阱式问题还有一个很明显的标志——"希望"，只要问题中带这个词的，往往就是陷阱式问题。例如，"你希望有怎样的领导？""你希望在怎样的环境下工作？”“你希望多少薪酬？”等。

听了面试询问的问题，我们应该如何提问呢。但是，什么问题是合适的问题呢？当小兰在初次面试快结束时被问到她有什么问题要问时，她问及请病假、休年假的问题，以及什么时候能休假。面试官开始犹豫了。“这就是这个女人关心的吗？休假？这听起来不像是一个能来踏踏实实工作的人，”面试官心想。很明显，小兰问了不合适的问题。

敢于打破常规是一个人智慧和自信的体现，也是创新精神的象征。在面试过程中，传统的说话方式未必能够达到我们所想要的结果，那么就不妨转换一下思路，从别的地方入手，用崭新的说话模式来表达自己的思想，获得对方的认同。

求职者在应聘洽谈过程中巧妙地穿插提问，必须掌握“有的放矢”的原则，目的明确，内容具体，“提问”范围主要应了解以下几方面情况：

1.公司情况

首先是企业性质；其次是企业规划与发展前景，如生产规模、经营范围、产品科技含量与市场占有率，甚或企业经济效益、远景规划、发展目标、国际市场开拓状况等。

2.薪资福利

薪酬结构、工资制度与福利保障状况，如职工人均收入、应聘岗位月薪标准、养老保险和医疗保险制度的健全与否等。此外，企业规章与劳动作息制度、工时与休假以及安全防护、工作环境方面的情况。

3.了解自己的工作职责

了解本人所应聘职位的岗位要求以及自己的职责、任务、有无岗前培训或深造培训机会和晋升方向等。在此集中罗列可供深入洽谈、主动提问的线索，并非“逐一发问”，在实践应用中求职者尚须随机应变，不能生搬硬套，要注意适可而止，一切以“提问”是否能引发面试官的表现欲为前提，如能挑起对方的交谈兴致，你的提问就是成功的，一旦发现你的提问引起对方反感，自当立即打住。

4.谦虚请教

在采访结束前，应聘者可以谦虚地请教主考官：您认为我今天的表现如何？录取的概率有多大？通常，这个问题也会让对方认为，你对这份工作抱有很大的决心和企图心，比较适合应聘销售类型等要求企图心强的工作时提出。而应聘者也可以试着从对方的回答中，约略猜出自己成功的概率有多大，并且作为下一次面试时表现的参考。

第15章　婚恋提问艺术，用问题敲开爱情的大门

事业是男人的生命，与此同时也是男人天性中的天然缺陷，他们往往会在打拼事业的过程中遇到困难和阻力。在男人拼搏事业的过程中，作为男人背后的女人，若想成就男人，就应该善于提问及倾听，用问题敲开爱情大门。

学会聆听，做他烦恼时的忠实听众

在婚恋关系中，在我们学会提问之前，应该先学会倾听。两个人在一起，不仅仅是分享快乐，还需要分担他的烦恼，尤其是对于女人而言。也许，有的女人觉得男人并没有什么烦恼，因为他从来没有对自己说过，也没有表现出来。其实，在很多时候，男人学会了隐忍，他们喜欢把烦恼隐藏在心里，表面上看没有什么事情。因为男子汉的自尊让他们觉得，把自己的烦恼告诉女人，这是懦弱的表现，所以他们一向在你面前表现得很要强，很少显露出自己烦恼的时候。即便他偶尔会说出自己心中的烦恼，也害怕得不到你的理解，可能还担心你会取笑他。因此，如果他在你面前坦露了自己的烦

恼，你需要做一个最忠实的倾听者，做他烦恼时的“接收器”。男人最需要的就是懂他的女人，能够深入到他的心底，了解他心中的喜怒哀乐，明白他的苦衷，他就感到莫大的幸运，对你也会格外珍惜。所以，做一个善于倾听的女人，适时地为他分担烦恼，悄悄地走进他的心里，做他的知己。

虽然我们整天喊着男女平等，实际上并没有真正实现，这就使得男人们担当了大部分的责任。在父母面前，他是孝顺的儿子；在家里，他既是辛苦工作的一家之主，也是孩子的爸爸。所以，不可避免的，他们的肩膀上承担着重担，工作上的压力，生活上的压力，让他们经常陷入烦恼的旋涡之中。作为他身边的女人，有时候很难深入地了解他的心思，但是你的耳朵，是用来倾听的。面对他的烦恼，你不一定需要给予他多少安慰，他最需要的是一个忠实的倾听者，他并不指望你能替他分担多少烦恼，只需要静静地陪着他，听他的倾述，当他倾述完，烦恼自然就少了很多。而他也会对你充满感激，至少在他最艰难的时候，是你陪伴他走过来的。

小万和男朋友相恋两年了，很快就要谈婚论嫁了，在双方见了父母之后，已经把婚期纳入了计划之中。可是，小万最近觉得男朋友好像有什么心事，经常一个人坐着不说话，面露难色，问他又不说。小万心里很担心，也不知道他到底在想些什么，认识两年来，还是第一次看到他那种样子。小万越想越着急，真想自己变只虫子飞进他心里，看看他在焦虑什么。

周末，小万的好朋友结婚了，小万和男朋友都参加了婚礼。在婚礼现场，小万见到了很多好朋友，一边聊天，一边喝酒，小万虽然与朋友聊得很欢，但她不时地看着男友，发现他正一个人喝闷酒。于是，小万借口自己有事就拉着男友先离开了，两个人坐在出租车里，男友靠着小万的肩膀，几次欲言又止。小王心里虽然着急，但是她并没有开口问，只是静静地坐着。

到家了，小万为男友冲了蜂蜜水，男友好像有些清醒了。他看着小万，眼里满是深情，一会儿，他说道：“可能今年咱们结不上婚了，我老家出了点事情，大哥出车祸了，已经花去了所有的积蓄，连我的存款都给了哥哥做手术，可是，看着你每天憧憬的样子，我觉得不好跟你开口，也不知道怎么跟你父母解释……”男友断断续续说了很多话，小万等他说完只说了句：“没事，爸妈那边我会说清楚的，现在最要紧的是大哥的伤势，明天我去看看他吧，出了这么大的事情也不告诉我，一个人撑着怎么能行呢？相信我，我们一定会撑过去的，好吗？”男友抱了抱小万，在她耳边说：“我怕你担心。”两个人紧紧地抱在一起，此刻，小万觉得自己就是最幸福的女人。

看着被烦恼困扰的男友，小万并没有加以强烈的追问，而是静静地陪着他，等着他告诉自己。虽然，面对男友的烦恼，自己并不能帮很大的忙，但是只要认真地倾听，理解了男友心中的苦闷，这就是最大的帮助。对于每一个处于烦恼中的男人来说，自己并不需要什么帮助，只是在心理上替自己分担一些，那就足够了。因为他们足够坚强，能够凭借你所给的力量振作自己，从烦恼中解脱出来，回归男人的本色。

有时候，可能你会抱怨，他不肯告诉你他的烦恼，你永远也猜不透他在想什么。其实，面对这样的情况，千万不要胡思乱想，他可能觉得你不是能承受他烦恼的人，或许他觉得说出来会影响你的心情。如果是这样，那么你不妨先试着告诉他你的烦恼，让彼此慢慢地渗透信任，这样那些烦恼就会成为小事。

鼓励提问，帮助对方度过迷茫期

每个人都有低迷的时候，对方也不例外，有可能是工作上进展得不够顺利，有可能是遇到了一些困难与挫折，有可能正处于人生的低谷时期。当对方出现低迷的时候，你应该做的就是给予他适当的鼓励。有的人习惯了指责，面对另一半的失败，不仅不加以安慰，反而变本加厉地指责起来，说一些伤人的话语：“你真是没有出息”“纯粹是一个窝囊废，早知道当初就不嫁给你”“自从跟了你，我就开始倒霉了”……这些杀伤力无穷的话语，无疑是雪上加霜，而你也成了落井下石的那一位。当面对另一半遭遇困难的时候，即便是陌生人也会送上一份问候，更何况你是他最亲近的人。所以，即使他事业没有什么成就，也不要乱加指责，更不要随意怒骂，这只会使你们之间的感情越来越淡漠。不妨适时鼓励提问：“出什么事情了吗？能给我说一说事情的具体经过吗？”给予他适当的鼓励，给他信心，让他从困境里走出来。

小路和老公都来自农村，因为拥有相似的家境让他们有了许多共同语言。认识两年之后，他们就领证结婚了，虽然没有房子，也没有车子，甚至连婚纱照都没有拍，可是小路觉得自己很幸福，因为爱是任何物质都换不来的。

结婚后，老公工作更努力了，虽然没有较高的学历，但他用自己点点滴滴的勤奋努力拼搏，只是为了当初许下的承诺：小路，我会给你一个美好的将来，相信我。小路的爱让他坚信自己一定会成功的，小路也经常鼓励老公：“你就是最棒的，总有一天，你会有自己的公司，我相信你，一直，甚至是永远，你能做到吗？”其实，并没有等到永远，仅仅用了两年，辛苦拼搏的老公赚取了人生的第一桶金，创办了一家小公司，虽然，看起来并不起眼，但小路说：“有一天，你会把公司做大的。”在小路的不断鼓励下，老公的公司发展越来越好，没过几年就买了房子和车子，公司规模逐渐变大。

但是，好景不长，可能是因为经营不善，一些管理方法出现了问题，公司陷入了困境，老公焦虑得晚上睡不好，白天还要去公司处理事情。小路看着着急的老公，心里也很担心，但她还是一如既往地鼓励他：“这只是暂时的困难，很快就会过去的，现在可比我们刚来城市的时候好多了，那时候那么艰难我们都熬过来了，何况是现在呢？”老公看着小路认真的脸，笑了。

“我相信你，你能做到吗？”小路在任何时候都没有指责老公，而是一如既往地支持他、鼓励他，不断地给他坚持下去的勇气。在小路的鼓励下，老公取得了一次又一次的成功，从一次次的失败中重新站了起来。每个人的人生路途中，都会遇到种种困难和挫折，对于突如其来的打击，很多人都防不胜防，心理处于崩溃的边缘。这时候，正需要亲密爱人的，帮助没有指责，没有质问，只是一句轻轻的鼓励，或者只是一个拥抱，只是一个善意的微笑，都足以燃起他心中的希望，给他强大的力量，那是重新站起来的力量，是重新获得成功的力量。

小华是一名普通的司机，在一家小公司上班，虽然拿着并不高的薪水，但他工作态度认真、踏实，深得老板赏识。小华的女朋友在一家广告公司做文员，每天朝九晚五，两个人日子过得很惬意。最近，小华公司的老板经常找他谈话，有意让他做部门经理，小华刚开始没有当回事，心想老板怎么会看上我呢？还以为是老板在开玩笑。可是，最近几次，老板找自己谈话的次数越来越多，这让小华感受到了老板的诚意。

这天回家，小华笑着对女朋友说："老板让我做部门经理呢，你觉得怎么样？我觉得做普通司机会简单些，不会那么累。"女朋友一边收拾屋子，一边说："我觉得这是好事情呢，你不可能做司机做一辈子吧，总要有个比较好一点的工作，再说，要学会用脑子挣钱而不是用技能挣钱，我觉得你可以把握好这个机会，你说呢？"小华有点迟疑："可是，做经理心太累了，每天所焦虑的事情也很多，到时候也没有多少时间陪你了。"女朋友安慰道："虽然管理司机是比较辛苦，心会很累，但会锻炼你的能力，磨炼你的脾气，这从长远来说，真的是一个好机会，你就不用担心我了，我会打理好家里的一切，你只要安心工作就好了。""可是……"小华还在犹豫，女朋友笑着打断他的话："可是什么？至少也是一个小经理啊，比你现在司机强多了，至少表明你已经在进步了，这就是努力的结果，所以，赶紧努力吧！"听了女朋友的话，小华也下定决心了。

面对老板的赏识，要晋升自己为部门经理，内心拿不定主意的小华向女朋友抛出了自己该怎么办的问题。聪慧的女朋友从长远的打算来分析，给出了中肯的答案，她并没有摆出一副弱女子的姿态说“我也不知道怎么办”，或者直接说“你自己看着办吧”，她明白，小华是因为看重她才问她，所以，她以鼓励提问，帮助对方度过了迷茫期。

也许，女孩子认为男人那么坚强，是根本不需要鼓励的，只有弱者才需要鼓励。事实上，无论是强者还是弱者，他都有最脆弱的时候，在那低迷的时候，最需要有个人能给他勇气、信心，能够不断地给他打气，成为他最坚实的后盾。对于男人来说，他们的自尊同样异常脆弱，假设你给正处于困境的他一顿责骂，他有可能就真的一蹶不振，甚至破罐子破摔，最终毁灭了自己的一生。所以，请在他最需要帮助的时候，用力地拉他一把，适时用鼓励提问去安慰他，无论他成功与否，你永远支持他，陪伴着他。在婚恋关系中，语言问得巧妙，感情就能适时传入对方内心，同时，对方能感受来自你的体贴与关怀，这对于提升两人之间的感情热度是极有帮助的。

适时询问，做对方的贴心情人

在婚恋关系中，千万不要忽视自己的言语，它可以完全成就你的另一半。有时候，一个人说出一句经过理性思考的话，就可以改变对方对事情的看法，也会促使其变得更优秀，并产生无比强大的力量。比如，另一半陷入了困境，对他而言，他这时最需要的就是身边人的鼓励。在这个关键时刻，一句关切的询问，一句积极的话语，就可以使他产生惊人的力量。当然，如果你说了一句打击的话，那就有可能成为杀死男人志气的有力武器。所以，在婚恋关系中，要善于询问，做对方的贴心情人。

刘永好，四川新希望集团董事长，他常说：“老婆是我的金钥匙。”在刘永好成功的路上，少不了妻子李巍的言行激励。

有一次，刘永好在街上叫卖鹌鹑蛋，竟然遇到了自己的学生，他尴尬极了，窘迫地将头埋得很低，晚上回到家更是唉声叹气。妻子李巍耐心询问："怎么了？发生什么事情了吗？"

知道事实真相的李巍并没有数落他没本事，而是鼓励他："抬起头来！甭管别人怎么看怎么想，经商并不下贱，你要相信你自己，知道吗？"听了妻子的一番话，刘永好的心里满是感激，同时也暗暗地下决心：我一定要干出一番事业。

在亲戚朋友的帮助下，刘永好的事业开始慢慢起步。在这个关键时刻，为了拓展市场，刘永好不得不连夜加班，若是到了鹌鹑蛋销售的旺季，他几乎每天只睡三四个小时，而且很多时候都是半夜12点之后才回到家。当然，所有的艰辛与汗水换来的是硕果累累，刘永好的事业开始有了起色，几个兄弟合伙成立了新希望集团。为了加速企业发展，他们一致决定：所有的夫人回家相夫教子。

这个决定对于妻子李巍而言有些突然，一下子让自己放弃工作，这并不容易，但李巍还是以自己的行动支持了丈夫的决策。她说："夫妻就是一个共同体，生活就像是在踩跷跷板，一头起来，另一头就要下去。而女人，一定是配合平衡的那一头，这样，感情和日子才能和谐稳定。"于是，她决定让丈夫刘永好去奔跑，她所能给予的背后支持就是让他安心回家，给丈夫和儿女一个温馨宁静的港湾。

谈到刘永好，李巍曾说："男人有时候也像个孩子，当他的事业在蹒跚起步或处于困境的时候，他也充满了期盼和犹豫。妻子这个时候更应该像坚强、慈爱的妈妈，在他摔跤的时候扶起她，牵着他的手，给他最温暖的目光和最灿烂的笑容，一定要鼓励他走好每一步。"在陪伴丈夫刘永好的途中，这位智慧的女人——李巍正是以自己的言行铸就了男人的成功。当丈夫灰心丧气的时候，她用言语进行鼓励："甭管别人怎么想，抬起头来！只要我相信你就够了，难道不是吗？"

在婚恋关系中，有时候难免对方会有心情不佳的时候，这时作为另一半，应该留心观察，注意对方的情绪变化，适时询问“有什么事情吗？”“今天工作顺利吗？”……假如对方有想聊的兴趣，那就适时询问“因为这件事心情不好吗？”假如对方不愿意继续谈下去，那就停止询问，只需要保持安静就好了。等到对方愿意说的时候，再适时询问。

别让自己喋喋不休地追问

在生活中，有的人习惯于喋喋不休地追问另一半，尤其是女人表现特别突出时。生活中，有的女人习惯性说：“你把这个工作辞了吧，我觉得这个工作对你的事业一点帮助都没有，为什么硬是选择在这里做呢？”还有的女人换了一种方式追问：“你的工作真的要考虑清楚，知道吗？就你现在的工资能养活家里吗？对你未来提升自已有帮助吗？”听了这样的追问，男人只会说：“工作的事情我自已知道操心，你管好你自己就行了。”其实，男人是最讨厌这种说辞的，喋喋不休的追问会给对方造成一种压迫感，而且也在无形之中形成一种噪声。

小杨和男朋友相恋半年了，两人从最初的甜蜜走到了平淡的生活。虽然，在刚开始认识的时候，小杨就知晓男朋友的处境，但一回到现实的生活，她还是忍不住唠叨：“我跟着你，已经算是你的幸运了，你有什么呀，我别的什么都不要求，只希望你能买套房子，然后咱们就结婚，我要求很简单的。”一开始，男朋友还会满怀愧疚地说：“你放心，我一定会让你幸福的，就算是我苦点累点，我也不会让你过苦日子。”

可小杨唠叨的次数多了，男朋友就比较厌烦了。小杨总是抱怨：“你现在这样只是安于现状，为什么不换一个工资高一点的工作呢？”男朋友回应说：“你说倒是说，工资高的工作也不好找啊，我现在这样踏踏实实上班已经不错了，我也没偷懒。”小杨想到未来的前景，心生黯淡：“像你这样，何年何月才能买房子？你让我等到什么时候啊？我真的有点累了，我想找个合适的人结婚了。”一听这话，男朋友生气了：“我每天在外面上班已经够累了，回来就听你说这说那，就听你给我提这样的要求，那样的要求，难道这样吵架，就能将房子吵来吗？一生气就说自己想结婚，说了多少次了，你让我心里怎么想，有一天把我逼急了，那你就去结婚吧，我也不管了，我一个人乐得自由自在，为什么你就不能体谅我的心呢？你哪一次关心过我的工作吗？你清楚我内心的真正想法吗？你总是对我提出这样或那样的要求，给了我很大的压力，在这样的情况下，我还能好好工作吗？”

女人对男人所提出的那些喋喋不休的要求，不仅仅让男人觉得不够尊重自己，而且还会给男人一种压力。本来，在现在这个社会，男人所面临的压力就比女人大得多，作为男人身边的女人，如果还不够理解男人，还要任性地给男人提出许多无理的要求，那只会让男人感到崩溃。大量事实证明，喋喋不休的女人只会成为男人的噩梦。

在老公的眼里，小文什么都好，就是喜欢比较，比较之后就开始抱怨，然后两人就开始吵架。在小文看来，什么都是别人家里的好。她经常在老公面前说：“你看别人的老公多体贴，看着这么大的雨，他硬是从城东坐车到城西，接老婆下班回家，你呢，你什么时候去接过我啊？嫁给你真是受委屈了，你说那样的好男人，我怎么没早点遇到呢？”“你看邻居的房子，装修得多气派，全是欧式的风格，材料用的都是进口的，人家那口子，多能挣钱，你呢，天天窝在一个发不起工资的单位，别提有多窝囊了。”以前，听到小文的抱怨，老公还会沉默，只是听她唠叨，但听得多了，老公也不服气了，怎么自己就比别人差了？结果，两人又是一顿大吵。

这天，小文回到家，又是一脸的垂头丧气，她说：“你看咱们公司同事的老公个个都升职加薪了，就阿丽的老公还被派出国进修去了，瞧瞧你，没出息的样子，我当初怎么就选了你这样的男人啊？”坐在沙发上看电视的老公气不打一处来，扔下报纸，回答道：“你除了会抱怨，还会别的吗？你说遇到我这样的人不幸，我看我遇到你这样的人才倒霉，每天在公司已经够累了，回家还听你论这家长，那家短的，别人的生活就那么幸福吗？你亲眼所见吗？我是一个活生生的男人，不是你比较来比较去的什么东西。”说完，摔门而去，小文呆在那里，半天没回过神来。

她一个人坐在客厅，仔细回忆自己的行为，难道自己真的像老公所说的那样，除了抱怨还是抱怨吗？难道羡慕别人的幸福也有错吗？猛然，她想起了同事对自己的夸赞：“小文，我可真羡慕你，儿子聪明伶俐，老公帅气能干，哪像我，虽然老公连连升职加薪，但天天不见人影，这哪是人过的日子呀。”看看自己的家里，温馨整洁，到处都是老公的创意设计，家里的装修全是老公当初一个人设计的，当时自己还狠狠地夸奖了，怎么现在自己就变成这样子了呢？

喋喋不休的追问，在某些情境中，会使你的追问变成嘲讽、讥讽，这样往往会严重伤害双方之间的感情。你在羡慕别人的幸福生活时，为什么不与自己相比较呢，看看自己是否越来越好了，是否离自己期望的目标越来越近了，经常给自己鼓励，同时也鼓励身边的男人，你会发现，自己的生活越过越好。说不定你在羡慕别人幸福的同时，别人也正在羡慕你呢。

在平时生活中，千万不要将一连串的问题抛给对方，这就相当于一群蜂蜜发出的“嗡嗡”声音，相当嘈杂，令人生厌。而且，稍微不注意追问的语气，就会使这些提问变为嘲讽的问句，对方不仅听不进去，而且还会感到非常生气，最后的结果可想而知，很有可能出现因提问不当而影响双方之间的感情。

让自己的一句话成为对方的信念

老人常说这样一句话：“男人的成功，在女人的嘴巴上。”有时候，女人的一句话就可以改变男人的一生，甚至会成为他们奋斗一生的信念。其实，在婚恋关系中，一个人的一些话并不会带来什么实质性的帮助，但若是鼓励的话，就可以为对方下次的成功积累能量。很多时候，女人的一句话就能够成为对方拼搏事业的信念，他会将那句话放在心底，多年以后，他依然记得，且为有这样的成绩对你心存莫大的感激。当然，能够成为对方一生的信念，肯定是鼓励性的，激励人心的，绝不是一些消极沮丧的反问。比如："活该！你自不量力自找的，你以为你真的有老板命啊！当初叫你乖乖地当个上班族，你不要，要学人家做生意，又没本钱又没经验，如果真要做，为何不去做个没有风险又有回报的生意？"这样的话，对方听了估计连最后一点信心也粉碎了。

王先生是台湾的一位建筑大亨，曾经因为炒股失利欠下了好几亿的债，当他走投无路，站在公司顶楼准备往下跳的时候，他太太正在街上带孩子买东西，忽然间她的眼皮猛跳，心里非常不安，立即打手机给准备自杀的老公，开口第一句话就是："失败了可以东山再起，只要活着，再大的难关都会渡过，不是吗？……"他打消了跳楼的念头，心里萌生出一股强大的力量。

几年以后，他竟然可以用惊人的速度，几乎把债款全部还清，这种重生的力量，是他准备跳楼时不敢想象的，是他太太的那句话激发了他的惊人潜能，而且那句话也成了他一生的信念。

西方哲学家曾说："愚蠢的女人，才会为眼前不小心倒掉的牛奶难过；聪明的女人，则看出了日后避免牛奶瓶倒翻的方法。"在关键的时刻，我们的一句话往往能决定另一半的一生，也决定了自己的幸福与否，聪明的人，在对方失意或面临巨大压力的时候，总是说一些鼓励人的话。

记得第一次见面，他有些沮丧，因为大学四级英语没过。但她却一脸笑容地安慰："没事，下一次一定能考好，是吗？"因为这句话，因为那个善意的笑容，他紧皱的眉头疏散开了。

恋爱后，每每遇到不开心的事情，她总是笑着说：“没事，一定会好起来的，难道不是吗？”听到这句话，他心里就暖暖的，好像有一阵清风吹过，浑身紧张的毛孔都舒展开了。结婚后，他本来找了一个稳定的工作，但有想法的他在所有人反对的情况下辞去了工作，决定下海做生意。不料，第一次创业就失败了，看着满屋子的狼藉，他沮丧了，开始质疑自己当初的决定是否有错。但是，她却打开一扇窗，刺眼的阳光照了进来，她回过头，笑着说：“没事，一定会好起来的！难道不是吗？”看着这幅景象，他心里没来由地涌出一股力量，他紧握拳头，对自己说：“我也相信，一定会好起来的。”

果然，在她话语的鼓励下，他屡败屡战，终于在三年以后，创办了自己的公司。开业第一天，他带着她出现在全体员工面前，大声宣布：“没有她，就没有我的今天，她一直在鼓励我，‘没事的，一定会好起来的’，这句话成了我心底无比顽强的信念，也将会成为我们公司的名言，每当你们遇到了什么挫折，就要想起这句话，‘没事的，一定会好起来的’。”

最智慧的人，就是在对方陷入逆境时，可以平心静气地激励对方、安慰对方的人，这种爱人才是最让男人尊敬和爱慕的。其实，我们无法代替对方去做什么，我们也无法代替对方去还债，也不能让对方的事业起死回生，但能够以一句话激励对方，却可以唤起对方勇敢面对问题的力量，以及以后反败为胜的决心和毅力。我们所唤起的是对方的求生意志，当对方没有了求生的念头，即便手脚健全也犹如行尸走肉；相对地，当对方有旺盛的求生意志，就算没有脚也会勇敢活下去。

1.做个会提问的爱人

在某些关键时刻，我们的一句话，可以是不可思议的惊人力量，也可以是压垮男人的最后一根稻草或吸管，因此会毁掉男人一辈子。比如：“你说什么？又赔了几百万？你到底在做什么啊，怎么总是失败呢，这样迟早会破产的。”“股票也不是到今天就不动了，会跌就一定会再爬起来，别想太多了，相信我，好吗？”相比较这两句话，前一句话有可能会成为对方的致命伤，而后一句话就会成为对方一生的信念。

2.给予对方积极的语言暗示

尤其是在对方遇到困难的时候，一定要给予他积极的语言暗示，而不是消极的话语。比如：“世上没有解决不了的事情，出去散散心吧。”“面包会有的，牛奶会有的。”“一切都会好起来的。”等，你所暗示的是所有的不幸都会过去，美好的明天一定会到来，这样的话，对方听了会感到欣慰，同时也会成为他内心无坚不摧的信念。

3.多鼓励，少打击

当对方好不容易有了好的想法，那就多鼓励他，这样他才能想出更好的点子。即便你觉得这个想法不切实际，太过于幻想，也不要打击，一定要以鼓励为主。打击的结果意味着他没有信心再继续下去了，连身边最亲近的人都打击自己，这对于对方而言也是难以接受的，他只会变得越来越沮丧。所以，对于另一半所有的想法和观点，一定要多鼓励，少打击。

第16章 自我提问艺术，了解自己才能更好地生活

你了解你自己吗？你认同你自己吗？你拥有自我认知的能力吗？假如你对自己还没有准确的定义，那不妨面对着自己提问吧，深谙自我提问艺术，了解自己才能更好地生活，难道不是吗？

你了解真实的自己吗

肖曼·巴纳姆是一位著名的魔术师，他曾经这样评价自己的表演：“我的节目之所以受欢迎，是因为节目里包含了每个人都喜欢的成分，所以，每一分钟都会有人上当受骗。”事实上，在现实生活中，我们既不能时刻反省自己，看清自己，也不能把自己放在局外人的位置来观察自己。在大多数时候，我们只能借助外界的一些信息来认识自己，所以，我们在认识自己时很容易受到外界信息的暗示，迷失在环境中，并习惯性地把他人的言行作为自己行动的参照。早在两千多年以前，古希腊人把“认识你自己”刻在了阿波罗神庙的门柱上，但是，直到今天，我们也只能遗憾地说，“认识自己”仍有一段遥远的距离，究其原因，就在于我们并不了解最真实的自己。

爱因斯坦16岁那年，父亲给他讲了一个故事，正是这个故事改变了爱因

斯坦的一生：

昨天我与杰克去清扫南边的一个大烟囱，那烟囱需要踩着里面的钢筋踏梯才能进去。杰克走在前面，我跟在后面，我们俩抓着扶手一阶一阶地爬了上去，下来的时候，杰克依旧走在前面，我还是跟在后面。后来，钻出了烟囱，我发现了一件奇怪的事情：杰克的后背、脸上全被烟囱里的烟灰蹭黑了，而我身上竟连一点烟灰也没有。我看见杰克的模样，心想我一定和他差不多，脸脏得像个小丑，于是，我到附近的小河里洗了又洗。而杰克看见我全身干干净净，就以为自己和我一样，只简单地洗了洗手就上街了，结果，街上所有的人都笑破了肚子，他们以为杰克是个疯子。

最后，父亲郑重地对斯因斯坦说："其实别人谁也不能做你的镜子，只有自己才是自己的镜子，拿别人做镜子，白痴或许会把自己照成天才的。"

我们之所以无法了解真实的自我，大部分原因在于我们容易受外界信息的影响，诸如他人的言行等，在外界信息的暗示下，我们就有可能产生自我知觉的偏差，好似看着杰克浑身很脏，就以为自己身上也很脏。因此，要想真正地看清自己，我们需要避免陷入别人眼光的谜团中，让自己成为自己的镜子。

有一个割草的孩子打电话给陈太太："您需不需要割草？"陈太太回答说："不需要了，我已有了割草工。"这个孩子又说："我会帮您拔掉花丛中的杂草。"陈太太回答说："我的割草工也做了。"这个孩子又说："我会帮您把草与走道的四周割齐。"陈太太说："我请的那人已经做了，谢谢你，我不需要新的割草工人了。"孩子挂了电话，哥哥在旁边不解地问道："你不就在陈太太那儿割草打工吗？为什么还要打这个电话？"孩子带着得意的笑容："我只是想知道我做得有多好。"

孩子通过打电话向雇主询问而收集了一些关于自己的信息，这样，他就能够预测自己未来成长以及可能取得的成绩，从而认清自己。对于大多数人来说，难以拥有天生明智和审慎的判断力，实际上，判断力是在收集信息的基础上进行决策的能力，而信息对于判断起着不可忽视的作用。当我们无法收集到一些关于自己的信息，对自己就难以作出明智的判断，导致最终不能看清自己。

1.请勿对号入座

当一个人的情绪处于低落、失意的时候，对生活失去了控制感，于是，他内心的安全感也受到了影响。这样一个缺乏安全感的人，其心理的依赖性将大大增强，比较容易受他人言行的信息暗示。所以，当对方说出一段无关痛痒的话时，我们很容易“对号入座”，其实，这就是一种心理倾向。在日常生活中，这将影响到我们对自己难以作出真实的判断。

2.正确看待自己的优缺点

我们应该学会面对自己，不要因为自己有“缺陷”或者自己认为那是缺陷，就通过自己的方法将缺陷掩盖起来，而这样的掩盖方式极其愚蠢。试想，当你把自己的眼睛蒙上时，你就真的掩盖自己的缺陷了吗？因此，无论是自身的缺陷还是优点，我们都应该正确看待，因为面对自己是认识自己的必经之路。

你拥有自我认知的能力吗

朗费罗说：“别人借我们的过去所做的事来判断我们，然而，我们判断自己，却是凭将来能做些什么事。”心理学教授丹尼尔·吉尔伯特曾见过这样一个姑娘：衣衫不整、蓬头垢面，但长得很美。吉尔伯特教授跟她聊天，她也心不在焉，教授沉默了一会儿，突然问她：“孩子，你难道不知道你是个非常漂亮、非常好的姑娘吗？”“您说什么？”姑娘惊喜地问，美丽的大眼睛里泛着泪光。原来，在日常生活中，她经常面对的是同学的嘲笑、母亲的谩骂，以至于她失去了自我认知的能力。子曰：“不患人之不知己，而患人之不己知。”对于每一个人来说，最担心的事情就是不够了解自己，不能清楚地认知自己。因此，我们要善于剖析内心，让自己拥有自我认知的能力。

一个人名声的好坏、能力的高低，是别人通过事物的外表下的定义，根本就不是这个人的本质，自己真正的能力，只有自己心里最清楚。而我们所缺乏的就是：自我认知的能力。只有清楚地认知自己，才有可能获得成功的人生。然而，一个人最难认知的就是自己的内心，最难以回答的就是：我是谁？我想要的生活是什么？不过，当你清楚地认知了自己，就能够在这个世界上找到最基本的出发点，就能够去善待他人。

年轻时候的富兰克林很自负，有一次，一个工友把富兰克林叫到一旁，大声对他说：“富兰克林，像你这样是不行的！凡事别人与你意见不同的时候，你总是表现出一副强硬而自以为是的样子，你这种态度令人觉得如此难堪，以致别人懒得再听你的意见了。你的朋友们都觉得不同你在一起时比较自在些，你好像无所不知、无所不晓，别人对你无话可讲了，他们都懒得和你谈话，因为他们觉得自己费了力气反而感到不愉快，你以这种态度来和别人交往，不去虚心听取别人的见解，这样对你自己根本没有好处，这样你从别人那里根本学不到一点东西，但是实际上你现在所知道的却很有限。”富兰克林听了工友的斥责，讪讪地说道：“我很惭愧，不过，我也很想有所长进。”“那么，你现在要明白的第一件事就是，你已经太蠢了，现在还是太蠢了！”这个工友说完就离开了。

这番话让富兰克林受到了打击，他猛然醒悟过来，他开始重新认识自己，与内心作了一次谈话，并提醒自己：“要马上行动起来！”后来，他逐渐克服了骄傲、自负的毛病，成了著名的科学家、政治家和文学家。

我们需要拥有全面认识自己的能力，全面认识既包括优点也包括缺点。一旦我们不能真正地认识自我，将导致产生自负或自卑等心理，最终这些负面的心理会影响我们一生的发展。

1.拥有自我认知的能力

认知自我是一种胜不骄败不馁的从容，需要冷静的思考，这样才有机会赢得最后的成功；认知自我是一种高度自立的洒脱的生活方式，看清生命的本真，创造出属于自己的人生价值；认知自我是一种高度责任心的反省，将勇气与真诚注入自己的言行中，认清前面的方向。所以，剖析内心，在忙碌之后不忘与自己作一次深入的交谈，从而拥有自我认知的能力。

2.清楚地认知自己

通过认知自己到孕育自己，这是一个美好的人生历程。自我认知是一种严谨的人生态度，自信而不自满，无论是春风得意还是失败困惑，我们依然保持最平常的心态。拿破仑一生战功赫赫，但在晚年却遭遇了“滑铁卢”的惨败，此时的他依然贪恋富贵，企图复辟王朝，最终在绝望中死去。清楚地认知自己，需要我们摆脱一切外物的依赖，绝不做金钱或权利的奴隶。

你是否束缚了自己

有人说：“每个人都可以成为展翅翱翔的雄鹰，重要的是，你不要在心理给自己设限，在心理给自己制造失败。”纳斯鲁丁十分聪明，但是，当他发现每个人都像自己一样好时却感觉糟糕透了，当他的内心被束缚，无法释放真实的自己时，那么，不自信就产生了。现实生活中，我们常常模糊自己真实的内心，习惯于在心理给自己设限，产生一种挫败感，导致最后我们还没有翱翔于蓝天就落地了。如果我们习惯了自我设限，那么，我们的心就会失去向上生长的动力，只能在被束缚的范围里挣扎，无助。所以，不管我们遭遇了什么样的挫折，都不要随意地否定自己，否定自己就意味着扼杀自己的潜力和欲望。

台湾著名美学大师蒋勋曾写道：“每个人完成自我，才是心灵的自由状态；每一个人按照自己想要的样子完成自己，那就是美，完全不必有相对性。天地之下可以无所不美，因为每个人都发现自己存在的特殊性。大自然中，从来不会有一朵花去模仿另一朵花；每一朵花对自己存在的状态非常有自信。”即使遭遇了疾病的折磨，富兰克林·罗斯福也并没有给自己心理设限，反而鼓起勇气来直面自己，挑战命运，完全地接纳了自己。其实，无论是身体的缺陷还是生活中的困难与挫折，这都不是心理设限的借口，更不是自暴自弃的理由。我们要敢于突破内心的束缚，释放自己最真实的内心。

在美国纽约街头，有一位卖气球的小贩，每次当自己生意不怎么好的时候，他就会使用这样的方法：向天空放飞几只气球。这样一来，就会吸引一些围观的小朋友来玩耍，自己的生意又会好起来，那些被气球吸引过来的小朋友都争着买他的色彩漂亮的气球。

有一天，当他向空中放飞了几只气球的时候，他发现了在一大群围观的孩子中间，有一个黑人小孩，他用一种疑惑的眼神看着天空。小贩很奇怪，他在看什么呢？顺着黑人孩子的眼光看去，发现空中正飘着一只黑色的气球。这只黑色气球是否代表着自己呢？

小贩走上前去，用手轻轻地抚摸黑人孩子的头，微笑着说：“孩子，黑色气球能不能飞上天，在于它心中有没有想飞的那一口气，如果这口气够足，那它一定能飞上天空。”

许多人在面对挫折与困难的时候，心底都会传出这样的声音：我做不到的。自己束缚了内心，最终，他真的没有做到。齐克果曾经说：“一旦一个人自我设限，并且一直认定自己就是个什么样的人时，他就是在否定自己，甚至他不会自我挑战，只想任由自己一直如此下去，而这终将导致自我毁灭。”其实，“我做不到”是一种逃避的心态，在还没有开始之前，他就先被打倒了，如果我们的人生始终以这样的逃避心态度过，那么，将会为自己留下许多难以弥补的遗憾。因此，我们应该突破内心的束缚，当心开始恐惧的时候，我们应该大声对自己说：“你一定能做到的。”不断地暗示自己，释放出真实的内心，以此获得最后的成功。

1.足够自信

有一天，十分聪明的纳斯鲁丁跑来找奥修，激动地说："快来帮帮我！"奥修问："发生了什么事？"纳斯鲁丁说："我感觉糟糕透了，我突然变得不自信了，天啊！我该怎么办？"奥修说："你一直是很自信的人呀，发生了什么事让你如此不自信呢？"纳斯鲁丁很沮丧地说："我发现每个人都像我一样好！"

2.不要束缚自己

有人这样种南瓜：当南瓜只有拇指大的时候，就把它装在罐子里，一旦它渐渐长大，就会把罐子内的空间占满，等到没有多余的空间了，而南瓜则会停止成长，于是，南瓜就一直维持在罐子里的那种形状了。我们的心就如同南瓜一样，当它习惯了自我设限，在被束缚的范围里就不能自由生长，它会逐渐失去向上生长的动力，只能在原地徘徊。其实，束缚是源于内心的不确定或者不自信，当我们坚定告诉自己"一定能行"，从内心深处建立起强大的自信，这种不确定或者不自信的束缚将会消失，而释放出真实的自我。所以，在人生前进的路上，不要忘记告诉自己"我一定能行"！

你——认同自己吗

心理学教授威廉·詹姆斯说："世界精神太忙碌于现实，太驰骛于外界，而不遑回到内心，转回自身，以徜徉自怡于自己原有的家园中。"世界上没有两个完全相同的人，每个人都是作为独立的个体，在我们身上有许多与众不同的甚至优于别人的地方，这是每一个人值得骄傲的地方。我们没有理由总是欣赏别人，而忽略了自己的优点；没有理由一味地比较，而最终丢失了自我。有人说："生活中并不是缺少美，而是缺少发现美的眼睛。"认同自己，学会欣赏自己，你会发现一个全新的自己。

在一次某大学泰勒·本·沙哈尔教授的课堂上，有个学生在课堂上向沙哈尔提问道："请问老师，您是否知道您自己呢？"沙哈尔心想："是呀，我是否知道我自己呢？"他回答说："嗯，我回去后一定要好好观察、思考、了解自己的个性，自己的心灵。"

本·沙哈尔教授回到家里就拿来了一面镜子，仔细观察着自己的外貌、表情，然后来分析自己。首先，沙哈尔就看到了自己闪亮的秃顶，心想："嗯，不错，莎士比亚就有个闪亮的秃顶。"随后，他看到了自己的鹰钩鼻，心想："嗯，大侦探福尔摩斯就有一个漂亮的鹰钩鼻，他可是世界级的聪明大师。"看到了自己的大长脸，就想："嗨！伟大的美国总统林肯就是一张大长脸。"看到了自己的小矮个子，就想："哈哈！拿破仑个子就很矮小，我也是同样矮小。"看到了自己的一双大撇撇脚，心想："呀，卓别林就是一双大撇撇脚！"

于是，第二天他这样告诉学生："古今国内外名人、伟人、聪明人的特点集于我一身，我是一个不同于一般的人，我将前途无量。"

泰勒·本·沙哈尔教授善于欣赏自己，这令他对自己充满了自信，即使在别人看来，自己的长相并不出众，但是，经过他一番积极的心理暗示，原来自己身体的每个部分都与名人、伟人、智者扯上了关系，这样一来，自己肯定是一个前途无量的人。尼采曾这样说："聪明的人只要能认识自己，便什么也不会失去。"只有学会欣赏自己，才能使自己充满自信，并从自信中获得快乐，使自己的人生不迷失方向。

有这样一句话："人活着，或许有不少人值得欣赏，但你最应该欣赏的应该是你自己。"波尔是丹麦的物理学家，他在年轻时就提出了量子论，然而，在一次科学讨论会上，权威人士却否定了波尔的理论，但这并没有使波尔失去信心，他反而更加努力地研究起来，为了寻找理论根据，他做了大量的试验，后来，科学家证明了波尔的观点，他因此荣获了诺贝尔奖。正所谓

“天生我材必有用”，学会自我欣赏可以产生巨大的力量推动自己逐渐迈向成功，学会欣赏自己是成功的第一秘诀。

小泽征尔是世界著名的交响乐指挥家，在他还没有出名之前，他曾参加了一次世界优秀指挥家大赛。在决赛中，他按照评委会给出的乐谱指挥乐队演奏，在指挥过程中，小泽征尔敏锐地发现了不和谐的音符。刚开始，他以为是乐队的演奏出现了错误，于是，他停下来重新指挥，但是，演奏还是出现了不和谐的声音。他当即指出：“我觉得乐谱有问题。”这时，所有在场的作曲家和评委会的权威人士都坚定地说：“乐谱绝对没有问题。”面对着权威人士的质疑，小泽征尔涨红了脸，但还是斩钉截铁地大声说：“不！一定是乐谱错了！”话音刚落，评委们全部站了起来，对他报以热烈的掌声，祝贺他通过了决赛。原来，乐普不过是评委们精心设计的一个“圈套”，而小泽征尔却以坚定地认同自己而获得了最后的成功。

每个人都具有独一无二的价值，没有任何人能够取代我们，也没有任何人能够贬低我们，除非你首先看轻自己。有人总是叹息自己工作不如别人，外貌不够出众，才能不被老板所赏识。其实，在生活中，我们没有必要太在乎别人的看法，学会欣赏自己或许能够重新找回自信。“金无足赤，人无完人”，每个人都不可避免地会有一些缺陷或者伤痛，但是，这个世界上没有完全相同的两片叶子，我们都是最特别的那一个。抛弃对他人的膜拜，以及对自己的叹息，冷静地思考，你会发现自己身上有着许多他人没有的特点，自己也可以和他人一样优秀。别人能力出众，又有什么值得羡慕的?

曾有这样经典的一句话：“你站在桥面上看风景，看风景的人却在楼上看你。”当我们总是在羡慕别人的时候，别人却正在欣赏着你。可谓“风景总是在别处”，在生活中，彼此的互相比较是不可避免的，但是，我们需要知道，自己既有缺点更有优点，因此，在欣赏别人的同时不要忽略了自己。欣赏自己是一种智慧，它会令你浑身上下散发出自信的魅力；欣赏自己是一种心理暗示，当你把自己想象成什么样的人，你就真的会成为什么样的人。

认同自己，学会欣赏自己，活出自己的价值，眺望远处的风景，准确把握自己的坐标，这才是人生的魅力所在！

我是否一无所知

通常情况下，苏格拉底并不是以一个青年导师的身份出现的，他在和别人谈话的时候，并不是刻意地想要教导别人，而是采取启发式的教育方式。同时，他认为自己的工作是帮助别人产生正确的思想，而不是传授给他们什么。很多时候，苏格拉底承认自己是个一无所知的人。

有一群年轻人到处寻找快乐，但是却到处碰壁，反而变得不快乐，内心有了许多忧愁、烦恼和痛苦，于是，他们向老师苏格拉底寻觅关于快乐的答案。

他们问苏格拉底："老师，您是希腊最聪明的人，请您告诉我们，快乐到底在哪里？"

苏格拉底回答说："我并不是最聪明的人，因为我不是智者，我只是一个哲学家。如果说我聪明的话，那就是我明白自己是一个无知的人。因为我只知道一件事：我一无所知。"

苏格拉底对那些年轻人说："你们先把关于快乐的问题放一放，先帮我造一条船吧。"于是，这些年轻人把寻找快乐的事情先放在一边，和苏格拉底一起造起独木舟来了。他们同心协力地锯倒了一棵大树，把那棵树锯成了两半，挖空了树心，很快就造成了一条独木舟。

独木舟下水了，大家把苏格拉底请到了船上，一起荡起了双桨，齐声唱歌。这时，苏格拉底问道："孩子们，你们现在觉得快乐吗？"这群年轻人齐声回答："我们现在觉得快乐极了！"苏格拉底说："快乐就是这样，它往往在你为着一个目标努力工作时，就突然地到来了，我除了知道我的无知这个事实以外，一无所知。”

苏格拉底说：“我除了知道我的无知这个事实以外，一无所知。”他认为，真正的知识来自内心，而不是靠别人传授。唯有从自己内心产生出来的知识，才能真正拥有知识和智慧。事实上，他给人的印象就是想要向他的谈话对手学习一点什么东西。两千多年以前，当人类醉心于自己创下的辉煌文明时，苏格拉底就以巨大的洞察力看到了人类知识能力的局限，他是第一个站出来宣称自己的“无知”的人。

苏格拉底自知无知的观点有助于我们对所谓的“权威”产生警惕，人类自古以来都有崇拜权威的情结，不管是对神，对物或对某个人的崇拜。于是，就有很多人自称掌握真理的人把自己打扮成权威供人崇拜，从而蛊惑、驱使甚至奴役人们，以达到其目的。但是，苏格拉底却指出，我们每一个人，每一个活着的有血有肉的人，由于受到肉体的欲望、怕惧、愚昧等种种羁绊，根本不可能认识绝对的真理，绝对的“善”，我们每个人都是无知的。

当然，自知无知对于我们加深对自己的认识也有很大的帮助，它可以促使人类反省，从承认无知中不断求知，避免故步自封，陶醉在已有的成就里，或匍匐在权威的脚下。承认自己的无知是一种谦虚的态度，因为谦虚才会使人不断地进步，不断在进步中完善自己，最终成为更完美的人。

一位年轻人决心拜访雅典最聪明的人，并拜其为师。他来到德尔菲神庙，向神求助：“神啊，请你告诉我，谁是雅典最聪明的人？”神说：“凡人之中，最聪明的就是苏格拉底。”年轻人尽管知道苏格拉底是大哲学家，不过怎样断定他就是最聪明的人呢？年轻人想了一个办法，他决定去拜访雅典那些公认的聪明人，以试探他们的智慧。

年轻人找到那些聪明人，他们中有商贾、政客、诗人、工匠等不同类型的人，他们在各自的领域中都做出了优异的成绩。经过一番交往，年轻人认为他们确实比较聪明，而且这些人都认为自己就是最聪明的人。其中有一个会造铠甲的工匠，他可以造出坚实而又合身的铠甲，技术简直出神入化，而这位工匠也觉得自己无所不知，自己就是最聪明的人。年轻人开始怀疑神的说法。

最后，年轻人来到苏格拉底面前，向苏格拉底讲述了自己与各种聪明人交往的过程，而后他说："我真的不知道谁是最聪明的人。"苏格拉底听后说："我只是一个研究哲学的人，而且越是深入研究，越觉得自己知之太少。与商贾相比我不精明，与政客相比我不圆滑，与诗人相比我不浪漫，与工匠相比我不灵巧。"苏格拉底的话还没说完，年轻人突然醒悟了过来，看来神说对了！原来真的自己所知不多的人才是最聪明的人。

你的知识越多，你理解的道理越深刻，你所受的审判就越严格，除非你过着更加圣洁的生活。因此，不要为自己所掌握的科学或艺术才能沾沾自喜，反而要因为拥有这些知识而更加谦卑和谨慎。假如你以为自己已经知道了很多，那你应该知道，还有更多的知识是你不知道的。不要自以为聪明过人，宁可承认自己的愚昧无知。有益的功课，就是默默无闻，甘于不被人赏识。最高深、最有益的学问就是我们能真正认识自己、省察自己，最伟大、最完美的智慧就是想自己的无能、无用，却思念他人的长处、益处。

哲学就是一种反思，反思中国世界何以可能、人生何以可能、我们的知识何以可能、我们的价值在哪里等一系列命题。苏格拉底认为，聪明的人是明白自己最无知的人。从自身出发，懂得求知，知道自己需要什么的人才是最聪明的人。能够承认自己的无知，有时的确十分困难，尤其是在日常生活中，有时候我们不知不觉已经习惯于认为自己是世界上最独特的，自己就是比别人优秀。虽然身边的人未必都承认自己，不过我们内心就是不服气。假如我们每天陶醉于自我的"独特之处"，自然就不会有真正的自我反省。因为我们身上有许多毛病，在一种自以为是的心态支配下，是不可能得到真正的认识的。

苏格拉底：认识你自己

认识你自己，本来是希腊德尔斐神庙门楣上的铭言，苏格拉底却将其作为自己哲学原则的宣言，具有重要的意义。事实上，早在几千年前古希腊奥林匹斯上的德尔斐神殿里有一块石碑，上面就写着“认识你自己”。

苏格拉底认为，自然哲学家们在哲学对象、目标、途径、方法等问题上的看法都是错误的，他们不去关心自身而去关心自然，而且在对宇宙万物本原的探讨上以感官为依据，以自然物作原因，所以自以为是。其实，自然万物真正的主宰和原因并不是物质性的本原，而是它的内在目的，亦即“善”。因为认识自然的本性为我们的能力所不及，因此哲学的真正对象不是自然而是人自己，也就是认识人自身中的善。在苏格拉底看来，“好”或者“善”是存在于事物之中的一种“神力”，这是万物所追求的目的。在自然界尤其是有机界中存在的和谐、均衡、完美等自然现象，都是因为事物追求好的或善的目的而形成的。

认识自己，首先要有自知自明，就是一个人应该知道自己的限度。有人问泰勒斯，什么是最困难的事情，他回答说：“认识你自己。”接着又问：“什么是最容易的事情？”他回答说：“给别人提建议。”可以说，世上有自知之明的人寥寥无几，而好为人师的人却比比皆是。

我们可以通过认识自己来认识世界，赫拉克利特曾说：“我探寻过我自己。”他的哲学仅仅是“向自己学习”的产物。事实上，自古至今，所有伟大的人性认识者都是真诚的反省者，他们无情地把自己当作标本，反而对人性有了深刻而同情的理解。当然，我们每个人都是独一无二的个体，都应该认识自己独特的禀赋和价值，从而有效地实现自我，真正地成为自己。

日本保险业泰斗原一平在27岁时进入日本明治保险公司开始推销生涯。当时，他穷得连中餐都吃不起，并露宿公园。

有一天，他向一位老和尚推销保险，等他详细说明之后，老和尚平静地说："听完你的介绍之后，丝毫引不起我投保的意愿。"老和尚注视原一平良久，接着又说："人与人之间，像这样相对而坐的时候，一定要具备一种强烈吸引对方的魅力，如果你做不到这一点，将来就没什么前途可言了。"原一平哑口无言，冷汗直流。

老和尚又说："年轻人，先努力改造自己吧！"

"改造自己？"

"是的，要改造自己首先必须认识自己，你知不知道自己是一个什么样的人呢？"

老和尚又说："你要替别人考虑保险之前，必须先考虑自己，认识自己。"

"先考虑自己？认识自己？"

"是的，赤裸裸地注视自己，毫无保留地彻底反省，然后才能认识自己。"

从此，原一平开始努力认识自己，改善自己，大彻大悟，终于成为一代推销大师。

苏格拉底在"认识自己"这个论述中，阐述直面人生、感悟生命的重要性。因为没有了生命，一切都将无从谈起。人是社会的人，那么人的生命就可以分为四个组成部分：自然生命、精神生命、价值生命、智慧生命。这四种生命体现出人的身体、心理、智慧、价值、道德的完整性和统一性，它们是生命系统的不同要素，发挥着不同的功能。这四种生命构成一个整体，如果人离开其中任何一种，其生命就是不完整的。所以，认识你自己，就要求人们珍惜生命、关注生命、提升生命。

托斯卡尼尼原本主修大提琴，他的记忆力非常好，只要练习过一两次的乐谱，他就能背诵演奏。

在他19岁时，他随团到巴西的歌剧院演奏。有一天晚上，正要上演威尔第的《阿依达》，由于一连串的临时事故，两位指挥都无法上台，同事就在这个紧要关头把托斯卡尼尼推上台。这一晚的演出，虽然观众都不认识这位年轻的指挥家，可是，全场都被他精湛的指挥能力所折服，于是一代伟大的指挥家由此诞生。

正是由于这次人生演出中的意外冒险，使他发现了那个内心深处真正的自我。

在生活中，对于不满足目前状况下的自己，是否应该给自己一个冒险的机会，看看完全展现热情活力的自己，怎样才能够让自己发挥得淋漓尽致呢？有时候，即使那些最有勇气的人，也很少有勇气去认识真正的自己，其实，因为自己并非隐藏在你的内心深处，而是在你无法想象的高处，至少比你平日里所认识的自我更高的层次上。因为，德行即知识。

我们一生努力追寻的目标就是“认识自己，改造自己”，你是否了解你的形象、你的修养、你的气质、你的人格。在苏格拉底看来，人并不是生来就符合人的本性，只有在理性指导下才能认识自己的德行，换而言之，没有经过理性审慎的生活是没有价值的，一个人只有真正认识自己，才能实现自己的本性，完成自己的使命，成为一个有德行的人。苏格拉底还指出，趋善避恶是人的本性，没有人自愿追求恶或他认为恶的东西，是行善还是作恶，主要取决于他的知识，所以每个人在他有知识的事情上是善的，在他无知识的事情上则是恶的。

苏格拉底生活在智者的时代，他认为智者们的相对主义感觉论只能助长个人利己主义和个人享乐主义，是造成社会动乱的思想根源，因此，强调知识，贬低感觉，要以理性去探讨伦理观念和道德价值，确定普遍的绝对的“善”，把道德和知识统一起来，要求人们“认识自己”，认识真正的自我。

1.德行即认知

苏格拉底主张“知德合一”的学说，他认为正确的行为来自正确的思想，美德基于知识，源于知识，没有知识便不能为善，也不会有真正的幸福。在他看来，从怀疑自己的知识开始的自我认识是知识美德的来源。我们要做到真正认识自己，知德合一，那就要客观地认识自己。为了正确认识自己，要把自己由“主体”变成“客体”，像认识别人一样来认识自己，而不是无端地认为自己有多么好，别人都不如自己。只有客观认识自己，才能准确；只有准确，才有可能作出正确的判断。

2.深刻认识你自己

深刻认识自己，就需要在全面掌握材料的基础上，分析自己，梳理自己，反思自己。不要停留在一件事上，也不要停留在一个层面上，而是由此及彼，由表及里，去粗取精，去伪存真地解剖自己。认识自己是为了改变自己，正确地认识自己，就可以为自己今后的发展，作出恰当的决定，然后通过不懈的努力，丰富自己，提升自己，重塑一个全新的，令人刮目相看的自己。

参考文献

[1]闻言.轻松聊出好交情——提问、接话、交谈的最佳技巧[M].北京：朝华出版社，2012.

[2]索贝尔，帕纳斯.提问的艺术：为什么你该这样问[M].北京：中国人民大学出版社，2013.

[3]梅若李·亚当斯.改变提问，改变人生[M].北京：机械工业出版社，2014.